しくみ図解 SHIKUMI ZUKAI

IFRS会計基準のポイント

あずさ監査法人 編

中央経済社

はじめに

２００５年にＥＵ各国の上場企業の連結財務諸表にＩＦＲＳ会計基準が強制適用されることとなって以降、世界の多くの国で、何らかの形でＩＦＲＳ会計基準が採用されるようになり、ＩＦＲＳ会計基準はあっという間にグローバルスタンダードの地位を確立した感があります。

ＩＦＲＳ会計基準については、２００５年以降も主要な基準の開発・改訂プロジェクトが進められていましたが、２０１４年のＩＦＲＳ第9号「金融商品（２０１４年版）」、ＩＦＲＳ第15号「顧客との契約から生じる収益」、および２０１６年のＩＦＲＳ第16号「リース」の公表を経て、企業の会計処理に重要な影響を及ぼす基準が整備されたと考えられます。また、２０２４年のＩＦＲＳ第18号「財務諸表の表示及び開示」の公表により、特に財務業績に関する情報提供に重要な影響を及ぼす基準も整備されました。

わが国においては、２０１０年3月期より、一定の適格要件を満たす上場企業の連結財務諸表に指定国際会計基準を任意適用することが認められて以降、ＩＦＲＳ会計基準を任意適用する企業数は、着実に増加しています。日本取引所グループによると２０２５年1月時点でＩＦＲＳ会計基準をすでに適用している、または適用を決定・予定している会社数は286社、時価総額ベースでは約半分を占めるなど、ＩＦＲＳ会計基準は広く普及しており、今後ますます拡大することが期待されます。

現在のわが国を取り巻くＩＦＲＳ会計基準の動向、また世界の多くの国においてＩＦＲＳ会計基準が広く採用されていることを考えると、ＩＦＲＳ会計基準の基本的な内容を理解しておくことは、経理担当者や財務諸表の利用者のみならず、企業の経営者や経理以外の担当者にとっても、非常に重要であると考えられます。

本書は、こうした幅広い層に役立つＩＦＲＳ会計基準の入門書を提供したいとの思いから、ＩＦＲ

S会計基準の特徴的な点や日本基準との主な違い、実務で影響が大きいと思われる箇所をピックアップしています。見開き2ページで完結しているため、気になる項目から気軽に読み進めていただくことができます。執筆にあたっては、文章だけでなく、視覚的にご理解いただけるように左ページを図表として、その項の特徴をまとめています。また会計基準を理解するうえで重要と思われる、基本となる考え方や背景についても本文やコラムにて紹介しています。

２０１６年11月にあずさ監査法人ＩＦＲＳアドバイザリー室が刊行した『すらすら図解 新・ＩＦＲＳのしくみ』は幸いにも多方面から高評価をいただいて重版を重ねてまいりました。今般これを改訂・改題した本書を刊行するに至ったのは大きな喜びであり、本書が入門書として少しでも皆様のお役に立てれば幸いです。

最後になりましたが、中央経済社の坂部秀治氏には、本書の企画段階からアドバイスをいただき、大変お世話になりました。紙面を借りて、深く感謝の意を示します。

２０２５年３月

有限責任 あずさ監査法人

Contents

第1章　ＩＦＲＳ会計基準の概要

コラム 「ＩＦＲＳ」への期待 ― グローバル・スタンダードとしてのサステナビリティ開示基準／16

第2章　ＩＦＲＳ会計基準の考え方

8 原則主義 ― 18
「原則主義」により判断と見積り要素が増える

9 資産負債アプローチ ― 20
資産・負債の変動により利益の額を決める

10 概念フレームワークとは何か ― 22
ＩＦＲＳ会計基準と財務諸表作成の基礎となる考え方が存在する

11 有用な財務情報の質的特性 ― 24
有用性を確保する基本的な質的特性と補強的な質的特性がある

12 財務諸表の構成要素 ― 26
資産、負債、資本、収益および費用の定義はどうなっているのか

13 財務諸表の構成要素の認識と認識の中止 ― 28
財務諸表の構成要素をいつオンバランス／オフバランスするのか

14 財務諸表の構成要素の測定 ― 30
測定基礎は1つではない

15 公正価値 ― 32

公正価値の定義と測定について規定した基準書が存在する

16 IFRS会計基準による影響 —— 34
影響は経理部門にとどまらない

コラム IASBの組織と基準開発の現場／36

第3章 IFRS会計基準の財務諸表

17 新しい財務諸表作成基準の導入 —— 38
純損益計算書が大きく変わる

18 基本財務諸表と注記の役割、集約と分解の原則 —— 40
基本財務諸表は要約情報、注記はより詳細な情報が求められる

19 純損益計算書の構造 —— 42
収益と費用を営業、投資、財務に分ける

20 経営者が定義した業績指標（MPM） —— 44
経営者が定義した独自の業績指標（MPM）を注記で開示する

21 会計方針および見積りの変更 —— 46
減価償却方法は会計方針か見積りか

22 期中財務諸表の取扱い —— 48
簡便的な会計処理は認められるのか

23 売却目的で保有する非流動資産 50
売却目的保有に分類した時点で含み損が実現

24 非継続事業 52
将来キャッシュ・フローを生まない事業の存在が明らかに

25 IFRS会計基準の初度適用① 54
IFRS会計基準を遡及的に適用することが原則

26 IFRS会計基準の初度適用② 56
遡及適用しなくてもよい事項、してはいけない事項とは

コラム IFRS会計基準では営業区分はデフォルトの区分である／58

第4章 収益認識

27 収益認識基準の全体像 60
収益認識のための包括的なモデルに従って会計処理する

28 Step 1：契約の識別 62
複数の契約を結合すべき場合とは

29 Step 2：履行義務の識別 64
契約の中で顧客と区別できる約束をいくつしているか、を検討する

30 Step 3：取引価格の算定 66
変動対価や顧客に支払われる対価に注意

31 Step 4：取引価格の各履行義務への配分 68
それぞれを独立して販売する場合の価格（独立販売価格）の比で配分する

32 Step 5：義務の履行による収益の認識 70
財・サービスの支配が顧客に移転する時期に注目

33 返品・製品保証の取扱い 72
返品が見込まれる部分の収益は認識できない

34 本人・代理人の判断 74
本人かどうかの決定も、モノやサービスの「支配」に注目

35 ライセンスの取扱い 76
知的財産に「アクセスする権利」なのか「使用する権利」なのか

36 収益の表示 78
売上の相手勘定は売掛金とは限らない

コラム 収益計上できるかは、顧客に財・サービスの「支配」が移転したかで決まる／80

第5章 固定資産と減損

37 有形固定資産の認識と当初測定 82
取得原価に含まれる範囲に注意

38 借入コスト 84
特定の借入コストについて資産計上が強制される場合がある

39 資産除去債務 …… 86
将来の原状回復義務や資産の解体・除去義務は負債計上する

40 有形固定資産の事後測定 …… 88
取得原価を公正価値により再評価することも認められる

41 コンポーネント・アカウンティング …… 90
航空機や船の本体とエンジンは別々に減価償却する

42 減価償却方法、耐用年数、残存価額 …… 92
詳細な規定はなく、実態を見て判断する

43 無形資産 …… 94
耐用年数が確定できるかどうかで認識後の会計処理が異なる

44 自己創設無形資産 …… 96
開発費も資産計上される可能性がある

45 投資不動産 …… 98
毎期公正価値で評価し、差額を損益認識する方法が認められる

46 資産の減損の概要と会計単位 …… 100
グルーピングの単位がより細かくなる可能性がある

47 減損の兆候 …… 102
株価や金利の変動も兆候に含まれる

48 減損損失の認識 …… 104
割引前将来キャッシュ・フローによる検討のステップはない

49 回収可能価額の決定 —— 106
評価専門家の関与が必要となるケースも

50 のれんの減損 —— 108
2段階に分けて減損判定を行う場合がある

コラム 減価償却 —— 税法の規定は会計処理の直接的な根拠にならない／110

第6章 リース

51 リースの定義と適用対象 —— 112
「リース」なのか「サービス」なのか

52 リース期間とは —— 114
「リース期間＝契約期間」とは限らない

53 借手のリース（当初認識） —— 116
原則として「使用権資産」と「リース負債」をオンバランスする

54 借手のリース（事後測定） —— 118
リースにかかる費用はリースの初期に大きく発生し、その後逓減していく

55 借手に対する例外規定 —— 120
「短期」や「少額」に該当すれば、オフバランス処理が認められる

56 貸手のリース —— 122
ファイナンス・リースとオペレーティング・リースに分けられる

57 事後的な変更 124
リース期間や条件変更により、リース負債の金額が変わる?

58 セール・アンド・リースバック 126
リースバックしている期間に対応する収益は認識しない

コラム リース契約でなくてもリース会計の対象となるケースがある!／128

第7章 金融商品と外貨換算

59 金融商品の定義と分類 130
日本基準に比べ公正価値で測定する金融資産が多い

60 金融資産の分類と測定の会計処理 132
ビジネスモデルおよびキャッシュ・フローの特性により測定が変わる

61 金融資産の認識と認識の中止 134
金融資産のオフバランスはリスクと経済価値の移転を評価する

62 金融資産の減損モデル 136
過去の実績だけではなく将来の予測を予想信用損失に反映する

63 金融資産の減損処理 138
信用リスクの悪化に応じた減損損失を認識する

64 デリバティブ 140
日本基準に比べてその範囲が広い

65 ヘッジ会計——142
日本基準上の金利スワップの特例処理は認められない

66 負債と資本——144
株式を発行しても負債に計上される場合がある

67 機能通貨および表示通貨——146
記帳通貨は必ずしも現地通貨とは限らない

68 在外営業活動体の換算——148
法的形式より実質判断により換算に使用する通貨が決まる

コラム 電力購入に関連する取引でデリバティブを認識？／150

第8章 企業結合と連結財務諸表

69 企業結合の定義と適用範囲——152
企業結合に該当すれば、公正価値評価や、のれんの認識が必要

70 取得法①——154
誰が、いつ、いくらで買うかを考える

71 取得法②——156
自己創設のブランドやライセンスも資産計上される

72 連結の範囲——158
パワーとリターンが結びつくと「子会社」

73 連結財務諸表の基本的事項 160
子会社決算は親会社と同一時点、同一尺度のものを利用する

74 子会社持分割合の増減 162
子会社である間は、持分割合の変動による損益は認識しない

75 非支配持分 164
親会社株主以外の株主持分はどのように処理するか

76 関連会社 166
子会社と同様に関連会社の業績も連結財務諸表に反映させる

77 共同支配の取決め 168
共同支配「事業」か共同支配「企業」かで会計処理が変わる

コラム のれんをめぐる動向／170

第9章 その他の重要な規定

78 棚卸資産 172
評価損失の戻入れは容認でなく強制される

79 引当金 174
日本基準では引当計上できてもＩＦＲＳ会計基準ではできない可能性も

80 繰延税金 176
繰延税金資産の回収可能性はどのように考えればよいか

第1章 IFRS会計基準の概要

1 IFRS会計基準とは何か

2 IFRS会計基準の作成機関

3 IFRS会計基準のデュープロセス

4 各国のIFRS会計基準の使用状況

5 日本の状況

6 日本の任意適用制度

7 財務諸表とサステナビリティ情報

1

ＩＦＲＳ会計基準とは何か

国際会計基準？　国際財務報告基準？

●ＩＦＲＳ®会計基準とは

ＩＦＲＳ会計基準とは、世界的に承認され遵守されることを目的として、国際会計基準審議会（ＩＡＳＢ®）により設定される会計基準の総称であり、基準書とそれらの解釈指針が含まれます。

ＩＦＲＳとは、もともとは「国際財務報告基準」の頭文字を取ったものでした。そのため、「ＩＦＲＳ会計基準」のように「会計基準」をＩＦＲＳの後ろにつけると、意味が重複しているように思われるかもしれません。これは、ＩＡＳＢを傘下に持つ民間団体であるＩＦＲＳ財団において２０２１年に国際サステナビリティ基準審議会（ＩＳＳＢ）が設立され、会計基準とサステナビリティ開示基準の両方が策定されるようになったことが関係しています。両者を合わせてＩＦＲＳ財団が策定する基準、すなわち「ＩＦＲＳ基準」と総称していることから、２つのうちの会計基準であることを明確にするため、「ＩＦＲＳ会計基準」と呼ばれることとなりました。

ＩＦＲＳ会計基準には、個別基準書として、ＩＡＳＢが開発するＩＦＲＳ会計基準書と、２００１年にＩＡＳＢへと機構改革が行われる以前に開発されたＩＡＳ®基準書が含まれます。ＩＡＳ基準書は現在も有効であり、新しいＩＦＲＳ会計基準書により廃止されない限り、両者が併存する状況は今後も続きます。

解釈指針についても、現在発行されているものはＩＦＲＩＣ®解釈指針、２００１年以前に発行されたものはＳＩＣ®解釈指針と名称が異なり、それらはともにＩＦＲＳ会計基準の一部を構成しています。

●各基準書には何が含まれるか

各基準書には、基準の本文以外に、基準の不可欠な一部を構成するものとして、「用語の定義」や「適用指針」が付録として含まれる場合があり、本文およびこれらの付録には強制力があります。

関連基準▶なし

また、各基準書には「結論の根拠」が付属しているほか、「設例」や「適用ガイダンス」が付属している場合もあります。これらは基準の不可欠な一部を構成するものではないため強制力はありませんが、IFRS会計基準の適用上の判断を行ううえで、本文と同様に有用であり、実務上、よく参照されています。

IFRS会計基準（2025年2月現在）

	機構改革（2001年）前	機構改革（2001年）後
基準書	IAS基準書 IAS第１号(※)～第41号	IFRS会計基準書 IFRS第１号～第19号
解釈指針	解釈指針（SIC） SIC第７号～第32号	解釈指針（IFRIC） IFRIC第１号～第23号

IAS：International Accounting Standards
IFRS：International Financial Reporting Standards
SIC：Standing Interpretations Committee
IFRIC：International Financial Reporting Interpretations Committee

基準書および解釈指針は連番となっているが，すでに廃止されているものも複数ある。

（※） IAS第１号は2024年４月に発行されたIFRS第18号により置き換えられることとなった（IFRS第18号の適用は原則2027年１月１日以降開始する事業年度からとされている）。

個別の基準書や解釈指針とは別に，
IFRS会計基準の基礎となる考え方を示した
概念フレームワークがある。

2 ＩＦＲＳ会計基準の作成機関

誰が会計基準の内容を決めているのか

●ＩＦＲＳ財団

ＩＦＲＳ財団は、高品質でグローバルな一般目的財務報告のための基準の作成を目的とした民間団体で、各国の規制当局のほか、さまざまな組織・団体からの拠出により運営されています。ＩＦＲＳ財団は、ＩＦＲＳ会計基準を設定する国際会計基準審議会（ＩＡＳＢ）のほか、ＩＦＲＳサステナビリティ開示基準を設定する国際サステナビリティ基準審議会（ＩＳＳＢ）その他の会議体を傘下に置いています。各会議体のメンバーは、ＩＦＲＳ財団の運営を担う評議員により任命され、その活動は評議員により監督されています。

●ＩＡＳＢ

ＩＡＳＢ（International Accounting Standards Board）は、新しい会計基準の開発や現行会計基準の改訂を行うとともに、解釈指針に関する最終決定等を行います。ＩＡＳＢはロンドンを拠点とし、14名のメンバーにより構成され、会議は公開でほぼ毎月行われます。各メンバーには、会計基準に関する高い専門性と国際的な市場での実務経験を兼ね備えていることが求められます。また、メンバーの構成が特定の団体や地域の代表者に偏らないよう、世界各国から、会計士、財界出身者、規制当局経験者等、さまざまなバックグラウンドを持つ人材がメンバーとして選任されています。

●ＩＦＲＳ解釈指針委員会（ＩＦＲＳ-ＩＣ）

ＩＦＲＳ-ＩＣ（IFRS Interpretations Committee）は、ＩＦＲＳ会計基準に明記されていない適用上の論点について解釈を行います。明確な規定がないため基準の解釈にばらつきが生じており、解釈指針の発行が必要であると判断した場合は、ＩＦＲＳ-ＩＣがＩＡＳＢに提案を行い、ＩＡＳＢが最終的な判断を下します。ＩＦＲＳ-ＩＣは14名のメンバーにより構成され、会議は公開でおおむね四半期に一度行われます。

関連基準▶なし

IFRS財団とIASB

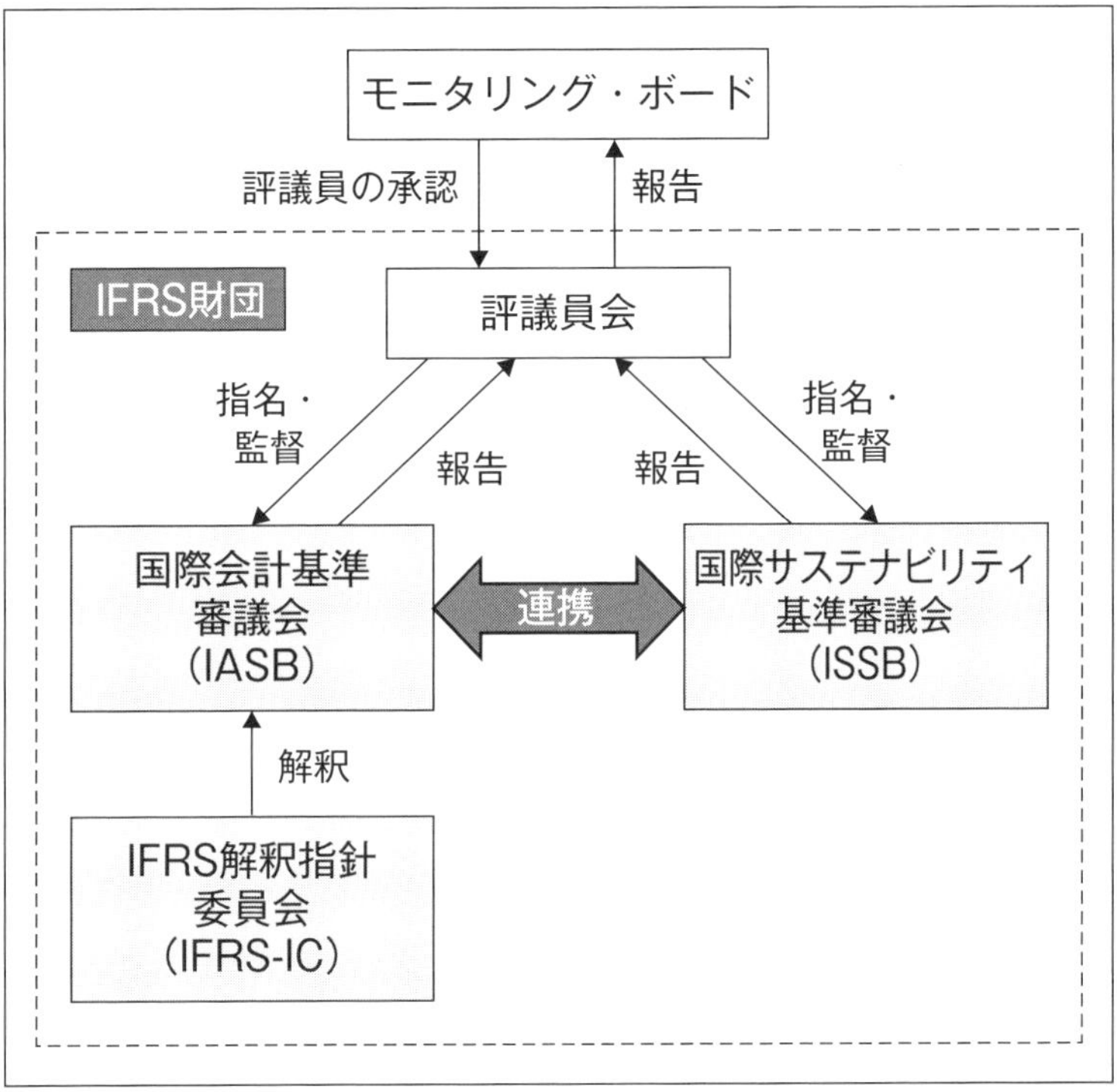

3 ＩＦＲＳ会計基準のデュープロセス

財務諸表作成者などの意見は反映されるのか

●基準の作成プロセス

ＩＡＳＢによる新しい基準等の作成は、以下のプロセスを経て行われます。

① ＩＡＳＢ作業計画に関する協議（5年ごとに実施）
② 審議事項を検討するためのリサーチ
③ ディスカッション・ペーパーの公表およびコメントの募集（必要に応じて）
④ 審議事項の決定
⑤ 公開草案の公表およびコメントの募集
⑥ 最終基準書の公表
⑦ 適用後レビューの実施

これらは、基準等作成にあたり実施が求められる手続として、ＩＦＲＳ財団の「デュー・プロセス・ハンドブック」に明記されています。デュー・プロセスの遵守は、基準設定の透明性・十分で公正な協議を確保するとともに、問題点の明確化や基準作成の費用対効果分析を初期の段階で行うことにより、高品質な基準を効率的に策定する点でも重要です。

ＩＡＳＢは、審議事項の決定後、基準書のドラフトである公開草案を発行し、それに対するコメントを審議したうえで最終基準書を発行します。

新たな基準書が2年間適用された後に適用後レビューが実施され、当該基準が意図したとおりに適用されているかどうか、検討がなされます。

●利害関係者のコメント

基準の作成プロセスにおいて、財務諸表作成者、財務諸表利用者、基準設定機関、監査人等の利害関係者は、ディスカッション・ペーパーおよび公開草案に対するコメント・レターの提出や、ＩＡＳＢが主催する円卓会議（公開協議）を通じて、ＩＡＳＢに対してその意見を伝達することができます。

また、基準設定機関により構成される会計基準アドバイザリー・フォーラム（ASAF）は、IASBに定期的にフィードバックを行うこととされています。

IASBに提出されたコメント・レターはウェブサイト上で公表され、その内容が審議されるIASBの会議もまた公開されていますので、他者や自分のコメントがどのように議論されているかを確認することができます。

IFRS会計基準のデュープロセス

作業計画に関する協議
（5年ごとに実施）

↓

リサーチ

↓

ディスカッション・ペーパー

↓

プロジェクトとして追加するかどうかの決議
（審議事項の決定）

↓

公開草案

↓

最終基準書

↓

適用後レビュー

コメント・レター

円卓会議，ASAF 等

４ 各国のＩＦＲＳ会計基準の使用状況

国が異なればＩＦＲＳ会計基準の使われ方も異なる

●主要国のほとんどがＩＦＲＳ会計基準を採用または利用

２００５年にＥＵ各国の公開企業の連結財務諸表にＩＦＲＳ会計基準が強制適用され、オーストラリア等においても導入されて以降、世界各国でＩＦＲＳ会計基準の採用が進みました。

主要な国のほとんどが何らかの形でＩＦＲＳ会計基準を採用していますが、国により採用の方法に以下のような相違が見られます。

・強制適用とするか、自国の会計基準を残しＩＦＲＳ会計基準を任意適用とするか
・ＩＡＳＢが公表したＩＦＲＳ会計基準をそのまま適用するか（アドプション）、自国の会計基準を実質的に同様の内容とするか（コンバージェンス）
・大規模企業や上場企業のみに適用するか、すべての企業に適用するか
・連結財務諸表のみに適用するか、単体財務諸表にも適用するか

●アジア各国の状況

２００７年に中国がＩＦＲＳ会計基準をベースとする新中国会計基準を導入して以来、２０１０年代には韓国、タイ、マレーシア、インドネシア、台湾、シンガポール、インドと、ＩＦＲＳ会計基準またはそれをベースとする自国会計基準がアジア各国で続々導入されました。

●ＩＦＲＳ会計基準を強制適用していない主要国

ＩＦＲＳ会計基準を強制適用していない主要国は、米国、日本等の限られた国々となっています。

米国証券取引委員会（ＳＥＣ）は、外国登録企業がＩＦＲＳ会計基準に基づき作成した財務諸表をＳＥＣに対して提出することを認めていますが、国内企業に対しては認めていません。

日本もＩＦＲＳ会計基準の強制適用はしていませんが、

関連基準▶なし

各国のIFRS会計基準の使用状況

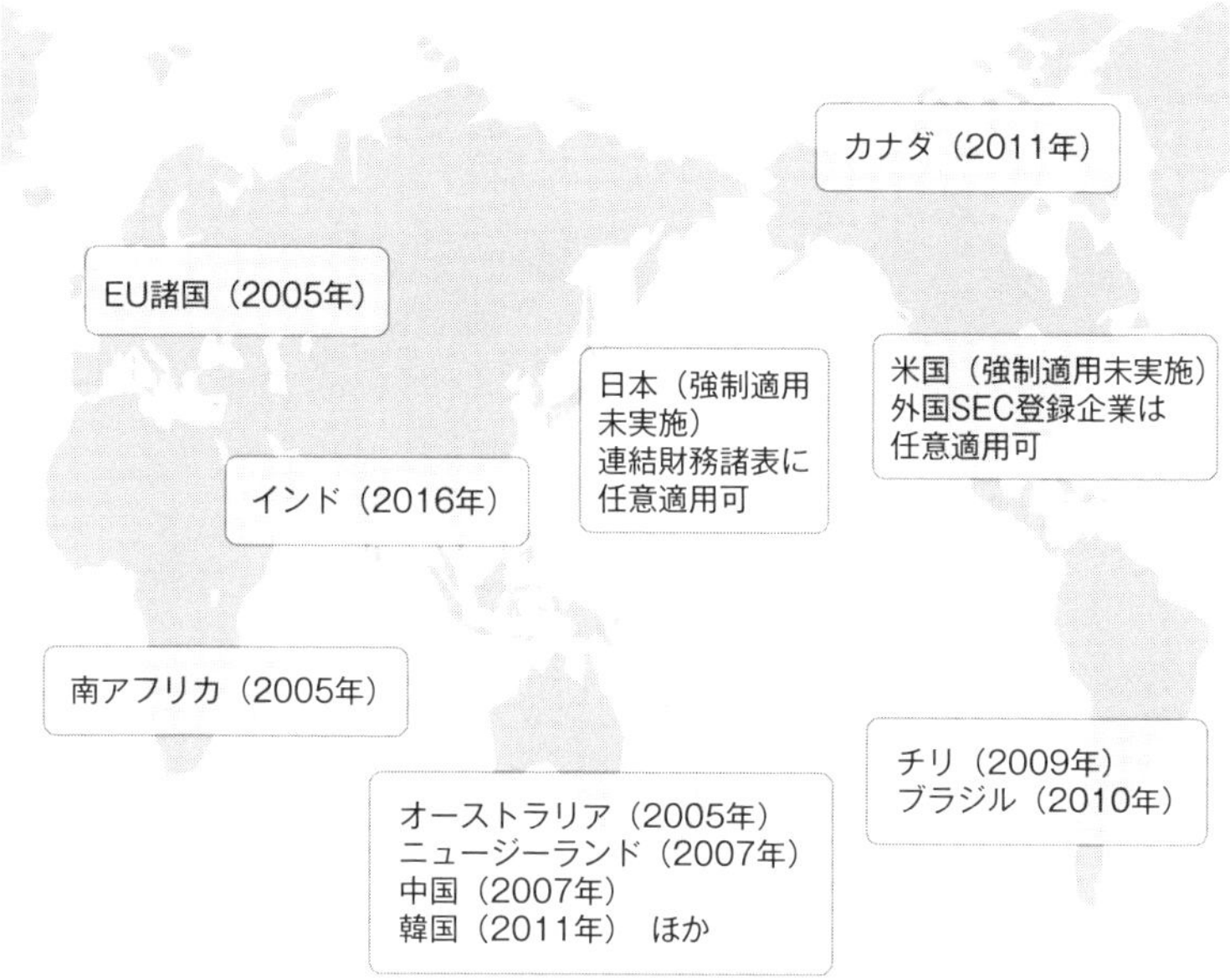

一定の適格要件を満たした企業は連結財務諸表において　任意で適用することができます（6項参照）。

５ 日本の状況

ＩＦＲＳ会計基準と修正国際基準の任意適用が認められている

●東京合意に基づくコンバージェンス

２００７年に、わが国の会計基準設定主体である企業会計基準委員会（ＡＳＢＪ）は、２０１１年６月までにＩＦＲＳ会計基準と日本基準との差異を段階的に解消するという「東京合意」を公表し、わが国においてはその後、多くの会計基準および既存の基準の改正が公表されました。

●ＩＦＲＳ会計基準の任意適用

東京合意に基づき日本基準のコンバージェンスが進められる一方、２０１０年３月期以降、一定の適格条件を満たした企業は、金融庁により指定国際会計基準として指定されたＩＦＲＳ会計基準に基づき連結財務諸表を作成することが認められることとなりました（６項参照）。

●連単分離の議論

現状、わが国におけるＩＦＲＳ会計基準の任意適用は連結財務諸表においてのみ認められているため、任意適用している企業も、単体財務諸表は日本基準で作成する必要があります。

単体財務諸表にＩＦＲＳ会計基準を適用するためには、現状確定決算主義を前提としている税務上の取扱い等、検討すべき課題が多く、それが連結財務諸表と単体財務諸表の取扱いの相違に影響しているものと考えられます。

●修正国際基準

ＡＳＢＪは２０１５年６月に、「修正国際基準（国際会計基準と企業会計基準委員会による修正会計基準によって構成される会計基準）」を公表しました。企業は、指定国際会計基準の代わりに修正国際基準を任意適用することも認められます。修正国際基準は、のれんの償却およびその他の包括利益のリサイクリング（当期純利益への組替え）という点でＩＦＲＳ会計基準と異なっており、日本の意見を発信する意味合いが強いといわれています。

関連基準▶なし

日本の状況

IFRS会計基準 ⟷ 日本基準

コンバージェンス
（現在進行中）

IFRS会計基準の任意適用

	連結財務諸表	単体財務諸表
要件を満たす企業	IFRS会計基準任意適用可	日本基準
その他の企業	日本基準	日本基準

修正国際基準（IFRS会計基準を一部修正）

のれんの償却

その他の包括利益のリサイクリング

6 日本の任意適用制度

大企業を中心にＩＦＲＳ会計基準が広く普及

●指定国際会計基準とは

２０１０年３月期以降、一定の適格条件を満たした上場企業は、指定国際会計基準に基づき連結財務諸表を作成することが認められています。

指定国際会計基準とは、ＩＡＳＢが公表したＩＦＲＳ会計基準のうち、公正かつ適正な手続のもとに作成および公表が行われ、公正妥当な企業会計の基準として認められることが見込まれるものとして、金融庁長官が指定したものを意味します。

金融庁は、当該指定に際し公開草案を公表し、広く国内の意見を求めていますが、その結果として、現状はＩＡＳＢが公表したＩＦＲＳ会計基準を特に修正することなく指定しています。

●ＩＦＲＳ会計基準の「国内使用」

証券規制当局等により構成され、ＩＦＲＳ財団の活動を第三者として監視するモニタリング・ボードには、現在わが国から金融庁幹部がメンバーとして参加しています。同機関が２０１２年２月に公表した報告書では、ＩＦＲＳ会計基準を国内で使用していること（domestic use of IFRS）をメンバーの適格要件とする方針が示されました。その後、この意味が明確化され、ＩＦＲＳ会計基準の強制適用のみならず任意適用も含まれるが、該当する市場においてＩＦＲＳ会計基準が顕著に使用されているか、そのような状況に移行する方針であることが必要である、とされました。

これを受け、２０１３年10月にはＩＦＲＳ会計基準の任意適用要件が大幅に緩和されました。また、２０１５年３月期以降の年度の決算短信において、会計基準の選択に関する基本的な考え方の開示が求められることとなりました。

●増え続ける任意適用企業

ＩＦＲＳ会計基準の任意適用が認められることとなっ

関連基準▶なし

た２０１０年以降、総合商社、製薬会社、その他製造業等を中心に、わが国におけるＩＦＲＳ会計基準の任意適用企業数は着実に増加しており、東証上場企業の時価総額の約半分をＩＦＲＳ会計基準適用企業が占めるなど、大企業を中心にＩＦＲＳ会計基準は広く普及しています。

IFRSの任意適用企業

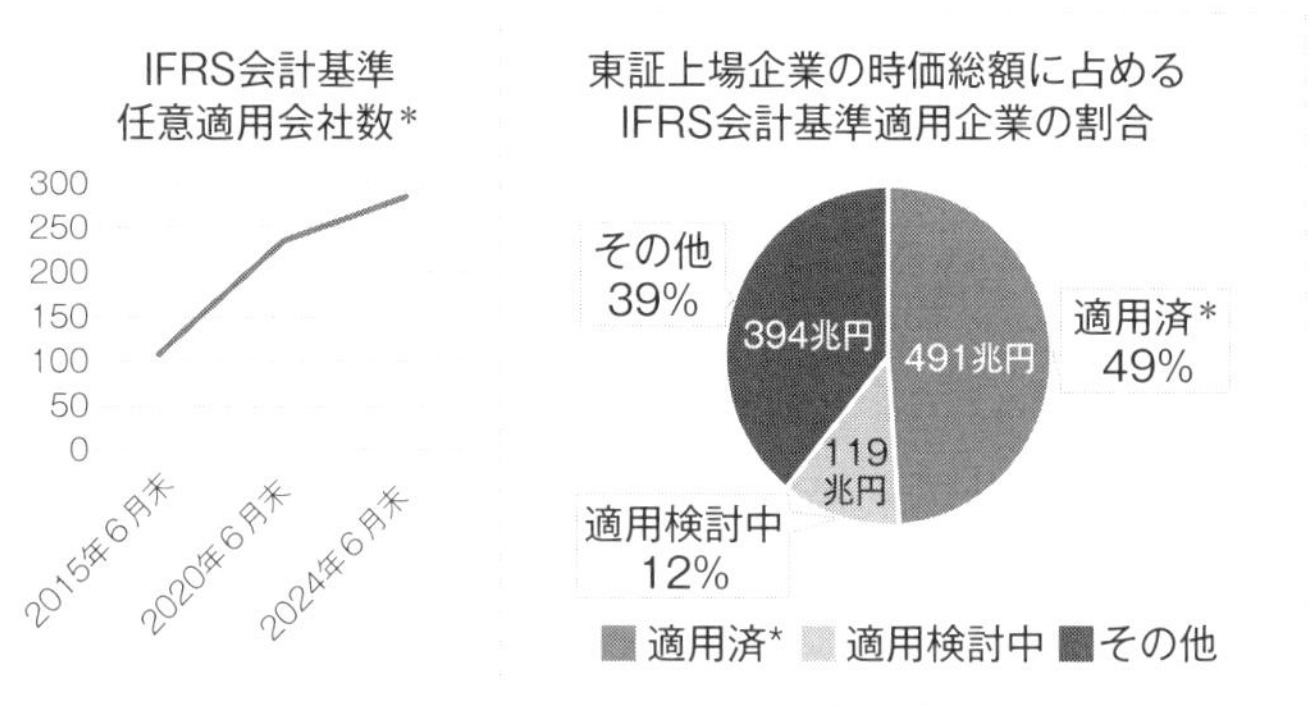

＊IFRS会計基準適用済企業のほか，正式に適用を発表している企業，将来の適用を予定している企業を含む

出所：「会計基準の選択に関する基本的な考え方」の開示内容の分析（2024年7月22日，㈱東京証券取引所）

IFRS会計基準導入のメリットとは…
（投資家目線で）
・他社との比較可能性向上
（会社目線で）
・各国会計方針統一による経営管理体制強化
・より幅広い資金調達の可能性
↓
IFRS会計基準導入はグローバル化が進むビジネス環境に対応するための有効な手段！

7 財務諸表とサステナビリティ情報

両者のつながりを考慮することがますます重要に

●IFRSサステナビリティ開示基準（ISSB™基準）とは

近年、気候変動等に関する企業のリスクや機会、またそれに企業がどのように対応しているかといった情報への投資家からのニーズが高まっており、企業は任意、あるいは各国規制当局の要請に基づきサステナビリティ情報の提供を進めています。

IFRS財団傘下のISSBは、各国制度のもとで企業が共通して開示すべきサステナビリティ関連財務情報（グローバル・ベースライン）を規定するISSB基準の開発を進め、2023年6月にIFRS S1号「サステナビリティ関連財務情報の開示に関する全般的要求事項」とIFRS S2号「気候関連開示」を発行しました。

なお日本では、サステナビリティ基準委員会（SSBJ）が国内企業に適用されるサステナビリティ開示基準を開発しています（2025年2月現在）。同基準はグローバル・ベースラインであるISSB基準を基礎としています。

●サステナビリティ関連財務情報と財務諸表

サステナビリティ関連財務情報は、財務諸表そのものではなく、したがってISSB基準は財務諸表作成に関する基準ではありません。しかしながら、両者は、投資家等の意思決定に有用な情報を提供することを目的とする点で同じであり、ISSB基準ではサステナビリティ関連財務情報の開示にあたって、関連する財務諸表との間のつながりを理解できるような情報の開示を求めています。

また、サステナビリティ関連財務情報の作成に用いるデータおよび仮定は、IFRS会計基準またはその他の適用される会計基準を考慮したうえで、可能な限り、関連する財務諸表の作成に用いるデータおよび仮定と整合

ISSB基準におけるサステナビリティ開示

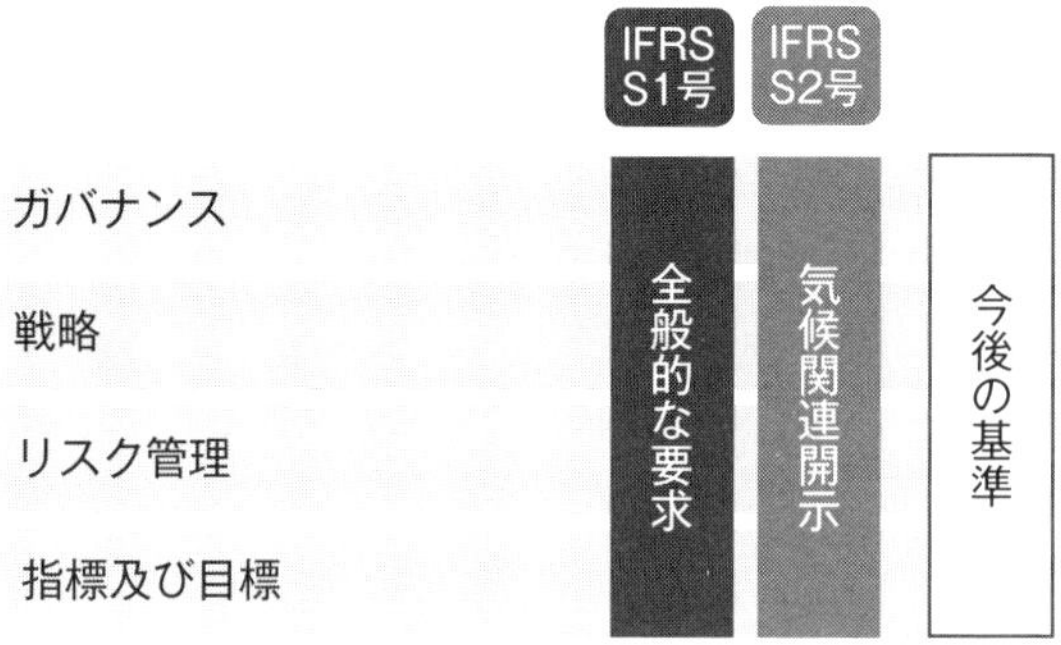

- サステナビリティ開示トピック（気候関連およびその他）について，４つの領域（コア・コンテンツ）に関する情報を開示
- 気候関連以外のトピックについては，今後新たなISSB基準書の開発が検討されている
- 特定の基準書が公表されるまで，気候関連以外のトピックについては，全般的な要求事項であるIFRS S1号に基づき，**企業の見通しに影響を与える（affect）と合理的に見込まれ得るサステナビリティ関連のリスクおよび機会を識別し，関連する情報を開示する**

	４つの領域	開示内容
1	ガバナンス	サステナビリティに関するリスクと機会を**モニタリング・管理**するために用いるガバナンスのプロセス，統制および手続
2	戦略	サステナビリティに関するリスクと機会を**管理**するための企業のアプローチ
3	リスク管理	サステナビリティに関するリスクと機会を**識別・評価・優先順位づけ・モニタリング**するためのプロセス
4	指標及び目標	サステナビリティに関するリスクと機会に関連する企業の**パフォーマンス**（**目標に向けた進捗状況**を含む）

していなければならないとされています。そのため、これらの情報の整合性について、つながりのある情報が提供されているかを確認するというプロセスが必要となると考えられます。

コラム

「IFRS」への期待
── グローバル・スタンダードとしてのサステナビリティ開示基準

IFRS会計基準を設定するIASBを傘下に持つIFRS財団は，当初はもっぱら会計基準を設定するために発足しましたが，2021年に定款を改訂，サステナビリティ開示基準の作成を担うISSBを新たに傘下に持つようになりました。

近年，サステナビリティ関連の開示に対するニーズが高まり（7項参照），多くの企業が自社のサステナビリティ関連のリスクや機会に関する情報を提供するようになりました。これに伴い，多くの団体が開示のフレームワークを提示し，非常に多くの基準が併存するようになりました。SASBスタンダード，IIRCによる国際統合報告フレームワーク，GRIスタンダード，TCFD提言，CDSBフレームワークをはじめ，林立する多くのフレームワークや基準がその頭文字を取ったアルファベット用語だったため，「アルファベット・スープ」とも呼ばれる状況となりました。この状況を変革し，開示の企業間の比較可能性を高めるべく，多くの利害関係者から統一したサステナビリティ開示基準を設定する期待が高まっていました。ここで，すでにIFRS会計基準の設定において確立した品質管理・基準設定プロセスを有するIFRS財団がこの期待に応え，2021年暮れにISSBを発足させ，そこから急ピッチで作業が進められ，2023年にIFRSサステナビリティ開示基準（ISSB基準）が発行される運びとなったのです。

一方，EU諸国においても，欧州委員会が2019年の「欧州グリーンディール」において掲げた温室効果ガスの排出実質ゼロなどの目標を達成する一環として，企業サステナビリティ報告指令（CSRD）が導入され，欧州サステナビリティ報告基準（ESRS）に基づくサステナビリティ報告が在EU企業等に対して求められることとなりました。さらに，米国証券取引委員会（SEC）は，気候関連事項のリスクと影響に関する公開企業の開示を強化する最終規則を2024年に採択しています。

ESRSとISSB基準間の相互運用可能性（Interoperability）に関し両基準設定主体からガイダンスが発行される等，現在も基準設定主体間での議論が進んでいるところであり，今後，サステナビリティ開示がどのような形になるか，引き続き注目されています。

第2章 IFRS会計基準の考え方

8 原則主義

「原則主義」により判断と見積り要素が増える

●原則主義

一般に、IFRS会計基準は、原則主義（principles-based）であるといわれています。

IFRS会計基準には、基本的に産業別の詳細なガイダンスはありません。判断の目安としての数値基準が示されていることもほとんどありません。また、基準書に記載されていない論点のうち実務が統一されておらず、かつ広く影響のあるものに関して解釈指針が公表されることもありますが、ボリュームで見るとそれほど多くはないといえます。

●原則主義のメリット・デメリット

基準においてあまり細かい点まで記述してしまうと、たとえ経済的には類似した取引であったとしても、その要件を満たすか、どの類型に該当するか、等の判断により会計処理が変わってくることが考えられます。

また、契約条件を少し変更したり新しいスキームを考えたりすることにより、特定の会計処理を回避することができるおそれも出てきます。要件を詳細に規定するのではなく、会計処理の原則を示す場合には、このような弊害が出にくくなると考えられます。また、詳細すぎる要件等に縛られて会計処理の結果が自社の経済実態と乖離するようなリスクも軽減されると考えられます。これらは原則主義のメリットといえるでしょう。

他方、原則主義の場合には詳細なガイダンスがないため、実務上、判断に負うところが大きくなります。1項に記載のとおり、各基準書に付属する結論の根拠や設例などは、強制力のある文書ではありませんが、基準の趣旨を理解し、自社の経済実態に即した会計処理を判断するうえで、有用と考えられます。また、他社事例を参考にすることも考えられますが、特に海外の事例を参考にする場合には、国による制度や法律の相違を十分に踏まえたうえで、参考になる部分があるかを検討することが

関連基準▶なし

重要です。重要性について検討する際にも、IFRS会計基準では重要性の数値基準が示されていないことが多いため、その判断が難しい部分があります。

原則主義

9 資産負債アプローチ

資産・負債の変動により利益の額を決める

●資産負債アプローチとは

ＩＦＲＳ会計基準は、資産負債アプローチを採用しているといわれます。この資産負債アプローチとは、会計上の利益を計算するアプローチの1つです。利益の計算方法としては、まず資産と負債を定義し、収益と費用はそれらの変動として表すことで利益を計算するアプローチ（左ページ参照）が考えられます。これが「資産負債アプローチ」です。これに対して、収益と費用を定義に基づいて決定し、その収益から費用を控除して残ったものが利益であるとするアプローチも考えられます。これは、「収益費用アプローチ」と呼ばれます。資産負債アプローチも収益費用アプローチも「利益」を算定するという点では同じですが、その際にまず何を定義し測定するかという点が異なっています。

●資産負債アプローチ≠バランスシート重視

ＩＦＲＳ会計基準が資産負債アプローチを採用していることから、ＩＦＲＳ会計基準はバランスシート（財政状態計算書）を重視しており、財務業績を表す包括利益計算書については昨年と今年のバランスシートの変動を表すもの程度に捉えている、といわれることもありました。しかし、これは誤解であるとのメッセージが、ＩＡＳＢ理事のスピーチやＩＡＳＢスタッフ作成のスタッフ・ペーパーなど、ＩＡＳＢ関係者から繰り返し発信されました。

これらの情報によれば、ＩＡＳＢは、いずれか1種類の計算書を他の計算書に優先する主要な計算書として指定することを考えているわけではなく、企業の財政状態を示す計算書も企業の財務業績を示す計算書も、お互いを補完する重要な計算書であると捉えていると考えられます。また、概念フレームワークにおいても、財務諸表の利用者は、企業の財政状態と財務業績の両方に関する情報を必要としており、財務業績に関する情報も財政状

関連基準 ▶ なし

態に関する情報と同等に重要な情報であることが示されています（12項参照）。

資産負債アプローチ

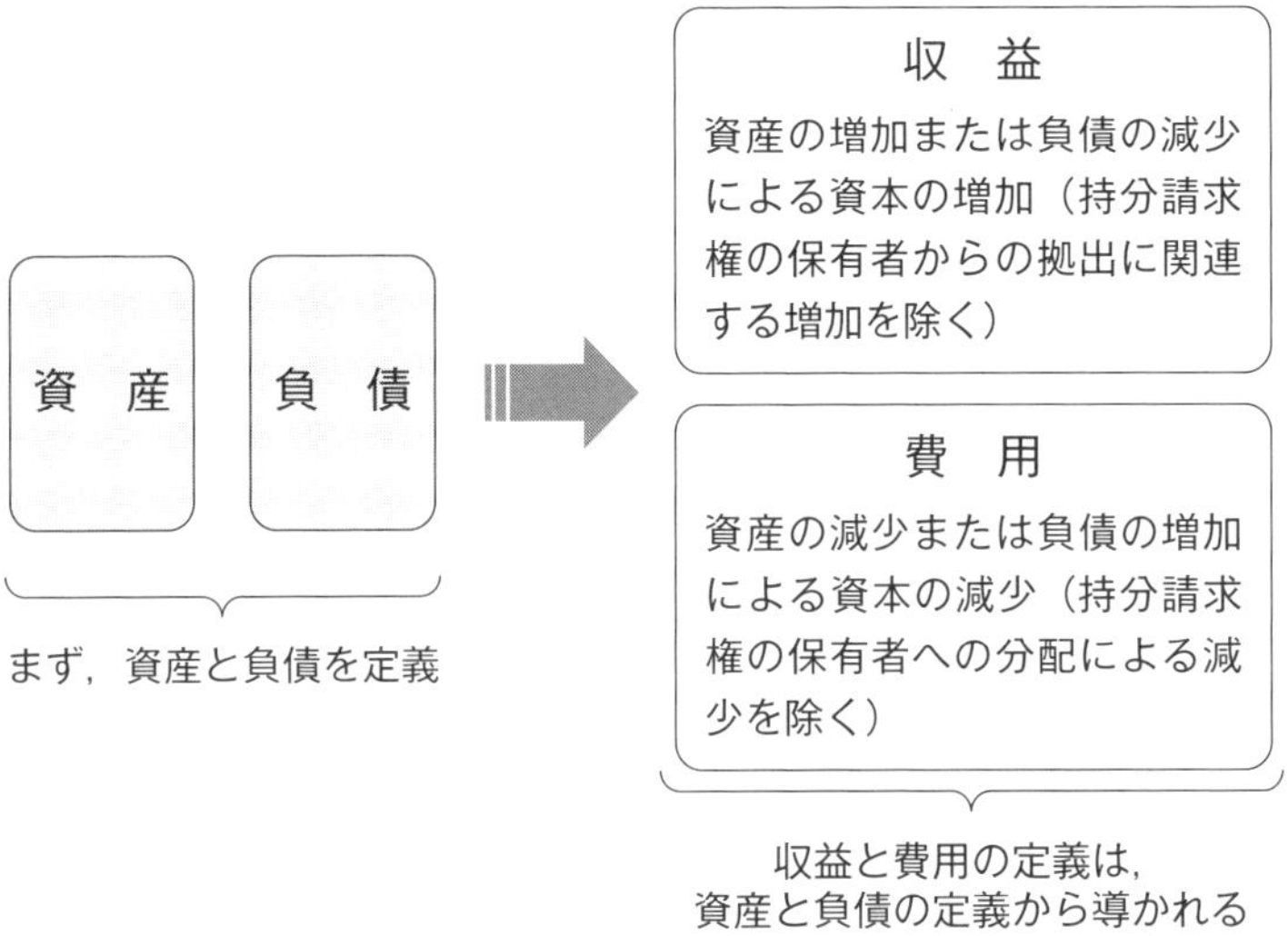
資　産
負　債
まず，資産と負債を定義
収　益
資産の増加または負債の減少による資本の増加（持分請求権の保有者からの拠出に関連する増加を除く）
費　用
資産の減少または負債の増加による資本の減少（持分請求権の保有者への分配による減少を除く）
収益と費用の定義は，
資産と負債の定義から導かれる

資産負債アプローチ≠バランスシート重視

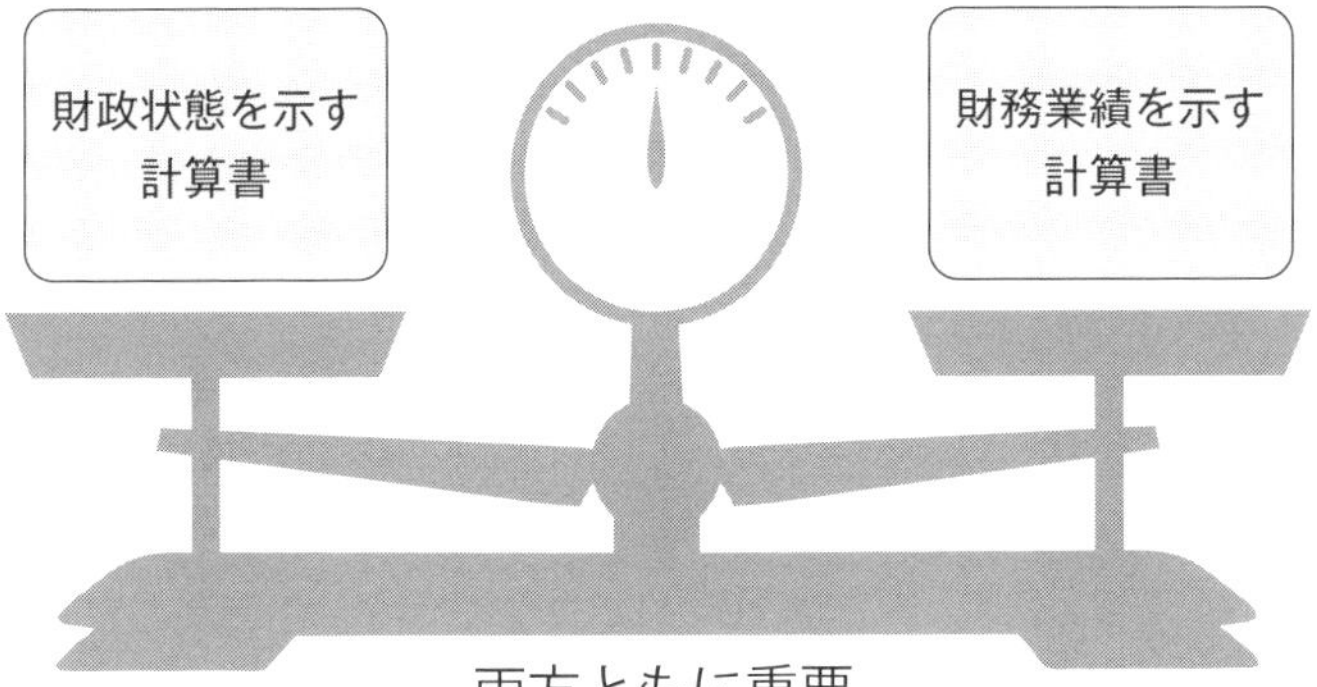
財政状態を示す
計算書
財務業績を示す
計算書

両方ともに重要

10

概念フレームワークとは何か

ＩＦＲＳ会計基準と財務諸表作成の基礎となる考え方が存在する

●概念フレームワークの位置づけと目的

概念フレームワークは、個別の基準書や解釈指針とは別に、一般目的財務報告の目的や財務諸表作成の基礎となる考え方を取り扱うものです。概念フレームワークの目的は、次の3つを支援することです。

・ＩＡＳＢが首尾一貫した概念に基づくＩＦＲＳ会計基準を策定すること
・作成者が首尾一貫した会計方針を策定すること
・すべての関係者がＩＦＲＳ会計基準を理解、解釈すること

ここで、一般目的財務報告とは、財務諸表だけでなく、それに関連した経営者による説明等の書類の提供も含む広い概念で、その主な目的は次の2つです。

・利用者が企業への資源の提供（例：資金の拠出、貸付け）に関する意思決定を行うために必要な有用な財務情報として、企業の経済的資源、企業に対する請求権、これらの資源と請求権の変動に関する情報を提供すること
・企業の経営者や統治機関が企業の経済的資源を活用する責任をどれだけ効率的・効果的に果たしたか（受託責任）に関する情報を提供すること

概念フレームワークはＩＦＲＳ会計基準自体を構成するものではありません。また、特定の取引に係る要求事項を定めるものでもありません。例えば、ＩＡＳＢはＩＦＲＳ会計基準の策定時に、一般目的財務報告の目的を満たすため、概念フレームワークとは整合しない要求事項を定めることも考えられます。このような場合、会計処理の適用に際しては個別のＩＦＲＳ会計基準の規定が優先され、ＩＦＲＳ会計基準に明記がない場合に限り、概念フレームワークの資産、負債、資本、収益、費用に関する定義（12項参照）や認識基準（13項参照）、測定概念（14項参照）に基づいた解釈が行われることとなり

関連基準▶なし

ます。

●概念フレームワークの構成

概念フレームワークは、左の表に記載のとおり、前述の「概念フレームワークの位置づけと目的」に始まり、以下全8章で構成されています。各章は、一般目的財務報告の目的から論理的に導き出されているとされており、まず、この目的を理解することが、概念フレームワーク全体を理解するための重要な鍵となります。

概念フレームワークの構成

章	タイトル	記述内容
「概念フレームワーク」の位置づけと目的		本項参照
第1章	一般目的財務報告の目的	本項参照
第2章	有用な財務情報の質的特性	11項参照
第3章	財務諸表及び報告企業	財務諸表は，一般財務報告の一形態で，以下の情報を提供するものとされている。 ・資産，負債，資本によって構成される「財政状態計算書」 ・収益，費用によって構成される「財務業績計算書」 ・その他の計算書（例：キャッシュ・フロー計算書，持分変動計算書）と注記
第4章	財務諸表の構成要素	12項参照
第5章	認識及び認識の中止	13項参照
第6章	測定	14項参照
第7章	表示及び開示	財務諸表に含まれる情報を有効に伝達するため，以下の考慮が必要とされている。 ・ルールベースではなく原則主義 ・類似項目をグループ化し，類似しない項目を区分する方法で情報を分類する ・情報は，過度な詳細さ，過度な集約によって不明瞭にしないようにする
第8章	資本及び資本維持の概念	資本維持について，利用者のニーズに基づき，以下の2つの概念が示されている。 ・貨幣資本維持：純資産の名目貨幣額を維持すべき資本とする（価格変動を含まない） ・実体資本の維持：企業の物的生産能力または操業能力（その能力を達成するために必要な資源もしくは資金）を維持すべき資本とする（価格変動を含む）

（第1章～第2章）「一般目的財務報告」で提供される情報についての議論

（第3章～第8章）「財務諸表」で提供される情報についての議論

11

有用な財務情報の質的特性

有用性を確保する基本的な質的特性と補強的な質的特性がある

●有用な財務情報の質的特性とは

概念フレームワークにおいては、財務報告の利用者がその意思決定を行う際に最も有用となる財務情報を識別するための質的特性が示されています。有用な財務情報の質的特性には、基本的な質的特性と補強的な質的特性の2つがあります。前者は必須の特性で、後者はそれを支える特性として位置づけられています。

●有用な財務情報の基本的な質的特性

有用な財務情報に必須とされる基本的な質的特性は、関連性と忠実な表現の2つで構成されています。関連性のある財務情報とは、利用者が行う意思決定に相違を生じさせることができる財務情報であり、予測価値と（または）確認価値を含むものとされています。また、忠実な表現とは、経済現象の実質を忠実に表現するものとして、完全性、中立性、誤謬がないという3つから構成されています。

●有用な財務情報の補強的な質的特性

有用な財務情報を支える補強的な質的特性は、比較可能性、検証可能性、適時性、理解可能性の4つから構成されています。前述の基本的な質的特性は、決定的に重要な特性であるのに対し、補強的な質的特性は、それよりは重要でない特性として位置づけられています。このような区分けになっているのは、基本的な質的特性を欠く財務情報は、補強的な質的特性がよりよく達成されたとしても有用な情報とはなりえませんが、逆に基本的な質的特性を満たした財務情報は、補強的な質的特性のいずれかを満たしていなくても有用となりうるという違いがあり、それを明確にするためとされています。

●コストの制約

有用な財務情報の提供には、コストがかかります。この点、概念フレームワークでは、情報提供にかかるコストがその情報を報告することで得られる便益によって正

関連基準▶なし

当化されることが重要とされています。ＩＡＳＢは、ＩＦＲＳ会計基準を策定する際、特定の情報を報告することの便益がその情報提供と利用にかかるコストを正当化できる（便益＞コスト）可能性が高いかどうかも考慮しています。

有用な財務情報の質的特性の全体像

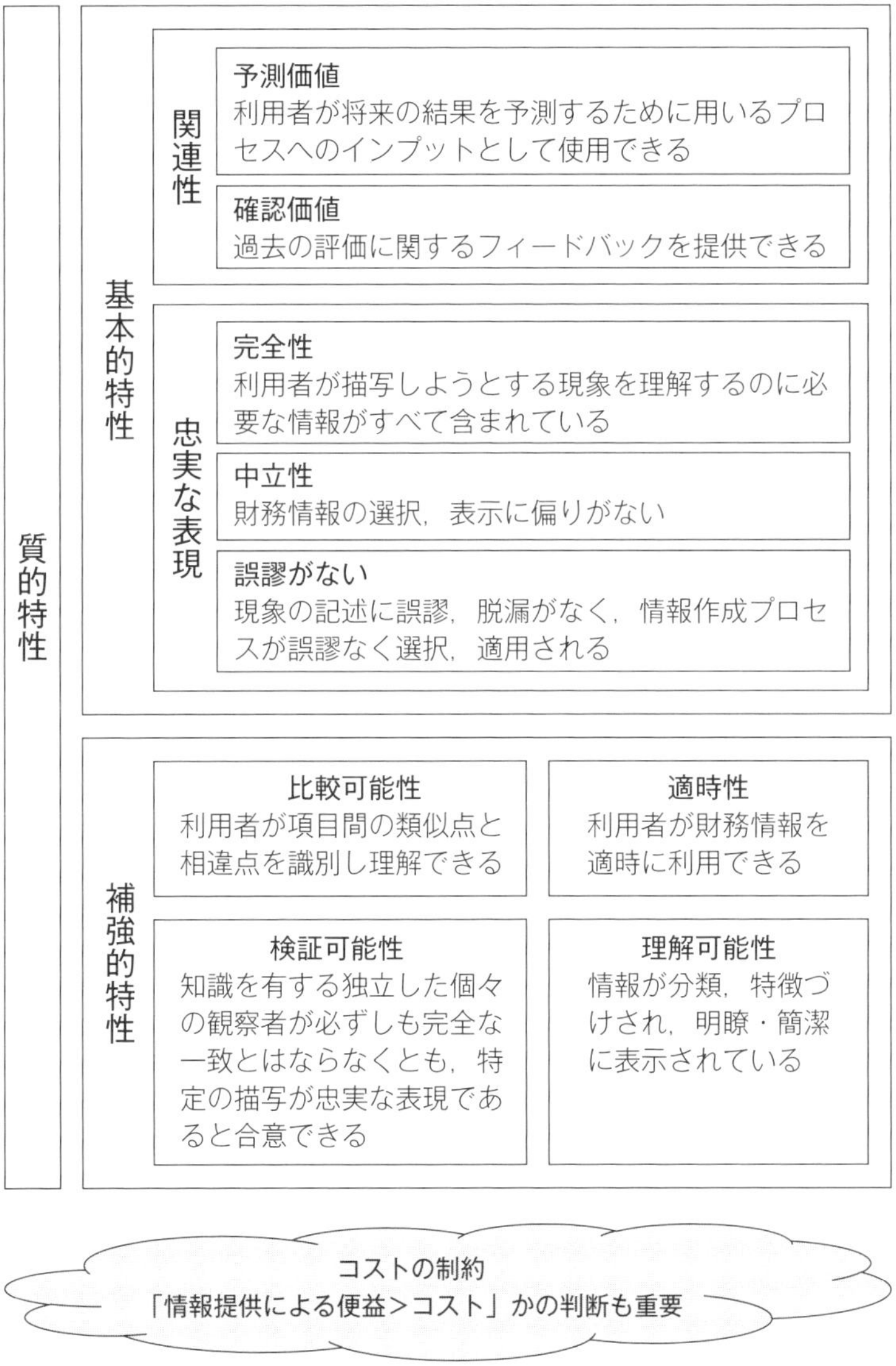
質的特性
基本的特性
関連性
予測価値
利用者が将来の結果を予測するために用いるプロセスへのインプットとして使用できる
確認価値
過去の評価に関するフィードバックを提供できる
忠実な表現
完全性
利用者が描写しようとする現象を理解するのに必要な情報がすべて含まれている
中立性
財務情報の選択，表示に偏りがない
誤謬がない
現象の記述に誤謬，脱漏がなく，情報作成プロセスが誤謬なく選択，適用される
補強的特性
比較可能性
利用者が項目間の類似点と相違点を識別し理解できる
適時性
利用者が財務情報を適時に利用できる
検証可能性
知識を有する独立した個々の観察者が必ずしも完全な一致とはならなくとも，特定の描写が忠実な表現であると合意できる
理解可能性
情報が分類，特徴づけされ，明瞭・簡潔に表示されている
コストの制約
「情報提供による便益＞コスト」かの判断も重要

12

財務諸表の構成要素

資産、負債、資本、収益および費用の定義はどうなっているのか

●資産および負債の定義

概念フレームワークにおいて、資産とは「企業が過去の事象の結果として支配している現在の経済的資源」と定義されています。「経済的資源」とは「経済的便益を生み出す潜在能力を有する権利」をいいます。資産の定義については、「権利」、「経済的便益を生み出す潜在能力」、「支配」という3つのキーワードを理解することが重要なポイントです。

負債とは「企業が過去の事象の結果として経済的資源を移転する現在の義務」と定義されています。「義務」とは「企業が回避する実際上の能力を有していない責務、責任」のことをいいます。負債の定義に該当するためには、①企業が義務を有していること、その義務が②経済的資源の移転であること、③過去の事象の結果としての現在の義務であること、という3つの規準をすべて満たしている必要があります。

定義上、経済的便益を生み出す可能性や経済的資源を移転する可能性についての言及がないため、可能性が低い場合であっても、定義に該当すれば資産または負債の定義を満たし得ます。この点、これらの可能性が低い項目も資産・負債として財務諸表上に認識されてしまうのではないか、との懸念も考えられますが、これらの可能性については、13項で説明される財務諸表の構成要素の認識において考慮されます。資産・負債の定義を満たしていても、認識要件を満たさないものは、財務諸表上認識されません。

●資本、収益および費用の定義

資本、収益、費用の定義は、資産・負債の定義から導かれます。資本とは「企業のすべての負債を控除した後の資産に対する残余」と定義されています。また、9項に記載のとおり、IFRS会計基準では、資産負債アプローチを採用しているため、収益と費用は資産と負債の

関連基準▶なし

増減として定義されています。具体的には、収益とは「資産の増加または負債の減少による資本の増加（持分請求権の保有者からの拠出に関するものは除く）」、費用とは「資産の減少または負債の減少による資本の減少（持分請求権の保有者への分配は除く）」をいいます。

財務諸表の構成要素（5つ）

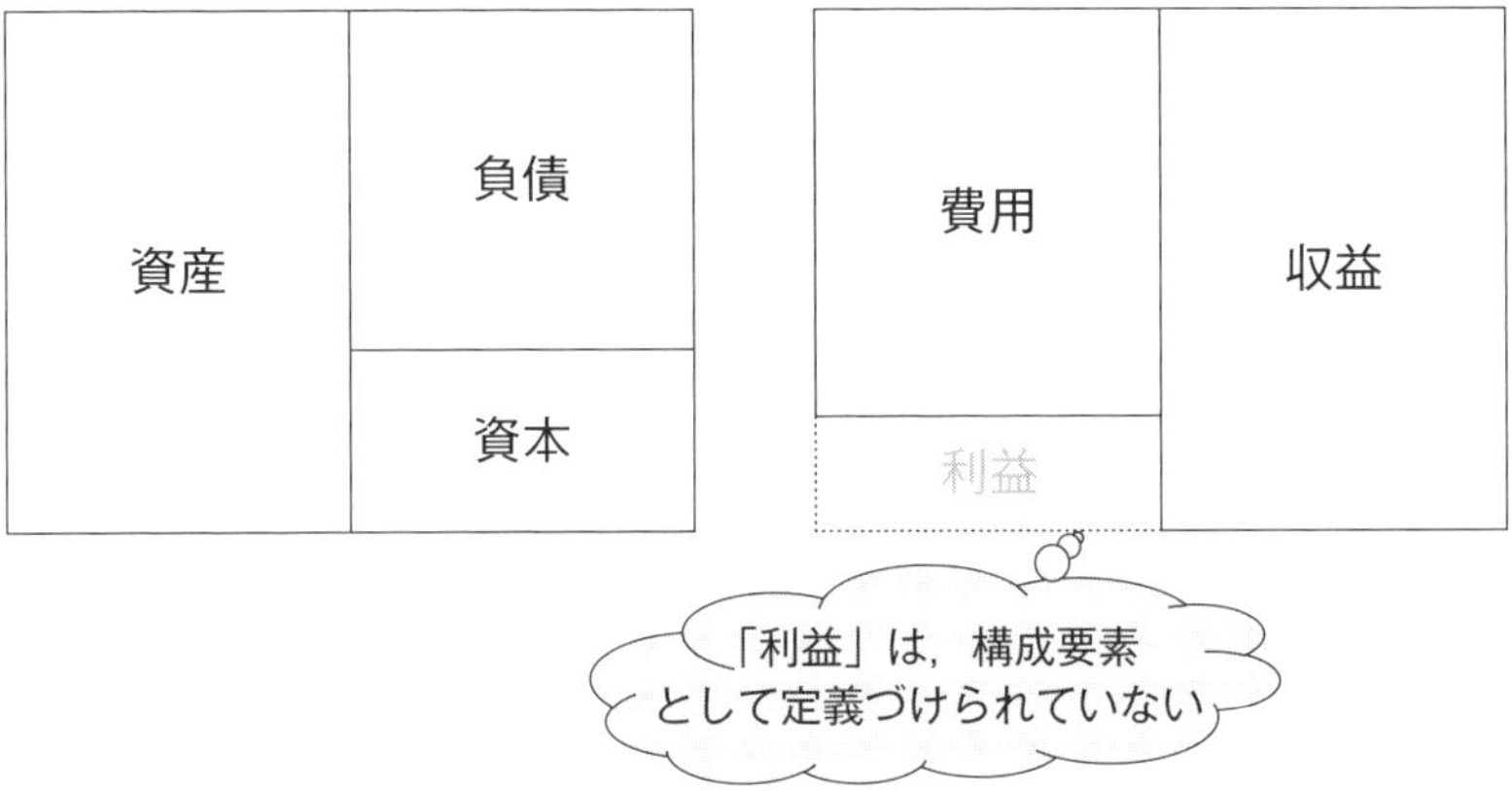

資産の3つのキーワード

権利	経済的便益を生み出す潜在能力	支配
(主な権利の例) ・現金を受け取る権利 ・財またはサービスを受け取る権利 ・経済的資源を有利な条件で交換する権利 ・動産・不動産に対する所有権，知的財産権	・便益の創出が確実であったり，可能性が高くなくてもよい ・少なくとも1つの状況で，他のすべての者に利用可能な経済的便益を超える経済的便益を企業のために生み出す潜在能力	以下の両方を満たす ・経済的資源の使用を指示できる，かつ ・経済的資源から流入する経済的便益を獲得する現在の能力を持つ

負債の3つの規準

義務を有している	その義務は，経済的資源の移転である	過去の事象の結果としての現在の義務である
(主な義務の例) ・現金を支払う義務 ・財またはサービスを提供する義務 ・経済的資源を不利な条件で交換する義務 ・金融商品を発行する義務	経済的資源を他者に移転することを要求する潜在能力を有する義務	・すでに経済的便益を獲得または行動を開始 ・上記行動の結果，そうでなければ移転する必要のない経済的資源を移転しなければならないまたはその可能性がある

13

財務諸表の構成要素の認識と認識の中止

財務諸表の構成要素をいつオンバランス／オフバランスするのか

●財務諸表の構成要素の認識

認識とは「財務諸表の構成要素のいずれか1つの定義を満たす項目を財政状態計算書または財務業績計算書に含める」ことをいいます。ある項目を財務諸表上で認識するためには、当該項目が財務諸表の構成要素の定義（12項参照）を満たすことが必要です。しかし、定義を満たした項目のすべてが認識されるわけではありません。定義を満たすことに加え、利用者に対して、資産、負債、それに関連する収益、費用、資本の変動に関する有用な情報（すなわち、関連性のある情報と忠実な表現。11項参照）を提供することが必要であり、認識はその場合にのみ行われます。そのため、ある項目が資産・負債の定義を満たしていたとしても、その存在について不確実性がある場合や、当該資産・負債から生じる経済的便益の流入・流出の可能性が低い場合等においては、関連性の観点から認識がなされないことがあります。見積り等に関する測定の不確実性が高い場合には、忠実な表現の観点から認識の判断に影響を与えることもあります。また、有用な情報であっても、その便益と入手にかかるコストの観点から認識の判断に影響を与えることもあります。

このように、財務諸表の構成要素の定義を満たしていても認識されない項目が生じる場合があり、その際は、例えば偶発負債や偶発資産等のように、注記において説明的情報を提供することが必要となる場合があるとされています。

●財務諸表の構成要素の認識の中止

過去に認識された資産・負債がその定義を満たさなくなった場合は、これらの項目を財政状態計算書から除去します。これを認識の中止（オフバランス）といいます。資産については、その全部または一部の支配を失った場合、負債については、その全部または一部について現在の義務を有さなくなった場合に、認識を中止します。

関連基準▶なし

財務諸表の構成要素の認識

以下の２つを満たすことが必要

財務諸表の構成要素の定義を満たしている	＋	有用な情報を提供する（関連性＋忠実な表現）

- 定義を満たしても認識されない項目もある（例：偶発負債や偶発資産）
- コストの制約（情報提供による便益>コスト）の判断も必要

資産・負債のうち、消滅、消費、回収、履行または移転したものについては、認識の中止を行い、関連する収益および費用を認識します。また、企業が引き続き保有している構成要素がある場合には、その認識を継続します。資産・負債を移転したように見えても、例えば、移転した資産を定額で買い戻す契約を締結している等、認識の中止を行うことが取引の実態を忠実に表現することにならない場合には、移転した資産の認識の中止は行いません。

14 財務諸表の構成要素の測定

測定基礎は1つではない

●測定の基礎

財務諸表で認識される構成要素は、貨幣金額で数量化されますが、その際に用いられるのが「測定基礎」です。概念フレームワークでは、以下の2つの測定基礎とそれを選択する際に考慮すべき要因について説明されています。

① 歴史的原価：資産または負債の取引価格から導き出された情報に基づく測定値。

② 現在価額：資産または負債の測定日現在の状況を反映する情報に基づく測定値。以下の3つが含まれます。

・公正価値…市場参加者間の秩序ある取引において、測定日時点で資産を売却するために受け取る、または負債を移転するために支払うであろう価格（15項参照）

・使用価値・履行価値…資産の利用と処分、負債の履行による将来キャッシュ・フローの現在価値

・現在原価…企業が資産を取得するために支払う、または負債を引き受けるために受け取るであろう現在の金額

●測定基礎を検討するにあたっての考慮事項

財務諸表の各構成要素に対する測定基礎は、利用者に有用な情報、すなわち、関連性のある情報と忠実な表現を提供するものとなるよう選択されます。また、比較可能性、検証可能性、適時性、理解可能性という補強的な質的特性やコストの制約も考慮する必要があります。例えば、資産・負債の価値が市場要因による感応度が高く（例：デリバティブ商品）、その価値の変動に関する情報が利用者にとって重要である場合には、「公正価値」が関連性のある情報になるかもしれません。他方、棚卸資産や有形固定資産のように企業の他の経済的資源と組み合わせることにより、間接的に将来キャッシュ・フロー

関連基準▶なし

に寄与する資産については、販売によるマージンを算定するため、「歴史的原価」や「現在原価」が関連性のある情報かもしれません。

複数の測定基礎から選択する混合測定アプローチ

15 公正価値

公正価値の定義と測定について規定した基準書が存在する

IFRS会計基準においては、公正価値の定義、測定に関するフレームワーク、公正価値測定に関する開示に関する要求事項を1つにまとめた基準書が存在します。

●公正価値とは

公正価値とは、企業が、市場参加者間の秩序ある取引において、測定日時点で資産を売却するために受け取る、または負債を移転するために支払うであろう価格、すなわち出口価格のことをいいます。公正価値は、企業にとっての固有の価値ではなく、市場参加者の観点から見た価格であることに注意が必要です。

測定日において企業がアクセス可能な市場が複数ある場合には、その資産・負債についての活動の量と水準が最も大きい市場（「主要な市場」）の価格を用いて公正価値を測定します。主要な市場がない場合には、企業にとって最も有利な市場の価格を用いて測定します。

●公正価値の測定

同一の資産・負債に関する活発な市場における相場価格がある場合には、その価格が公正価値となりますが、評価技法を用いた見積りも公正価値に含まれるため、相場価格がないことのみをもって、公正価値を測定することができない、と結論づけることはできません。公正価値の測定に評価技法を用いる場合には、観察可能なインプット（例：株価、為替レート、金利情報等）を最大限に使用し、観察不能なインプットは最小限にする必要があります。

公正価値を測定する際には、取引コストは考慮しません。ただし、資産の所在地が資産の特性の1つである場合（例：原油のようなコモディティ）には、公正価値の測定に際して、市場への輸送コストを考慮します。なお、例えば、土地や建物など、非金融資産の公正価値を測定する際には、市場参加者の観点からその非金融資産を最も有

関連基準▶IFRS第13号

効に使用することを前提として測定する必要があります。

IFRS会計基準は公正価値を重視しており，最終的にはすべての項目を公正価値で測定することを目指しているといわれることがあります。しかし，14項にも記載のとおり，概念フレームワークにおいても全面的な公正価値測定が奨励されているわけではなく，財務諸表の各構成要素について，利用者に有用な情報を提供するように測定基礎を選択することが示されていますので，これもIFRS会計基準にまつわる誤解の1つであるといえるでしょう。

公正価値

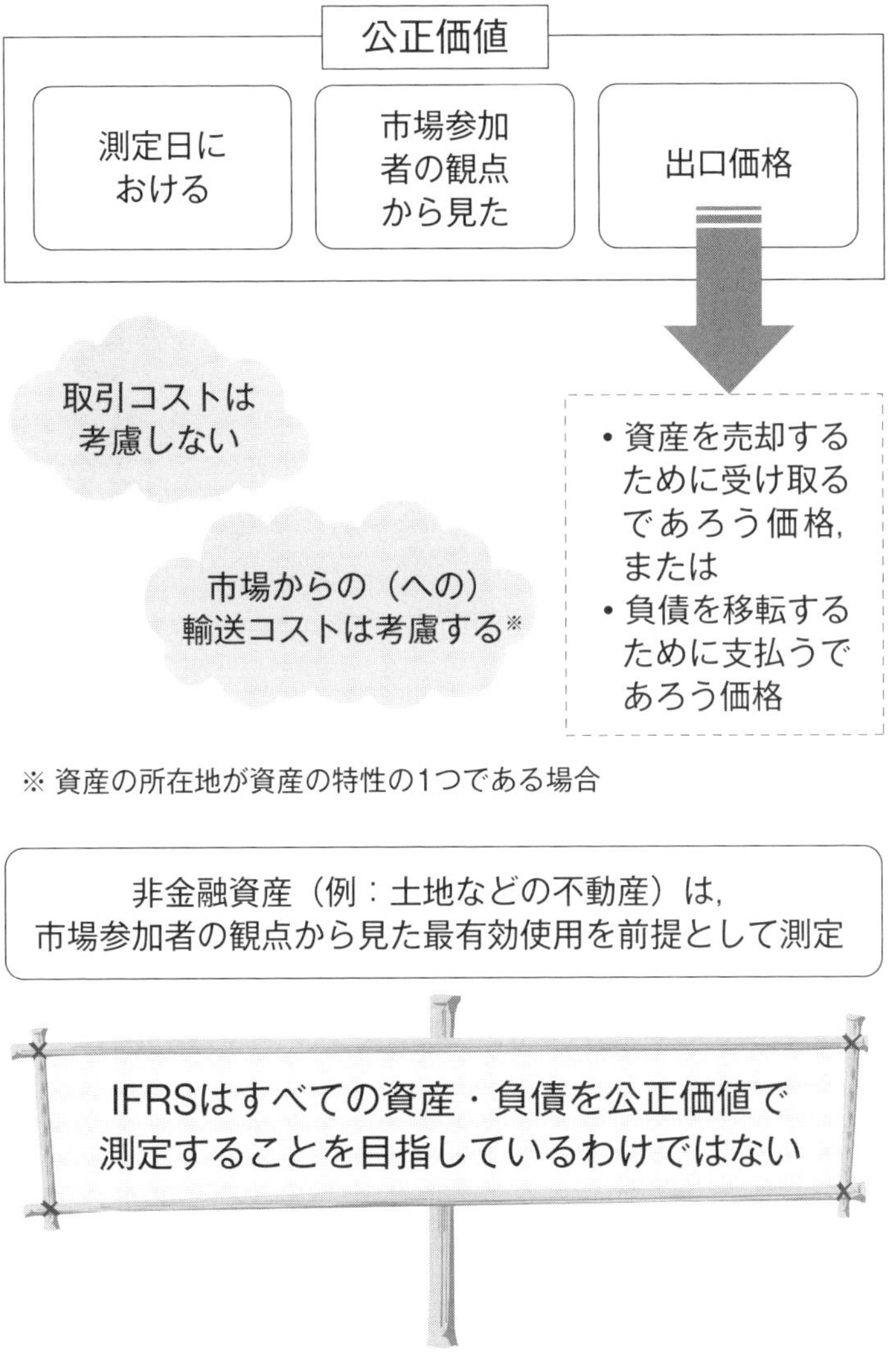
公正価値
測定日における
市場参加者の観点から見た
出口価格
・資産を売却するために受け取るであろう価格，または
・負債を移転するために支払うであろう価格
取引コストは考慮しない
市場からの（への）輸送コストは考慮する※
※ 資産の所在地が資産の特性の1つである場合
非金融資産（例：土地などの不動産）は，
市場参加者の観点から見た最有効使用を前提として測定
IFRSはすべての資産・負債を公正価値で
測定することを目指しているわけではない

16

ＩＦＲＳ会計基準による影響

影響は経理部門にとどまらない

●ＩＦＲＳ会計基準導入により影響を受ける領域

ＩＦＲＳ会計基準の導入により影響を受ける領域として最初に思い浮かぶのは、会計・財務報告領域でしょう。しかし、実際の影響はそれだけにとどまらず、左ページのように広く企業内の活動領域に影響が及ぶことになると考えられます。経理部門に属していないから影響を受けない、というわけではありません。

●会計・財務報告

会計基準の変更に伴い、会計・財務報告領域が大きな影響を受けることはいうまでもありません。原則主義のＩＦＲＳ会計基準のもとで適切な会計処理を行っていくためには、取引や事象の経済実態を把握し、適切な会計処理を決定していく必要があります。重要な見積りや判断を行わなければならない場面も増えてくると予想されます。そのため、これまで以上にグループが拠り所とするアカウンティング・マニュアルの整備・拡充が重要となってくると考えられます。また、ＩＦＲＳ会計基準では広範な開示情報が求められるため、適時に必要な情報を収集する体制を構築し、その管理プロセスも整備しておく必要があります。

●プロセス・システム

まずは、開示情報が大幅に増えることにより、情報収集プロセスやシステムへの影響が出てくる可能性があります。また、会計方針の変更もシステムやさまざまな業務フロー、プロセス（例：固定資産の管理プロセスや販売・仕入にかかる業務プロセスなど）に影響を及ぼす可能性があります。さらに、財務報告上の重要な内部統制の新設・変更についても検討する必要があるでしょう。工数増加に対応するため、効率的な事務処理を可能とする工夫が重要となります。

●ビジネス

社内的には業績管理指標の変更が必要となってくる可

能性があります。また、社外との関係では、効果的なIRについて検討する必要があると思われます。状況によっては、取引先との契約条件の見直しが検討されることも考えられます。

●人材

最も影響を受けるのは、経理・財務要員であり、IFRS会計基準を十分に理解していることに加えて、原則に基づき適時に判断を下す能力がこれまで以上に求められる可能性があります。また、ビジネスや経営管理のしくみが影響を受けることにより、経理・財務部門以外のあらゆる部門（例：製造、営業、法務など）に属する人員にも影響が及ぶと考えられます。

影響は経理部門にとどまらない

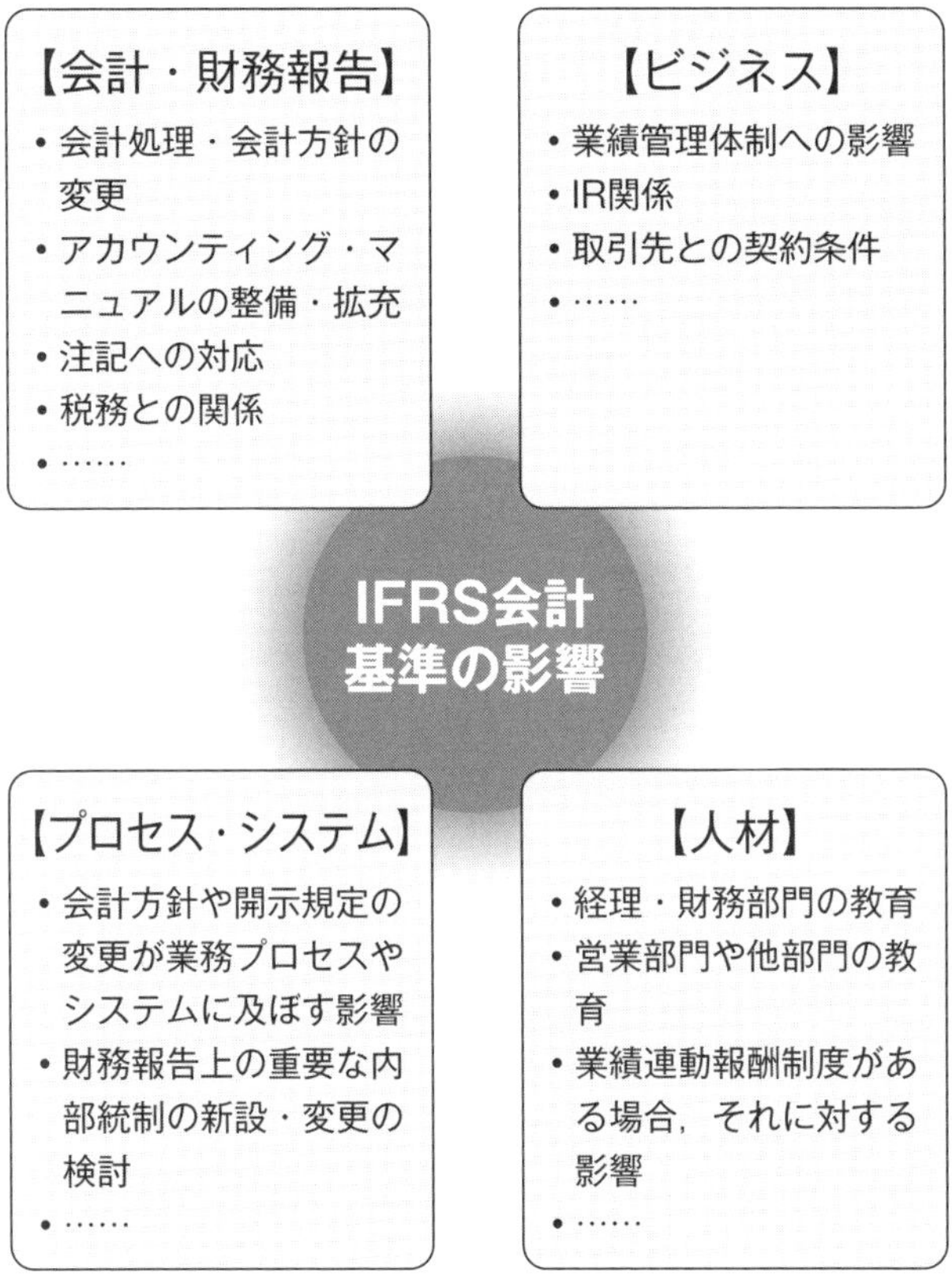

【会計・財務報告】
・会計処理・会計方針の変更
・アカウンティング・マニュアルの整備・拡充
・注記への対応
・税務との関係
・……
【ビジネス】
・業績管理体制への影響
・IR関係
・取引先との契約条件
・……
IFRS会計基準の影響
【プロセス・システム】
・会計方針や開示規定の変更が業務プロセスやシステムに及ぼす影響
・財務報告上の重要な内部統制の新設・変更の検討
・……
【人材】
・経理・財務部門の教育
・営業部門や他部門の教育
・業績連動報酬制度がある場合，それに対する影響
・……

コラム

IASBの組織と基準開発の現場

IASBは14名の理事により構成され，ほぼ毎月の審議会でさまざまな会計基準について議論しています。また，IFRS解釈指針委員会は14名のメンバーにより構成され，おおむね四半期ごとの会議でIFRS会計基準の解釈指針について議論しています。

これらの議論のベースとなるのは，IASBの研究員が作成するペーパーです。研究員はさまざまな国から来ており，監査法人出身者，民間企業出身者，学者，各国基準設定機関出身者など，さまざまなバックグラウンドを持っています。研究員は，収益認識や連結などの主要な会計領域ごとに担当が決められ，各会計領域のチームが責任を持って関連する会計上の論点について検討します。

研究員が作成するペーパーは，IASBやIFRS解釈指針委員会の会議が行われる１～２週間前に，IASBのウェブサイトで公開されます。通常，１回の会議で数件から十数件の案件について議論されますが，そのほぼすべてについて数ページから数十ページのペーパーが作成されるため，会議１回当たりのペーパーは，通常，全部で数百ページに及びます。したがって，会議において効果的な議論を行うことが可能か否かは，研究員が作成するペーパーの質に大いに左右されます。研究員の責任も重いですね。

IASBやIFRS解釈指針委員会における審議の過程は，その透明性が非常に重視されています。研究員が作成するペーパーは会議の１～２週間前にIASBのウェブサイトで公開され，当日の会議はウェブキャストで傍聴することが可能です。会議が終わると，議論の概要がそれぞれIASB Update，IFRIC Updateという文書として公開されます。

これらはすべて英語で行われ，発信される情報も膨大であるため，日本人が適時に情報をアップデートするのはなかなか大変です。その点，上記IASB Update，IFRIC UpdateについてはASBJが和訳を公開しているとともに，監査法人等からも情報配信がなされることもあるので，そちらも合わせて参照してみてはいかがでしょうか。

第3章 IFRS会計基準の財務諸表

17 新しい財務諸表作成基準の導入

18 基本財務諸表と注記の役割、集約と分解の原則

19 純損益計算書の構造

20 経営者が定義した業績指標（MPM）

21 会計方針および見積りの変更

22 期中財務諸表の取扱い

23 売却目的で保有する非流動資産

24 非継続事業

25 IFRS会計基準の初度適用①

26 IFRS会計基準の初度適用②

17 新しい財務諸表作成基準の導入

純損益計算書が大きく変わる

●新しい財務諸表作成基準（ＩＦＲＳ第18号）

２０２４年4月に、ＩＡＳＢはＩＡＳ第1号「財務諸表の表示」に換わる新たな財務諸表作成基準として、ＩＦＲＳ第18号「財務諸表における表示及び開示」を公表しました。これは、企業の財務業績報告の改善に対する財務諸表利用者からの強い要望に対応すべく、２０１５年より開始された「基本財務諸表プロジェクト」の成果として公表されたものです。当基準の導入により、ＩＡＳ第1号の表示と開示に関する規定はＩＦＲＳ第18号に置き換わり、その他の規定は、ＩＡＳ第8号「財務諸表の作成基礎」（「会計方針、会計上の見積りの変更及び誤謬」から表題変更）およびＩＦＲＳ第7号「金融商品：開示」に引き継がれ、ＩＡＳ第1号は廃止されます。ＩＦＲＳ第18号は、２０２７年1月以降開始する事業年度から適用されます。早期適用も可能です。

●ＩＦＲＳ第18号の特徴

ＩＦＲＳ第18号では、従来のＩＡＳ第1号と同様、財務諸表は、「純損益及びその他の包括利益計算書」、「財政状態計算書」、「持分変動計算書」、「キャッシュ・フロー計算書」、「注記」の5つから構成されるとしていますが、特に「純損益及びその他の包括利益計算書」を「財務業績の計算書」と位置づけるとともに、注記を除く計算書を総称して「基本財務諸表」とし、要求事項の改善が図られています。また、従来混合して使用されていた財務諸表における「表示」と「開示」という用語についても、財務情報を基本財務諸表で提供することを「表示」、注記で提供することを「開示」として統一するとともに、全般事項について概念フレームワークとの整合性も図られています。

ＩＦＲＳ第18号による主な改訂事項は、次の3つです。

・企業ごとに構成や内容に多様性があった純損益計算

書に新たな区分と小計を導入することによる企業間の比較可能性の向上（19項参照）
・基本財務諸表と注記の役割の明確化，情報のグルーピングに関する集約と分解の原則の拡充による情報伝達の有効性の改善（18項参照）
・経営者が定義した業績指標（ＭＰＭ）の有用性を担保することによるＭＰＭにかかる情報の質の向上（20項参照）

新しい財務諸表作成基準

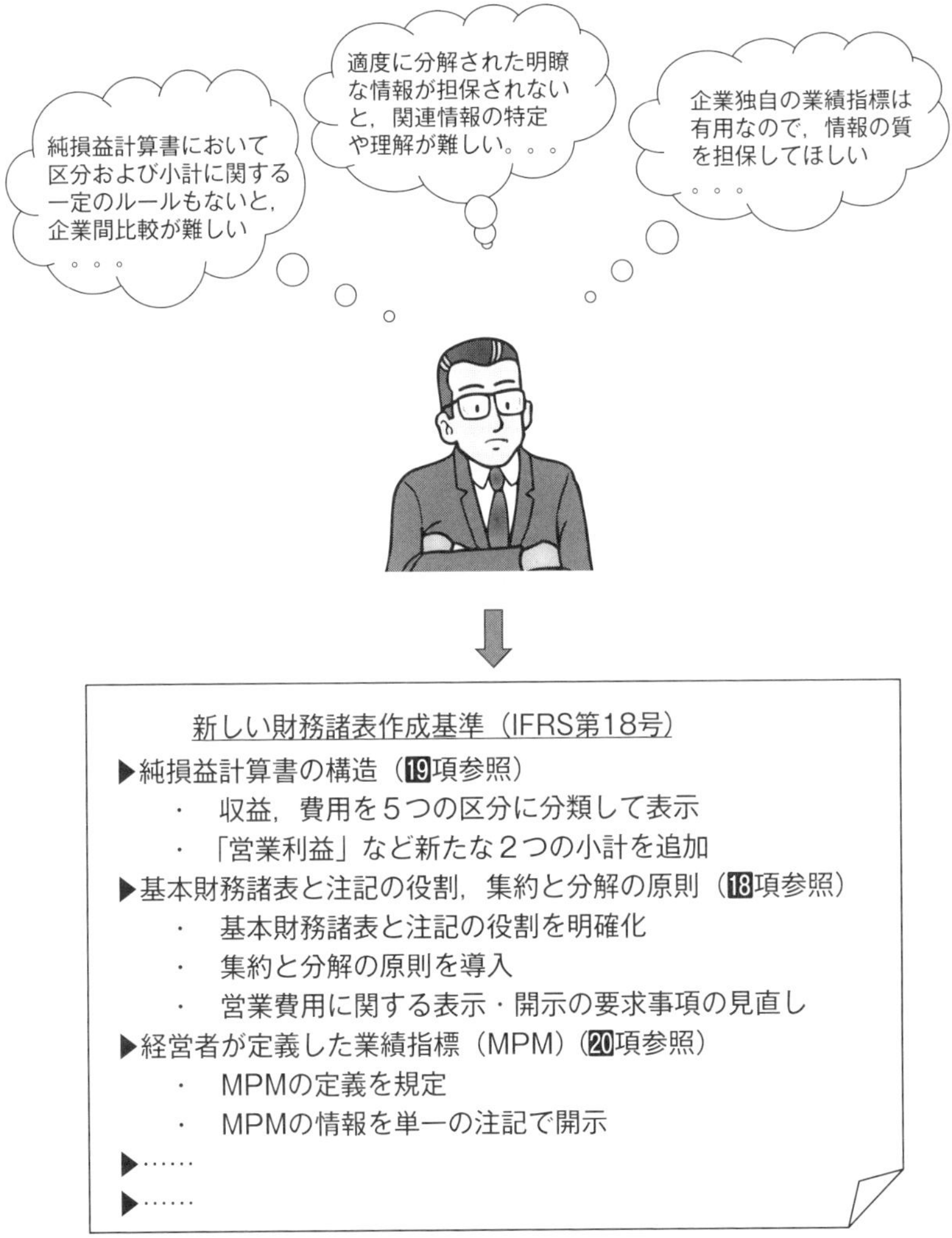
純損益計算書において区分および小計に関する一定のルールもないと，企業間比較が難しい。。。
適度に分解された明瞭な情報が担保されないと，関連情報の特定や理解が難しい。。。
企業独自の業績指標は有用なので，情報の質を担保してほしい。。。
新しい財務諸表作成基準（IFRS第18号）
▶純損益計算書の構造（19項参照）
・ 収益，費用を５つの区分に分類して表示
・ 「営業利益」など新たな２つの小計を追加
▶基本財務諸表と注記の役割，集約と分解の原則（18項参照）
・ 基本財務諸表と注記の役割を明確化
・ 集約と分解の原則を導入
・ 営業費用に関する表示・開示の要求事項の見直し
▶経営者が定義した業績指標（MPM）（20項参照）
・ MPMの定義を規定
・ MPMの情報を単一の注記で開示
▶……
▶……

18

基本財務諸表と注記の役割、集約と分解の原則

基本財務諸表は要約情報、注記はより詳細な情報が求められる

●基本財務諸表と注記の役割

IFRS第18号では、基本財務諸表と注記の役割が明確にされており、基本財務諸表は、認識された資産、負債、資本、収益、費用、キャッシュ・フローについて、「有用な体系化された要約」を提供するもの、注記は、基本財務諸表に表示されている科目を理解するために必要な情報や基本財務諸表を補足する追加的情報を提供するものとされています。すなわち、基本財務諸表は、より集約された要約情報、注記は、より詳細な追加的情報を提供するものという役割が明確化され、企業が必要な情報を基本財務諸表に表示するか、注記に開示するかを判断するのに役立ちます。

●集約と分解の原則

集約と分解とは、概念フレームワークにも示される原則で、財務情報を類似の特徴によってまとめ、特徴の異なるものは分けることを意味します。IFRS第18号では、財務諸表における資産、負債、資本、収益、費用、キャッシュ・フローの各項目について、集約と分解の原則が以下のように明確化されています。

・資産、負債、資本、収益、費用、キャッシュ・フローを共有された特徴に基づいて項目に集約、共有されてない特徴に基づいて項目を分解する

・基本財務諸表と注記の役割に基づき、基本財務諸表に有用な体系化された要約を提供するよう科目を集約、分解して表示し、注記には重要性がある情報を開示するよう項目を集約、分解する

・集約と分解によって重要性がある情報が不明瞭にならないようにする

これらの原則は、利用者が求める情報の詳細さと明瞭性とのバランスを判断するのに役立ちます。

また、上記に基づいて集約、分解された項目についての名称と表記に関するガイダンスも明確化され、基本財

関連基準▶IFRS第18号

務諸表に表示する項目、注記に開示する項目について、各項目を忠実に表現するよう、名称を付して表記するとともに、その理解に必要な説明を提供することが求められます。

基本財務諸表と注記の役割，集約と分解の原則

基本財務諸表と注記の役割

基本財務諸表（純損益及びその他の包括利益計算書，財政状態計算書，持分変動計算書，キャッシュ・フロー計算書）
- ▶報告企業の資産，負債，資本，収益，費用，キャッシュ・フローについて，財務諸表の利用者に「有用な体系化された要約」(※) を提供すること

注記
- ▶財務諸表の利用者に，追加的な，重要性のある情報を提供すること

※有用な体系化された要約（useful structured summary）：以下の３点に有用となる体系化された要約情報
- ・企業の資産，負債，資本，収益，費用，キャッシュ・フローの理解可能な概観
- ・企業間比較，同一企業での期間比較
- ・注記で追加的情報を求めたいと考える可能性のある事項の識別

集約と分解の原則

集約と分解
- ▶共有される「特徴」の有無に基づいて，項目の集約，分解を行う
- ▶基本財務諸表と注記の役割を踏まえ，基本財務諸表ではより集約された情報が表示される
  注記には，より分解された情報が開示される

有用性を損なう過度な集約は禁物！

重要性がある項目を不明瞭にする過度な分解は禁物！

項目の記述
- ▶項目の特徴を忠実に表現する方法で名称を付し記述する
- ▶「その他」という名称を項目に付すのは，以下のケースに限定される
  - ・それより有益な名称がない
  - ・分解すべき重要性がある項目が含まれていない
- ▶「その他」と名称が付された項目の金額に重要性がある場合に内容について追加的説明が必要

「その他」に何が含まれてるか気になる。。。

19

純損益計算書の構造

収益と費用を営業、投資、財務に分ける

●純損益計算書における区分と小計

IFRS第18号では、純損益計算書における税引前当期利益までの収益・費用を営業、投資、財務の3区分に分類するとともに、営業区分の後に「営業利益」、投資区分の後に「財務及び法人所得税前利益」という小計を表示することが求められます。IFRS第18号は、投資区分、財務区分に分類される収益・費用を明確に定義する一方で、営業区分に分類されるのは、それ以外のすべての収益・費用とし、営業区分を「デフォルト」区分としています。このアプローチは、投資、財務、法人所得税、非継続事業以外のすべての収益・費用は、企業の営業から生じるというIASBの見解を反映しています。営業区分をデフォルト区分とすると、非経常的な収益・費用も営業区分に含まれることになります。

●営業費用の分析

純損益計算書における営業区分においては、費用を機能別（売上原価、販売費及び一般管理費等）、性質別（原材料費、人件費、減価償却費等）のいずれか最も有用な体系化された要約が提供されるよう、分類、表示することが求められます。また、営業費用の一部を機能別、その他を性質別に分類することで最も有用な体系化された要約を提供することになる場合は、混合表示も認められます。なお、機能別に分類した項目を表示している場合は、減価償却費や従業員給付等、5項目について注記すべき事項が定められています。

●特定の主要な事業活動に応じた区分

企業の主要な事業活動の1つが「資産への投資」（例：債券、株式に投資を行う投資会社）または「顧客にファイナンスを提供」（例：銀行）である場合、IFRS第18号の原則的な定めに従えば、主要な事業活動から生じる収益および費用も、投資または財務区分に含められることとなり、これらの企業の営業成果の忠実な表現とは

ならなくなります。そのため、これらの特定の主要な事業活動に関連する収益、費用のうち特定の部分については、投資または財務区分ではなく、営業区分に分類するよう、追加の規定が設けられています。

純損益計算書の基本構造

各区分に含まれる収益・費用の例

営業
- 他の区分に分類されないすべての項目（「デフォルト」区分（変動性が高いものや通例ではない収益，費用も含まれる）

投資
- 関連会社，ジョイントベンチャーに対する投資からの収益および費用（例：持分法損益）
- 現金・現金同等物からの収益および費用
- 個別かつ企業が保有している他の資源とおおむね独立してリターンを生み出す資産（例：債券，株式）に係る収益および費用（※1）

財務
- 資金調達のみを伴う取引から生じる負債（例：借入金）に係る損益（※2）
- 上記以外の負債（例：リース負債，確定給付年金負債）に係る利息費用

純損益計算書の表示例（営業費用を機能別*に表示している場合）

＊性質別分類（原材料費，人件費，減価償却費等），また機能別と性質別の混合表示も認められる

区分	表示科目
営業	収益 売上原価
	売上総利益
	販売費 研究開発費 一般管理費
営業利益	
投資	持分法損益 受取利息・配当金（※1）
財務及び法人所得税前利益	
財務	借入金に係る利息費用（※2） その他負債に係る利息費用
法人所得税前利益	
法人所得税	法人所得税費用
継続事業からの純利益	
非継続事業	非継続事業からの純損失
純利益	

要求される小計

（網掛け）：有用な体系化された要約を提供する追加の小計（任意）

※1「資産への投資」が企業の主要な事業の場合，営業区分に分類される追加規定あり
※2「顧客へのファイナンス提供」が主要な事業の場合，営業区分に分類される追加規定あり

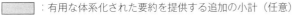

20

経営者が定義した業績指標（MPM）

経営者が定義した独自の業績指標（MPM）を注記で開示する

●経営者が定義した業績指標（MPM）とは

従来から多くの企業が、企業固有の業績指標（例：EBITDAや事業利益等）を投資家に提供してきました。利用者からは、これらの情報は有用であるものの、どのように算定され、またなぜ重要な指標であるのかを識別し、理解するのが困難な場合があるとの懸念が示されていました。IFRS第18号では、企業が、経営者が定義した業績指標（MPM）の定義を満たす業績指標を投資家に提供している場合、各MPMに関する情報を財務諸表の単一の注記において開示することが求められます。

MPMとは、次の3要件すべてを満たす収益および費用の小計とされています。

・企業が財務諸表の外での投資家とのコミュニケーション（例：プレスリリース、投資家向けプレゼンテーション）で使用しているものである

・企業全体としての財務業績の一側面について経営者の見方を利用者に伝えるものである（反証がない限り、収益および費用の小計のうち財務諸表の外でのコミュニケーションに含めているものは、企業全体としての財務業績の一側面についての経営者の見方を利用者に伝えるものと推定される）

・MPMに該当しないとIFRS第18号で定められている小計（例：売上総利益）、IFRS会計基準で表示・開示が求められている合計・小計（例：営業利益）以外のものである

したがって、フリーキャッシュフロー、負債・資本比率、非財務情報等の収益および費用の小計以外の指標は、MPMには含まれません。

●経営者が定義した業績指標（MPM）の開示

上記の定義を満たしたMPMは、財務諸表の単一の注記において開示しなければなりません。具体的には、左ページに示す情報の注記が求められますが、これらの規

定により、情報の質が担保されるとともに、単一の注記と定めることで、利用者がＭＰＭに関するすべての情報を容易に探し出すのに役立つと考えられます。また、注記に含まれることから監査の対象となり、信頼性の向上が期待されます。

ＭＰＭを変更、追加、中止等した場合、その影響と理由、また過年度情報について修正再表示した比較情報が求められます。これらの要求により、ＭＰＭの期間比較の点で有用性が高まるといえます。

MPMの定義

収益および費用の小計
（IFRS第18号の「MPMに該当しない小計」(※1) またIFRS会計基準で表示・開示が要求されている合計・小計（例：営業利益，当期純利益）は除く）

MPM

企業が財務諸表外での一般とのコミュニケーションにおいて使用する（プレスリリース，投資家向けのプレゼンテーション等）

企業全体としての財務業績の一側面について経営者の見方を企業が財務諸表利用者に伝えるために使用する (※2)

※１　MPMに該当しない小計：
売上総利益，減価償却・償却・IAS 第 36 号の減損控除前の営業利益，営業利益および持分法損益，税前利益，継続事業からの純損益

※２　反証のない限り，財務諸表の外での一般とのコミュニケーションに含めているものは，これに該当すると推定される

MPMの開示

MPMについて以下の説明を開示

- 企業全体の財務業績の一側面に関する経営者の見方を伝えるものであり，他の企業が提供している類似した名称や表記を共有する指標と必ずしも比較可能ではない旨
- MPMが有用な情報を提供すると考える理由，経営者が考える財務業績の一側面についての記述，およびその計算方法
- 調整表（開示例参照）

調整表の開示例

	20x7年度	税効果	非支配持分への影響
営業利益（IFRS第18号で要求される小計）	××		
リストラクチャリング費用	××	××※	××
調整後営業利益（MPM）	××		

※税効果影響の算定方法についての説明も必要

21

会計方針および見積りの変更

減価償却方法は会計方針か見積りか

●会計方針の変更

会計方針は原則として毎期継続して適用することが求められますが、ＩＦＲＳ会計基準においては、新しい基準を適用する場合および財務諸表をより適正に表す場合には、会計方針を変更する必要があります。

会計方針の変更を行った場合、各基準書において特段の規定がない限り、原則として変更後の会計方針を遡及的に適用する必要があります。つまり、変更後の会計方針を、あたかも従来から適用していたかのように、前期以前に遡って適用することとなります。変更後の会計方針を遡及的に適用することが実務上不可能な場合は、実務上可能な最も古い時点まで遡って適用することが求められます。

会計方針の変更の遡及適用の取扱いは日本基準も同様です。また、ＩＦＲＳ会計基準と日本基準のいずれにおいても、公表されているが未だ適用されていない基準に関する影響額を開示する必要があります。

●見積りの変更

見積りの変更とは、新たに入手した情報または新たに発生した事象に基づき、将来に関する会計上の見積りを変更することをいいます。見積りの変更は状況が変化したことによる将来予測の変更であるため、過去に遡って適用するのではなく、変更した期から将来に向けて適用されます。日本基準においても同様です。

●減価償却方法の変更

ＩＦＲＳ会計基準において、減価償却方法は資産の将来の経済的便益の消費パターンを反映するものでなければならないとされており、会計方針ではありません。その変更は、状況の変化に応じて将来に関する見積りが変更されたことを意味するため、見積りの変更として扱われ、将来に向けて適用されます。

日本基準においては、減価償却方法は会計方針とされ

関連基準 ▶ IAS第８号

ていますが、その変更は見積りの変更との区別が困難であることから、ＩＦＲＳ会計基準と同様に見積りの変更として取り扱われ、将来に向けて適用されます。

会計方針および見積りの変更

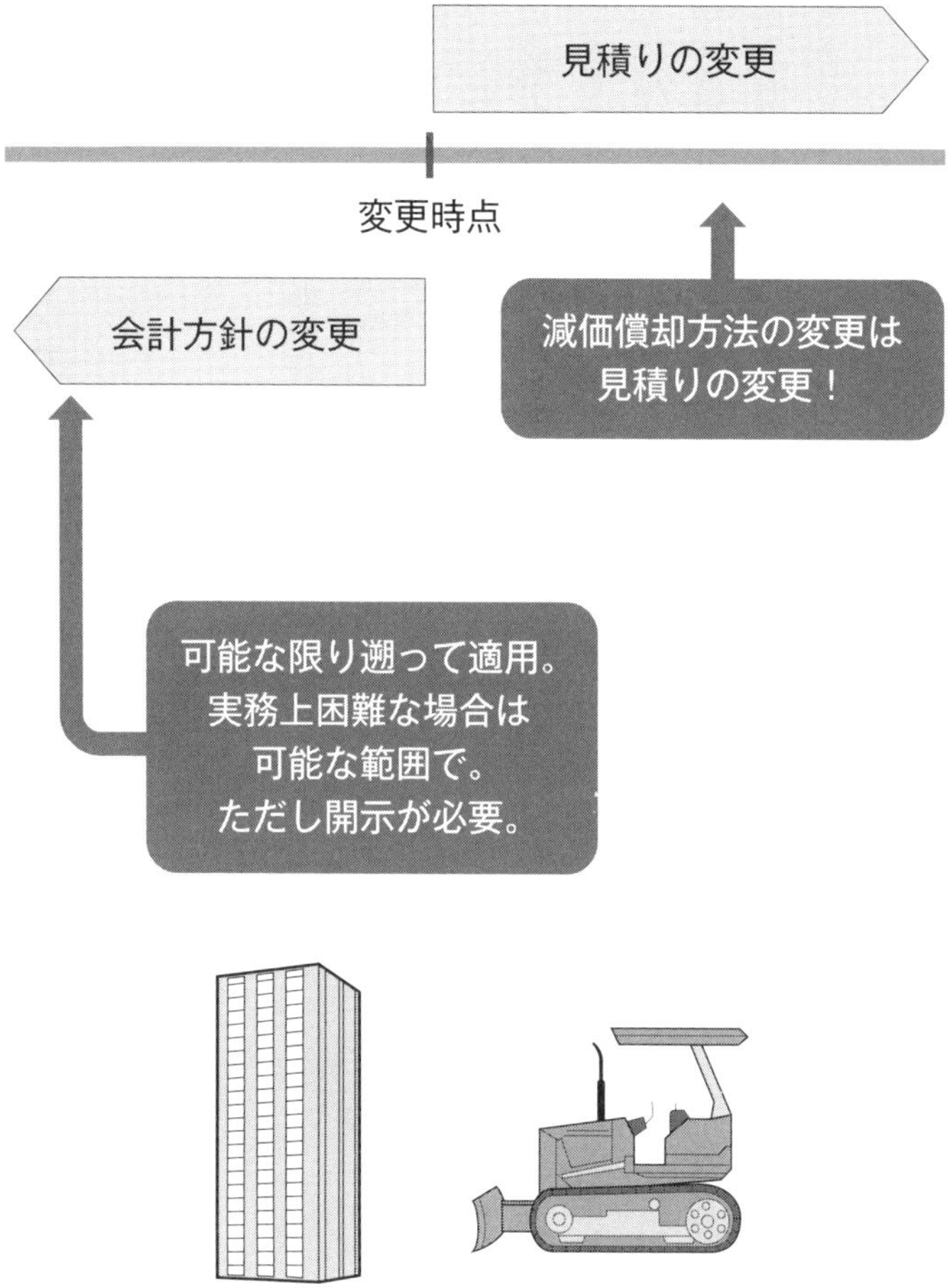

22 期中財務諸表の取扱い

簡便的な会計処理は認められるのか

●ＩＦＲＳ会計基準に基づく期中報告の構成要素

日本では、上場企業等に半期（中間会計期間）での財務報告が求められ、中間財務諸表は「中間財務諸表に関する会計基準」に基づき作成されます。

ＩＦＲＳ会計基準においては、四半期または半期財務報告を含め、１事業年度よりも短い財務報告期間について作成される財務報告書については、ＩＡＳ第34号「期中財務報告」が適用されます。

ＩＦＲＳ会計基準に基づく期中財務報告書は、年次財務諸表と同様の計算書、もしくは要約財務諸表を含む必要があります。

要約財務諸表を選択した場合、見出しおよび小計は、直近の年次財務諸表と合わせる必要があります。また、年次財務諸表と同様の注記は求められませんが、注記すべき最低限の項目が規定されており、それら以外にも、前期末以降の重要な事象および取引については開示が必要となります。

●簡便的な会計処理は認められるか

日本基準においては、中間財務諸表において、年次財務諸表とは異なる簡便的な会計処理が認められています。

ＩＦＲＳ会計基準においては、原則として、年次財務諸表と同様の会計方針に基づき期中財務諸表を作成する必要があります。ただし、資産、負債等の測定に用いられる見積りについては、専門家による評価を必ずしも求めない等、年次財務諸表よりも実質的に簡便的な見積方法が認められています。

●期中における見積りの変更

ＩＦＲＳ会計基準に基づく期中財務報告において、会計上の測定は年初からの累計ベースで行う必要があります。例えば、税金費用については、期中財務報告の都度、年度の加重平均実効税率を見積り、当該税率を期首からの累計期間の税引前利益に適用することにより認識します。

半期での期中財務報告を行っている会社が上半期における見積りを下半期において修正した場合、当該修正による期首からの累積的影響額は、下半期において認識され、見積りの変更内容については年次財務諸表の注記において開示されます。

簡便的な見積方法の例

項　目	状況により許容される見積方法
棚卸資産	全数量の棚卸および評価を行わず，売上マージンに基づき見積りを行う。
税金費用	租税区域ごとの税率でなく，全体の加重平均税率を適用する。
年金（退職給付債務） 引当金，偶発事象 再評価モデル	外部専門家による見積りを入手せず，前期末の残高に基づく推計等の方法により見積りを行う。
流動・非流動の区分 連結会社間の調整	期末ほど厳密でない方法により調査および調整を行う。

23

売却目的で保有する非流動資産

売却目的保有に分類した時点で含み損が実現

●売却目的保有への分類要件

ＩＦＲＳ会計基準においては、日本基準には見られない、売却目的で保有する非流動資産（処分グループを含む）に関する特別な規定があります。

売却目的で保有する非流動資産とは、現在ただちに売却することが可能であり、その売却の可能性が非常に高い資産とされています。

売却可能性が非常に高いといえるためには、経営者が売却計画を確約し、買手を積極的に探す活動を開始している必要があり、その販売価格が現在の公正価値との関係において合理的なものでなければなりません。また、原則として1年以内に売却の完了が見込まれており、計画を完了させるための行動をとっていることにより、計画が撤回される可能性が低い状況でなければなりません。

●売却目的で保有する非流動資産の測定

売却目的で保有する非流動資産は、帳簿価額と売却費用控除後の公正価値のいずれか低い金額で測定する必要があります。売却費用控除後の公正価値が帳簿価額よりも低い場合は、その差額を当該非流動資産に係る減損損失として認識します。

その後、売却費用控除後の公正価値が増加した場合は、過去に認識した減損損失の累計額を超えない範囲で、評価益を認識する必要があります。

また、売却目的で保有する非流動資産に分類されている間は、当該非流動資産の減価償却を行いません。

●売却計画の変更

売却計画の変更により、売却目的保有への分類要件を満たさなくなった非流動資産については、売却目的保有への分類前の帳簿価額から売却目的保有に分類されていなければ発生していたであろう減価償却費を控除した額と、計画変更時の回収可能価額のいずれか低い金額で測定する必要があります。当該測定額と計画変更時の帳簿

関連基準▶IFRS第５号

売却目的で保有する非流動資産

- 現在ただちに売却することが可能
- 売却の可能性が非常に高い

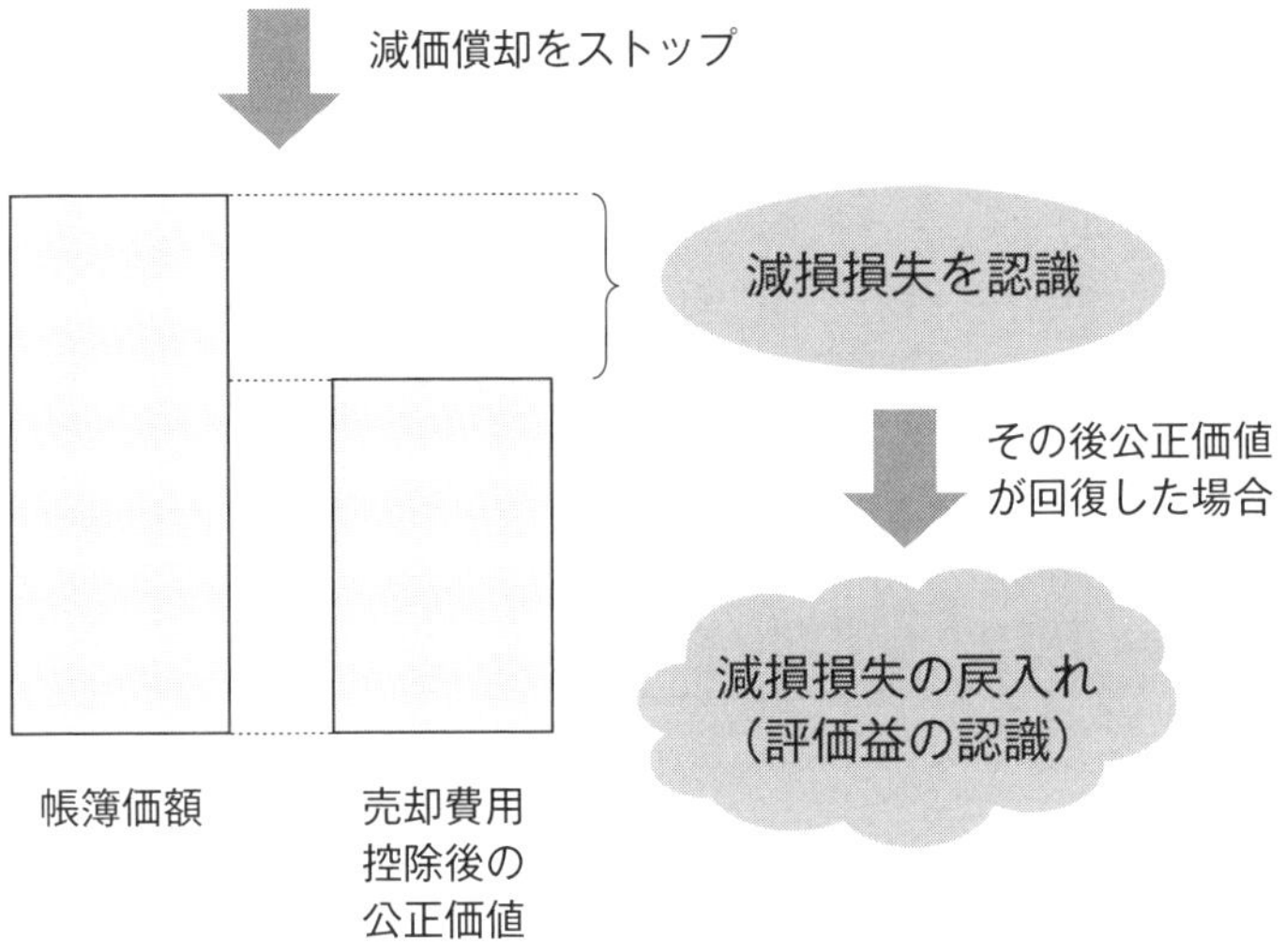

価額との差額については、純損益として認識します。

24 非継続事業

将来キャッシュ・フローを生まない事業の存在が明らかに

●非継続事業とは

ＩＦＲＳ会計基準においては、すでに処分されたか、または売却目的保有に分類された企業の主要な構成単位を非継続事業と定義しています。

売却目的保有への分類は、非流動資産の帳簿価額が、継続的使用でなく主に売却取引により回収される場合に行われます。また、企業の構成単位とは、企業の他の部分から営業上および財務報告目的上、明確に区別できる事業およびキャッシュ・フローをいいます。

非継続事業に関する情報が提供されることにより、財務諸表利用者は、企業の継続的な事業活動により将来キャッシュ・フローを生むことのない事業を把握することが可能となります。

なお、日本基準においては非継続事業に関する規定はありません。

●非継続事業に関する表示および開示

非継続事業から発生する損益については、そのすべてを合計した単一の金額を、包括利益計算書において表示する必要があります。非継続事業から発生する損益には、当該事業の税引後損益および当該事業に係る資産を処分または売却費用控除後の公正価値で測定したことによる税引後損益が含まれます。これらの内訳およびそれぞれに関連する税金費用について、包括利益計算書または注記において開示することが求められます。

非継続事業の営業活動、投資活動、財務活動によるキャッシュ・フローについては、キャッシュ・フロー計算書または注記において開示することが求められます。

また、当期において非継続事業に分類された事業については、財務諸表に表示されている比較年度に関しても修正再表示することが求められます。

関連基準▶IFRS第５号

非継続事業

包括利益計算書
継続事業
継続事業に係る純利益
非継続事業
非継続事業に係る純利益（税引後）
当期純利益
1株当たり利益
基本的1株当たり利益
希薄化後1株当たり利益
1株当たり利益 ── 継続事業
基本的1株当たり利益
希薄化後1株当たり利益
1株当たり利益 ── 非継続事業
基本的1株当たり利益
希薄化後1株当たり利益

25

ＩＦＲＳ会計基準の初度適用①

ＩＦＲＳ会計基準を遡及的に適用することが原則

●適用初年度の財務諸表

企業がＩＦＲＳ会計基準を初度適用する際には、適用年度の財務諸表とその比較情報を作成する必要があります。例えば、２０Ｘ２年３月期からＩＦＲＳ会計基準を初度適用する場合、比較対象期間である２０Ｘ１年３月期の財務情報もＩＦＲＳ会計基準に基づいて作成することとなります。この場合、ＩＦＲＳ会計基準への移行日は２０Ｘ０年４月１日となり、この時点の開始財政状態計算書を作成する必要があります。

●適用されるＩＦＲＳ会計基準

適用初年度の財務諸表には、当該年度の期末日（先述の例でいえば、２０Ｘ２年３月31日）において有効となっているＩＦＲＳ会計基準が適用されます。また、同日において、未だ適用されていないものの早期適用が認められている基準がある場合、当該基準の適用を選択することも認められます。

仮に、適用初年度において適用したＩＦＲＳ会計基準が比較対象期間においては有効でなかったとしても、それらに基づく会計方針を、比較対象期間についても同様に適用する必要があります。

●ＩＦＲＳ会計基準の遡及適用

初度適用企業は、ＩＦＲＳ会計基準への移行日、すなわち比較対象期間の期首から将来に向けてＩＦＲＳ会計基準を適用すればよいのかというと、そうではありません。開始財政状態計算書の各項目をＩＦＲＳ会計基準に基づいて測定するために、原則として、可能な限り過年度に遡ってＩＦＲＳ会計基準を適用する必要があります。

過年度に遡ってＩＦＲＳ会計基準を適用したことによる、ＩＦＲＳ会計基準への移行日までの累積的影響額については、開始財政状態計算書における利益剰余金の調整として認識し、当該残高に含まれることとなります。

なお、初度適用企業がＩＦＲＳ会計基準を遡及適用す

関連基準▶IFRS第１号

20X2年３月期から初度適用する場合

過年度からの累積的影響額を移行日における利益剰余金の調整とする。

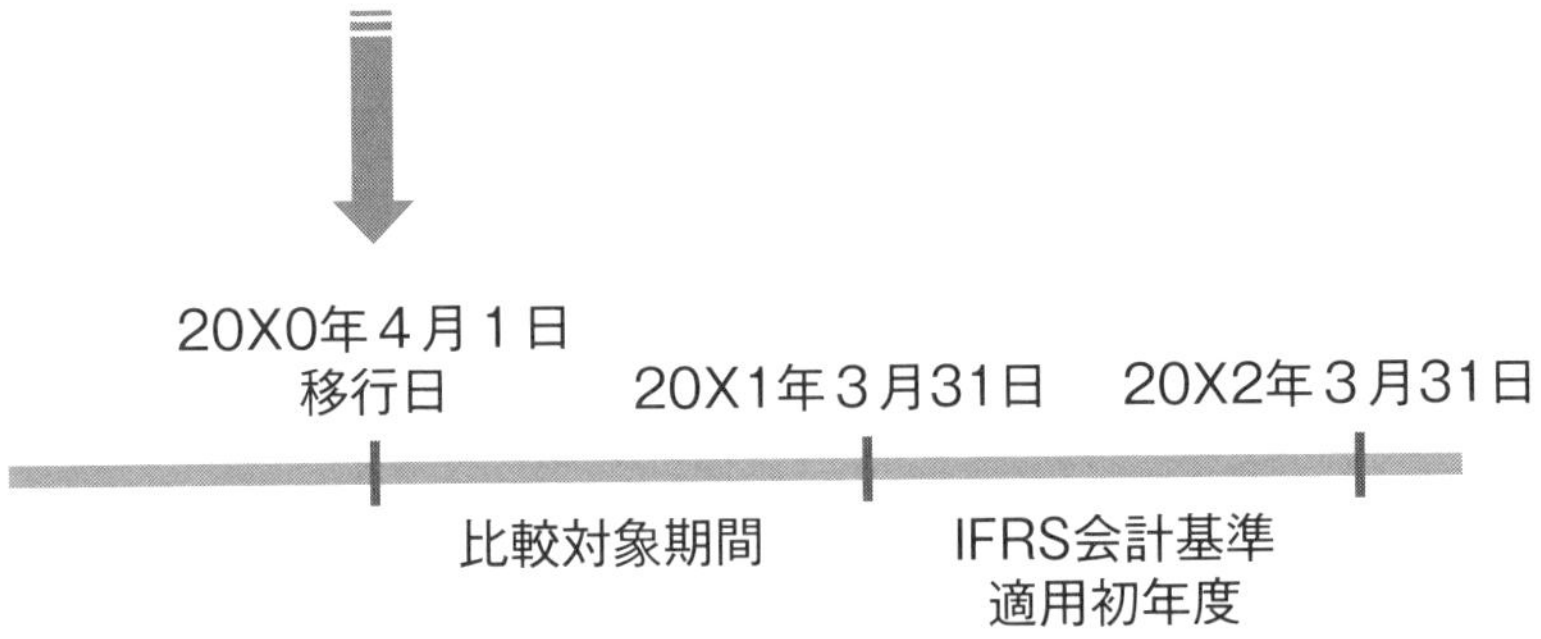

20X2年3月31日現在有効なIFRS会計基準を可能な限り遡って適用。
実務上困難な場合は可能な範囲で。
ただし開示が必要。

る際には、別途定められている免除規定および例外規定に留意が必要となります（26項参照）。

26

IFRS会計基準の初度適用②

遡及適用しなくてもよい事項、してはいけない事項とは

●遡及適用しなくてもよい事項（免除規定）

初度適用企業は原則として、適用初年度の期末日において有効となっているIFRS会計基準を、可能な限り過年度に遡って適用する必要があります。

しかし、すべてのIFRS会計基準について遡及適用することには実務上の困難が伴うため、遡及適用のためのコストがそれによる財務諸表利用者の便益を上回ると考えられる領域については、遡及適用に関する免除規定が定められています。

例えば、過去のすべてまたは一部の企業結合について、IFRS会計基準を遡及適用せず従前の基準に基づく数値を引き継ぐことが認められます。これにより、取得価額の配分等をし直す必要がなくなります。

●遡及適用してはいけない事項（例外規定）

IFRS会計基準の遡及適用が適切でないと考えられる領域については、例外規定により遡及適用が禁止されています。特に、遡及適用することにより、特定の取引の結果がすでに判明しているものについて、過去に遡って判断をし直すことになるような場合、当該領域は例外規定の対象となっています。

例えば、過年度において行われた見積りは、IFRS会計基準の適用に際し最新の情報に基づき修正されるべきではないため、IFRS会計基準の初度適用に際しては、当初行われたものと首尾一貫した見積りを使用することが求められます。

●会計方針の統一

IFRS会計基準においては、親会社だけでなく、連結子会社、関連会社およびジョイントベンチャーのすべて（「連結グループ等」）に対して、IFRS会計基準に基づき採用された同一の会計方針を適用する必要があります。したがって、初度適用に際しては、連結グループ等が親会社と同一の会計方針を適用しているかどうかを

関連基準▶IFRS第1号

遡及適用の免除規定および例外規定

原則：可能な限り遡及的にIFRS会計基準を適用する。

主な免除規定（遡及適用しなくてもよい事項）

項　目	内　容
企業結合	移行日よりも前に生じた企業結合についてはIFRS第3号を遡及適用しないことが認められる
みなし原価	IFRS会計基準移行日の公正価値をみなし原価として使用できる （有形固定資産，無形資産，投資不動産，使用権資産）
換算差額累計額	IFRS会計基準移行日の残高をゼロとみなすことが認められる
…	…

主な例外規定（遡及適用してはいけない事項）

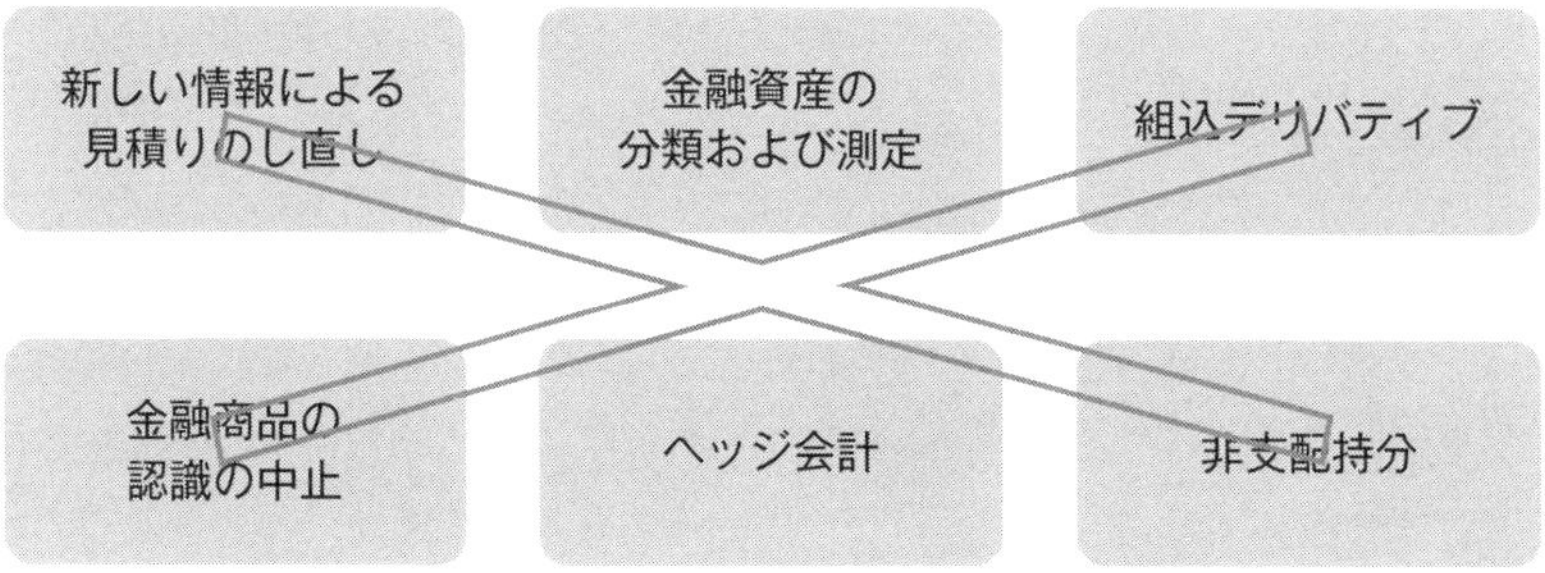

確認する必要があります。また、遡及適用に係る免除規定についても、グループ会社等の全体で同じ選択をする必要があります。

コラム

IFRS会計基準では営業区分はデフォルトの区分である

わが国における損益計算書の表示は，まず企業としての本業の活動から経常的に生じる営業収益と営業費用を識別することによって，「営業利益」を決め，それらに該当しない営業外損益項目，また業績の経常性を歪めうる臨時かつ巨額な損益を別途，特別損益項目として識別することによって，それぞれ「経常利益」，「税前利益」を決めます。これは，「営業利益」を本業から生じる経常的な業績を示す指標と位置づけたうえで，それを反映しようというアプローチといえます。

他方，IFRS第18号は，純損益に含めたすべての収益，費用のうち投資，財務，法人所得税，非継続事業の各区分に分類されないものを営業区分に分類するよう要求しており，その結果，営業区分が「デフォルト」区分となっています（19項参照）。結果として，IFRS会計基準では，非経常的な収益および費用も営業損益に含まれてしまうため，営業利益が本業の業績を適切に示せないではないか，という懸念が生じるかもしれません。しかしながら，企業の営業にはもともと変動性があり，変動性が高いというだけの理由でこれらを除外するのは適切でないかもしれません。また，営業活動の一環として購入された製造設備から生じた費用が減価償却費であれば営業損益，かたや減損損失であれば特別損益というように泣き別れてしまうと営業活動の成果の全体像が提供されないこととなり，忠実な表現ではないともいえます。

IASBは，「営業利益」について，さまざまな見解があることは理解しつつも，「デフォルト区分」というアプローチを採用しました。これは，このようなアプローチが，すべての企業にとってより一貫性の高い適用を可能にし，財務諸表利用者にとって企業間比較が可能な「営業利益」の提供につながるとIASBが考えたためです。

このように，日本基準は，営業利益に含めるべき収益，費用を直接的に定義するアプローチにより，本業から生じる経常的な業績指標により焦点を絞った情報を純損益計算書で提供しようとしていると考えられます。他方，IFRS会計基準は，営業区分をデフォルト区分とするアプローチにより，企業の営業活動分析のための首尾一貫した出発点を提供し，情報の分解やMPMに関する注記等の他の要求事項により企業固有の業績関連情報も提供しようとしていると考えられます。皆さんは，どちらのアプローチを純損益計算書に求めますか？

第4章 収益認識

27 収益認識基準の全体像

収益認識のための包括的なモデルに従って会計処理する

●IFRS第15号における収益認識モデル

IFRS第15号「顧客との契約から生じる収益」においては、企業は、顧客への財・サービスの移転を描写するように、その財・サービスと交換に企業が権利を得ると見込んでいる対価を反映する金額で、収益を認識することを基本原則としています。IFRS第15号は、この基本原則達成のため、左ページの収益認識のための5つのステップを定めています。

●ステップ1から2―収益をどのようなくくりで会計処理するか

ステップ1と2では、収益をどのようなくくりで認識していくか、すなわち、収益認識の会計単位を決定します。

収益は、「履行義務（契約に含まれる顧客との区別できる約束）」単位で認識します。会計単位が異なれば、収益の額や計上のタイミングが異なってくるため、契約に履行義務がいくつ含まれているかを適切に識別することが重要となります。

●ステップ3から4―収益を「いくら」で計上するか

ステップ3と4では、収益をいくらで計上するかを決定します。

収益は、企業が財・サービスと交換に企業が権利を得ると見込んでいる対価を反映する金額で認識します。この金額のことを「取引価格」といいます。企業は、まず契約の取引価格を算定し、契約の中に履行義務が複数ある場合には、それぞれの履行義務の基礎となる財・サービスを別々に販売した場合の価格（独立販売価格）に基づいて、契約の取引価格を各履行義務に配分します。

●ステップ5―収益を「いつ、どのように」計上するか

企業は、財・サービスに対する支配を顧客に移転することにより、個々の履行義務を充足した時点で（または

関連基準▶IFRS第15号

収益認識モデル ── 5つのステップ

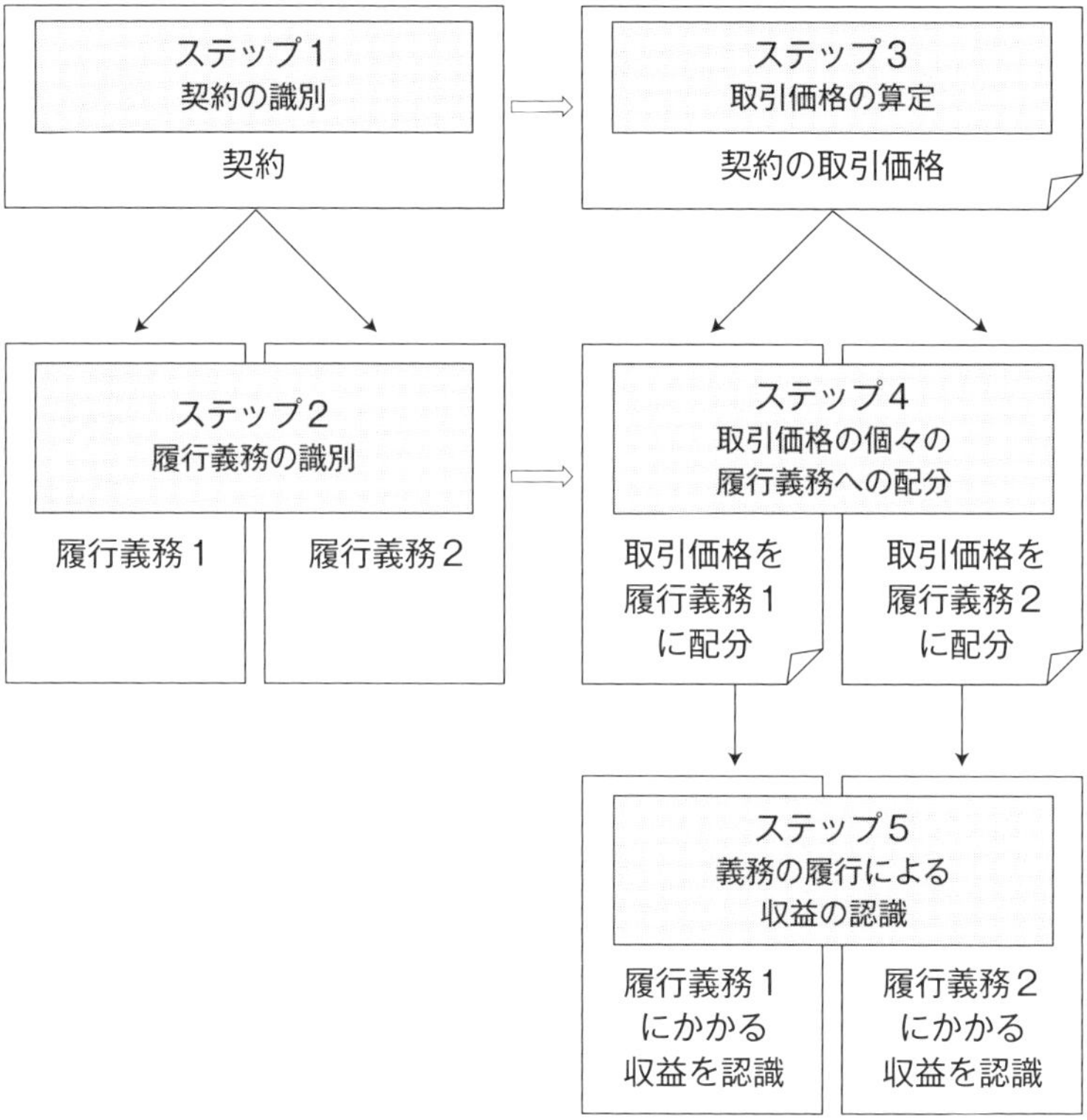

充足するにつれて）収益を認識します。履行義務が一時点で充足される場合には、収益を一時点で認識します。これに対して、履行義務が一定の期間にわたって充足される場合には、収益を進捗度に応じて認識します。いずれに該当するかにより収益認識の方法が大きく影響を受けるため、この判断は非常に重要です。

28

Step 1：契約の識別

複数の契約を結合すべき場合とは

●「契約」とは

ＩＦＲＳ第15号において、「契約」とは、強制可能な権利および義務を生じさせる複数の当事者間の合意と定義されています。この合意は文書によるもののほか、口頭ベースやビジネス上の慣行によるものも、次の定義を満たす場合には、「契約」に含まれます。

・契約の当事者が、契約を承認しており、それぞれの義務の履行を確約している
・企業が、移転すべき財・サービスに関する各当事者の権利を識別できる
・企業が、移転すべき財・サービスに関する支払条件を識別できる
・契約に経済的実質がある
・顧客に移転する財・サービスと交換に企業が権利を得ることとなる対価を回収する可能性が高い

仮に、顧客との契約がこれらの定義を満たさない場合で、かつ企業が顧客から対価を受け取った場合には、一定の要件を満たす場合を除き、受け取った対価は収益ではなく負債として計上されることになります。

●契約の結合

契約の中には、実質的には1つであると考えられるものの、諸々の事情により複数の契約として締結されているものもあると考えられます。ＩＦＲＳ第15号では、契約の形式ではなく実質に焦点を当てて会計処理することが求められます。そのため、同一の顧客（またはその関連当事者）と同時またはほぼ同時に締結した複数の契約が、左ページのいずれかを満たす場合には、それらの契約を結合して1つの契約として扱います。

なお、「同時またはほぼ同時」がどの程度の期間であるかについては、特にガイダンスは示されておらず、実務上、判断が難しいケースも考えられます。

契約の結合

同一の顧客（またはその関連当事者）と同時またはほぼ同時に締結した契約が，次の要件のいずれかを満たす場合には，契約を結合する。

単一の商業的な目的を有するパッケージとして交渉されている	または	1つの契約で支払われる対価の金額が，他の契約の価格または履行に左右される	または	複数の契約において約束した財・サービスが，単一の履行義務である

29

Step 2：履行義務の識別

契約の中で顧客と区別できる約束をいくつしているか、を検討する

●履行義務の識別とは

企業は、顧客との契約の中で、財やサービスを移転する約束をしています。その区別できる1つひとつの約束を履行義務といいます。したがって、ステップ2の「履行義務の識別」とは、契約の中に、履行義務がいくつ含まれているかを検討することを意味しています。

IFRS第15号では、収益はこの履行義務単位で認識されるため、履行義務を適切に識別することが重要です。

●履行義務を識別するための要件

契約に含まれる財・サービスは、左ページの2つの要件両方を満たし「他と区別できる」場合に別個の履行義務になります。

1つ目の要件は、「財・サービスは、そもそも契約内の他の財・サービスと区別することが可能か」、という区別可能性について検討するための要件です。

これに対して2つ目の要件は、たとえ財・サービスが1つ目の要件をクリアして他と区別できるものであったとしても、それらが契約の観点でも区別されているかを確認するための要件です。例えば、建物の建設契約を考えてみます。建物の建設には、多くの資材が必要となります。また、設計、基礎工事、調達、建設、配管・配線、設備の設置、仕上げなどさまざまな活動が必要であり、多くの区別できる財・サービスがそのインプットとして用いられます。しかし、契約において企業と顧客が約束しているのは、それらを組み合わせた結果（アウトプット）である建物を移転することであり、それらの1つひとつを個別に移転することを約束しているのではありません。企業は、建物を建設するために使われている多くの区別できる財・サービスを統合して建物とするための重要なサービスを提供しています。このようなケースにおいては、建物の建設を1つの履行義務として取り扱うことになります。

履行義務の識別

【履行義務の識別】

財・サービスは，以下の両方を満たす場合，別個の履行義務となる。

顧客が，財・サービスからの便益を，それ単独でまたは顧客にとって容易に利用可能な他の資源と組み合わせて得ることができる	＋	財・サービスを顧客に移転する約束が，同一契約内の他の約束と区分して識別できる

【契約における財・サービスを顧客に移転する約束が，区分して識別可能でない指標】

重要な統合サービスの提供	契約内の他の財またはサービスの（による）大幅な修正またはカスタマイズ	高い相互依存性・相互関連性（個々の財・サービスが，契約内の他の財・サービスによって重大な影響を受ける）

例：建物の建設

【一連の別個の財またはサービス】

ほぼ同一で，顧客への移転パターンが同じ別個の財・サービス（例：清掃サービス，電力供給等）は，単一の履行義務として取り扱う。

「移転パターンが同じ」とは？

- 企業が顧客への移転を約束している一連の別個の財・サービスのそれぞれが，一定の期間にわたり充足される履行義務の要件を満たす
- 一連の別個の財・サービスのそれぞれを顧客に移転する履行義務の完全な充足に向けての企業の進捗度の測定に，同一の方法が使用される

30

Step 3：取引価格の算定

変動対価や顧客に支払われる対価に注意

●取引価格の算定

(1) 変動対価と収益認識累計額の制限

リベートや値引き、目標達成時の追加的対価などの存在により、対価が変動する場合には、複数の発生可能性を加重平均により考慮した期待値と、発生の可能性が最も高い金額のうち、企業が権利を得ることとなる対価の額をより適切に予測できると見込む方法で、変動対価を見積ります。

ただし、変動対価の見積額は、制限なく取引価格に含められるわけではありません。不確実性が解消した時点で、認識した収益の累計額に重大な戻入れが起こらない可能性が非常に高い範囲で、取引価格に含めます。

(2) 重大な金融要素がある場合

履行義務の充足時点と顧客による支払時点が異なることにより、企業または顧客が財務的に著しい便益を受ける場合には、契約に重大な金融要素があると考えられます。このような場合には、原則として、貨幣の時間価値を反映するように取引価格を調整する必要があります。ただし、財・サービスの移転時期と対価の支払時期の差が1年以内の場合には、この調整を行う必要はありません。また、例えば、顧客が前払いしている場合で、財・サービスの移転時期が顧客の裁量で決まる場合や、現金販売価格と対価との差額が資金提供以外の理由で生じている場合等については、重大な金融要素があるケースには該当しないこととされています。

(3) 対価が現金以外で支払われる場合

対価が現金以外で支払われる場合には、対価をその公正価値で測定します。対価の公正価値を信頼性をもって見積ることができない場合は、現金以外の対価と交換に移転される財・サービスの独立販売価格を参照して対価の額を間接的に測定します。

関連基準 ▶ IFRS第15号

(4) 顧客に支払われる対価

企業が顧客から対価を受け取るのではなく、顧客に対して対価を支払う場合には、それが収益の減額とすべきものか（例：リベート、値引き等）、または企業が顧客から別個の財・サービスを受け取った結果の支払であるかを検討し、適切に会計処理する必要があります。また、顧客に支払われる対価が、企業が顧客から受け取る別個の財・サービスの公正価値を超える場合は、その超過額は取引価格から減額します。さらに、企業が顧客から受け取る財・サービスの公正価値を合理的に見積ることができない場合は、顧客に支払われる対価の全額を取引価格から控除することとされています。

収益認識額の決定

【変動対価がある場合には…】

1．見積る

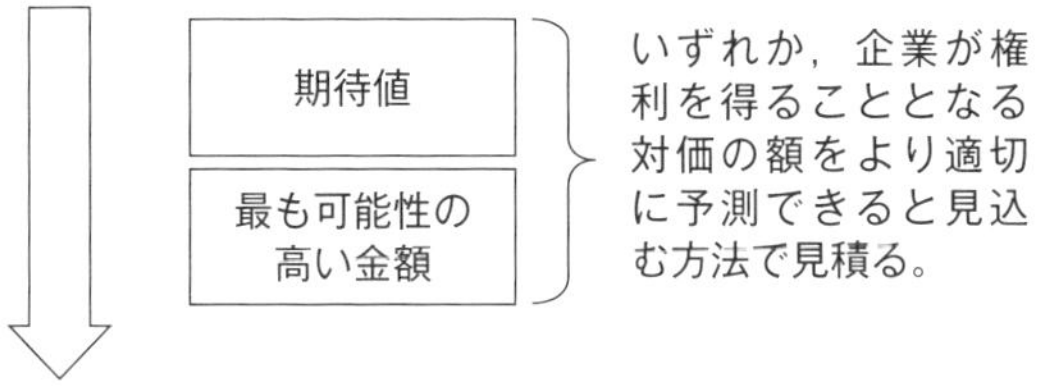
期待値
最も可能性の高い金額
いずれか，企業が権利を得ることとなる対価の額をより適切に予測できると見込む方法で見積る。

2．制限について検討する

「不確実性が解消した時点で認識した収益の累計額に重大な戻入れが起こらない可能性は非常に高いか??」

顧客に支払われる対価

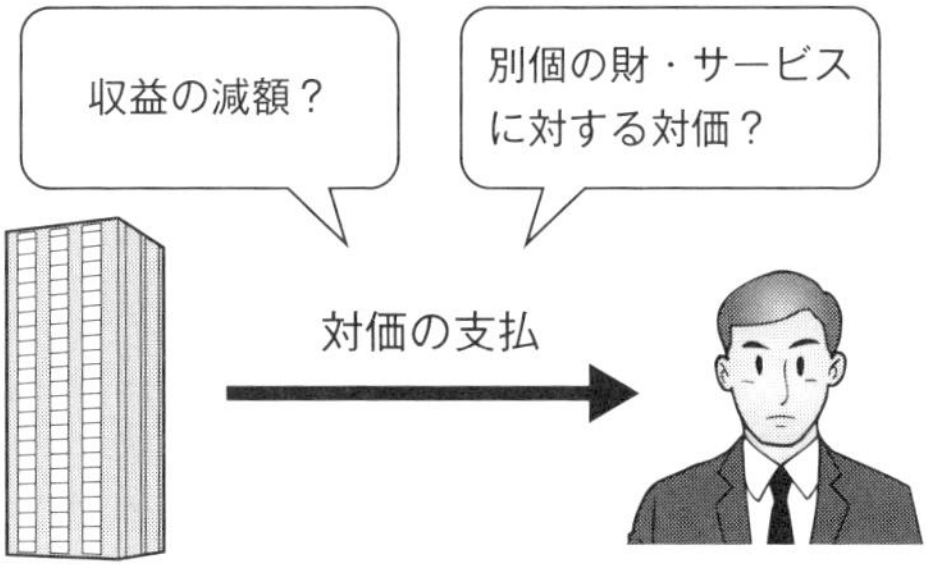
収益の減額？
別個の財・サービスに対する対価？
対価の支払

31

Step 4：取引価格の各履行義務への配分

それぞれを独立して販売する場合の価格（独立販売価格）の比で配分する

●取引価格の各履行義務への配分

ステップ4では、ステップ3で算定した取引価格を各履行義務に配分します。この配分は、個々の履行義務の基礎となる財・サービスを独立して販売した場合の価格の比に基づいて行います。

独立販売価格が観察可能である場合には、当該価格を用いて配分を行いますが、観察可能でない場合には、独立販売価格を見積る必要があります。

定価やプライス・リスト上の金額は、独立販売価格である場合もあれば、そうでない場合もあるため、注意が必要です。仮に、定価やプライス・リスト上の金額は出発点であって、毎回そこから交渉により金額が決定されているような場合には、それらの金額は独立販売価格とは異なる可能性があります。

●独立販売価格の見積り

独立販売価格が観察可能でない場合の見積方法として、ＩＦＲＳ第15号では、左ページのような方法を例示しています。このうち、残余アプローチは、限られたケースにのみ用いることができる方法です。

●値引きの配分等

契約に含まれる財・サービスの独立販売価格の合計が、その契約の取引価格よりも高い場合には、値引きが行われていることになります。このように値引きがある場合には、値引きの全体が契約における履行義務の1つまたは複数（しかしすべてではない）のみに関連するものであるという特定の観察可能な証拠がある場合を除き、値引き額を契約内のすべての履行義務に比例的に配分する必要があります。

なお、ＩＦＲＳ第15号にはこのほかにも、変動対価をどのように各履行義務に配分すべきか、取引価格が変動した場合にどのように配分すべきか、などが規定されています。

関連基準▶IFRS第15号

独立販売価格の見積方法（例示）

[マーケット・アプローチ]	[コスト・アプローチ]	[残余アプローチ]
市場評価から出発して必要な調整を行う	必要なコストを見積り，それに適切なマージンを加算する	取引価格全体から他の財・サービスの観察可能な独立販売価格を差し引き，残りを検討対象の履行義務の独立販売価格とする

↑
顧客によって販売する価格が大きく異なる場合や，企業がまだその財・サービスの価格を設定しておらず，かつ過去に独立して販売したことがない場合に限る

取引価格の各履行義務への配分例

【取引価格の各履行義務への配分例】

取引価格　200	
<u>履行義務１</u> 独立販売価格：70 配分額　　　：67 (200×70/(70+140))	<u>履行義務２</u> 独立販売価格：140 配分額　　　：133 (200×140/（70+140))

この例では，履行義務１と履行義務２の独立販売価格の合計は210であるが，取引価格は200となっており，10の値引きがあるケースとなっている。当該値引きは，独立販売価格の比に基づき履行義務１と２に配分する。

32

Step 5：義務の履行による収益の認識

財・サービスの支配が顧客に移転する時期に注目

●収益認識パターンの決定

　ＩＦＲＳ第15号においては、物品の販売かサービスの提供かに注目するのではなく、企業の履行義務が一時点で充足されるものか、または一定の期間にわたって充足されるものかにより、いつ、どのように収益を認識するかが決まります。

⑴　「一時点」か「一定の期間」かの判断要件

　次の3つの要件のいずれかを満たすものは、一定の期間に充足する履行義務であり、それ以外は、一時点で充足する履行義務となります。

・企業の履行につれて顧客が便益を受け、かつ同時にそれを消費する

・企業の履行につれて資産が創出または増価し、かつ資産の創出または増価につれて顧客がそれを支配する

・企業の履行により企業にとって他に転用できる資産が創出されず、かつ企業が現在までに完了した履行に対する支払を受ける強制可能な権利を有している

⑵　一定の期間にわたって充足する履行義務

　一定の期間にわたって充足する履行義務については、履行義務の進捗に応じて収益を認識します。進捗度の測定方法には、アウトプット法やインプット法があります。特定の方法が定められているわけではありませんが、企業の顧客への財・サービスの移転状況を示す方法を用いる必要があります。例えば、インプット法を採用する場合には、発生コストなどのインプットが財・サービスの移転と必ずしもリンクしないケースがあるため、未据付けの資材や仕損コストなど、顧客への財・サービスの移転を描写しないものの影響を除外する必要があります。

　履行義務の成果を合理的に測定できないが、履行義務を充足するために発生したコストについては回収できると見込んでいる場合は、履行義務の成果を合理的に測定

関連基準▶IFRS第15号

できるようになるまでの間、発生したコストと同額を収益として認識します。

(3) 一時点で充足する履行義務

一時点で充足する履行義務については、企業が財・サービスを顧客に移転した時点で収益を認識します。IFRS第15号には、この判断に資するため、支配が移転したことを示す指標が示されています。

収益認識パターンの決定

【一定の期間に充足する履行義務，一時点で充足する履行義務】

以下のいずれかに該当するか？

企業の履行につれて顧客が便益を受け，かつ同時にそれを消費する	または	企業の履行につれて資産が創出または増価し，かつ資産の創出または増価につれて顧客がそれを支配する	または	企業の履行により創出される資産が他に転用できるものではなく，かつ企業が現在までに完了した履行に対する支払を受ける強制可能な権利を有している

例：清掃サービスや運輸サービス

▶他の企業が途中で交代し，残りの義務を履行するとした場合に，その他の企業が，これまでに完了している作業を実質的にやり直す必要があるかを考える

例：顧客の土地の上に建物を建設し，顧客が企業の履行につれてその仕掛中の建物に対する支配を有することとなるようなケース

▶転用可能でないことと，支払を受ける強制可能な権利を有しているという2つの条件を満たす必要がある。

▶「転用可能性」
法律や契約で転用が制限されているケースに加えて，資産を他の顧客に転用すると重大な経済的損失が発生するようなケースも，転用できないケースに含まれうる。

▶「支払」
それまでに移転した財またはサービスの販売価格に近似する支払（すなわち，マージンを含む）金額

該当する → 一定の期間にわたって充足する履行義務

該当しない → 一時点で充足する履行義務

【支配が移転したことを示す指標】

企業が資産について支払を受ける現在の権利を有している	顧客が資産の法的所有権を有している	企業が資産の物理的占有を移転した	顧客が資産の所有に伴う重要なリスクと経済価値を有している	顧客が資産を検収した

33

返品・製品保証の取扱い

返品が見込まれる部分の収益は認識できない

●返品権付きの販売

顧客が返品権を有している場合には、企業が顧客に対して販売した製品のうち、返品されると見込まれるものについては、収益を認識することはできません。このような場合には、対価のうち、企業が受け取る権利を有することが予想される部分について収益を認識し、返品が予想される部分については返金負債を認識します。さらに、企業は、返金時に顧客から製品を回収する権利を有しているため、これを資産として認識します。この資産は、製品の従前の帳簿価額から予想回収コスト（企業にとっての潜在的価値の下落を含む）を控除することにより測定します。

返金負債は、毎期末日に見直し、差額は収益または収益の減額とします。製品回収に関して計上した資産も、それに応じて見直しを行います。

●製品保証の会計処理

製品保証のうち、製品が合意された仕様に従っているという保証を顧客に提供するものについては、別個の履行義務として取り扱いません。したがって、このような製品保証については、製品販売時に売上を計上し、製品保証にかかる見積コストについてはＩＡＳ第37号「引当金、偶発負債及び偶発資産」の規定に従うこととなります。

これに対して、別個に購入することができる製品保証や、その製品保証が合意された仕様どおりの製品を引き渡すという品質保証とは別のサービスを提供するものである場合には、別個の履行義務として取り扱います。したがって、このような製品保証を付して製品を販売した場合には、取引価格を製品の販売部分と製品保証部分とに配分し、それぞれについて収益認識を行うことが必要となります。

関連基準▶IFRS第15号

返品権付き販売

返品されると予想される部分については，売上を計上してはならない

（借）	現金預金	XXX	（貸）	売上	XXX
				返金負債	XXX

返金時に回収する権利を有する資産は，売上原価には含めない

（借）	売上原価	XXX	（貸）	棚卸資産	XXX
	資産	XXX			

↑
この資産の勘定科目については，
基準書上は，特に指定はない

製品保証

製品が合意された仕様に従っているという保証を顧客に提供する製品保証
→
別個の履行義務ではない。
IAS第37号の引当金の規定に従い会計処理

- ✓ 別個に購入することができる製品保証
- ✓ 合意された仕様どおりの製品を引き渡すという品質保証とは別のサービスを提供する製品保証

→
別個の履行義務である。
製品保証部分にも取引価格を配分

34

本人・代理人の判断

本人かどうかの決定も、モノやサービスの「支配」に注目

●本人・代理人とは

企業以外の他の当事者が、顧客への財の販売やサービスの提供に関与している場合には、企業は自社の顧客に対する約束が、財・サービスを自ら顧客に提供することなのか（本人）、または他の当事者がそれらの財・サービスを顧客に提供するのを手配することなのか（代理人）を判断しなければなりません。

企業が本人として関与している場合には、収益を総額で認識します。これに対して、企業が代理人として関与している場合には、手数料または報酬部分（すなわち、純額）を収益として認識します。

本人か代理人かによって、認識する収益の額が大きく相違することとなるため、この判断は重要です。ただし、いずれに該当する場合であっても、当期純利益は変わりません。

●本人か代理人かを判断する単位

企業が本人と代理人のいずれであるかは、顧客に提供される別個の財またはサービス、あるいはそれらの束（以下、「特定された財・サービス」という）ごとに検討します。契約に複数の特定された財・サービスが含まれる場合には、企業はあるものについては本人であり、その他のものについては代理人である可能性もあります。

●本人か代理人かの判断

企業が本人と代理人のいずれであるかは、「企業がそれぞれの特定された財・サービスを顧客に移転する前に、当該財・サービスを支配しているか」により判断します。

ＩＦＲＳ第15号には、この判断に資するため、左ページにあるように、企業が特定された財・サービスを顧客に移転する前に支配している指標（すなわち、本人である指標）が挙げられています。これらの指標は、あくまでも支配の原則の理解をサポートするためのものであり、

また網羅的なものではありません。さらに、ケースにより各指標と支配の判定との関連性が高い場合もあれば低い場合もあるとされています。

本人と代理人

本人

財またはサービスを
自ら提供することが
履行義務

代理人

他の当事者が財または
サービスを提供するため
の手配をすることが
履行義務

収益を総額で認識

収益を手数料または
報酬の額で認識

「顧客に財・サービスを移転する前に,
企業がその財・サービスを支配しているか」がポイント

本人の指標

顧客に対して特定された財・サービスを提供する約束を履行する第一義的な責任がある	在庫リスクがある	特定された財・サービスの価格設定に関して裁量権がある

35 ライセンスの取扱い

知的財産に「アクセスする権利」なのか「使用する権利」なのか

●ライセンスにかかる収益の認識パターン

IFRS第15号では、原則としてステップ5（32項参照）の要件に従って、一定の期間にわたって収益認識すべきか一時点で収益認識すべきかを決定します。ただし、契約に知的財産のライセンスを供与する約束が含まれており、それが別個の履行義務である場合には、その約束の性質が知的財産に「アクセスする権利」を提供するものなのか、知的財産を「使用する権利」を提供するものなのか、という観点から検討します。前者の場合には、ライセンスにかかる収益を一定の期間にわたって認識し、後者の場合にはライセンスにかかる収益をライセンスが顧客に移転する一時点で認識します。

●アクセスする権利か、使用する権利かの判断

企業の約束の性質が、知的財産にアクセスする権利を提供するものか、知的財産を使用する権利を提供するものかは、左ページ下の3つの要件のすべてを満たすか否かで判断します。一番左の要件の、企業の活動が知的財産に著しく影響を与える場合とは、次のいずれかに該当する場合をいいます。

・企業の活動が、知的財産の形態や機能性を著しく変化させると見込まれる場合
・知的財産から顧客が便益を得る能力が、実質的に企業の活動から得られるかまたはその活動に依存している場合

●売上高または使用量ベースのロイヤルティ

ライセンス料が顧客の売上高や使用量に連動している、売上高または使用量ベースのロイヤルティについては、次のうち、いずれか遅いほうの時点で（または発生するにつれて）収益を認識します。

・売上または使用の発生
・売上高ベースまたは使用量ベースのロイヤルティの一部または全部が配分されている履行義務の充足

関連基準▶IFRS第15号

（または部分的な充足）

この規定は、ロイヤルティが知的財産のライセンスのみに関連している場合か、ロイヤルティが主に知的財産のライセンスに関連している場合に、その全体に対して適用されます。すなわち、適用対象部分とそれ以外の部分とに分けて会計処理することはしません。

知的財産のライセンスにかかる収益認識パターン

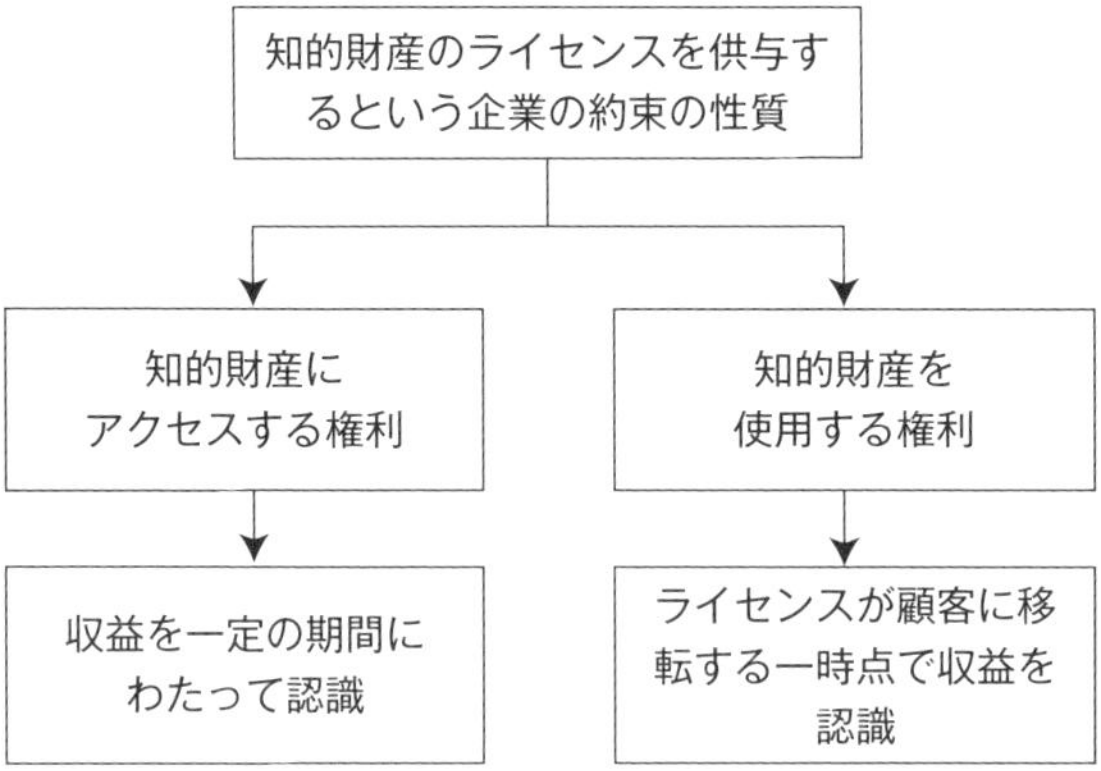

ただし，売上高または使用量ベースのロイヤルティは，例外規定があり，
「売上や使用の発生」と「関連する履行義務の充足」のうち，
いずれか遅いほうで収益を認識する

知的財産にアクセスする権利か否かの判断要件

以下のすべてを満たす場合は，知的財産にアクセスする権利である

企業が，顧客が権利を有する知的財産に著しく影響を与える活動を行うことが，契約上要求されている，または顧客が合理的に期待している	ライセンスにより供与される権利に基づき，顧客が左記の企業の活動によって直接的に影響を受ける	左記の企業の活動により，顧客に財またはサービスが移転されない

36

収益の表示

売上の相手勘定は売掛金とは限らない

●契約負債、契約資産、債権

企業が顧客との間で契約を締結すると、企業は顧客に対して財を販売したりサービスを提供したりする義務を負うとともに、顧客から当該財・サービスと交換に対価を得る権利を得ます。

企業がその義務を履行する前に顧客が対価を支払うか、または解約不能の契約において顧客からの対価の支払期限が到来した場合は、企業には財・サービスを提供するという義務が残ります。このような場合には、企業は財政状態計算書上、「契約負債」を認識します。

他方、顧客が対価を支払う前に、企業がその義務を履行する場合には、企業には対価を受け取る権利が残ります。このような場合には、企業は財政状態計算書上、その内容により「契約資産」または「債権」を認識します。

「債権」とは、対価に対する企業の権利のうち、無条件のもの、すなわち、支払期限が到来する前に時の経過のみが要求されるものをいいます。

これに対して「契約資産」とは、対価に対する企業の権利のうち、企業がさらに将来において何らかの履行義務を負っている場合等、時の経過以外の何かを条件とするものをいいます。例えば、顧客に製品AとBを販売する契約において、まず製品Aが顧客に引き渡され、その後製品Bが引き渡されるが、製品AおよびBの対価は、製品Bの引渡し後でなければ支払われないこととなっているとします。このような場合には、製品AとBの両方が顧客に引き渡されるまでは、企業の対価に対する権利は条件付きであると考えられます。

●財政状態計算書上の表示科目

ＩＦＲＳ第15号では、「契約資産」と「債権」は、区別して表示することとされています。また、基準書では「契約負債」および「契約資産」という用語を用いていますが、財政状態計算書上、それらを他の科目で表示することも認められます。ただし、その場合には、財務諸表の利用者が債権と契約資産を区別することができるように十分な情報を提供することが求められます。

契約資産と債権が発生する場合には、両者を区別し、かつ契約資産がいつ債権となるかについて管理できるようにすることが必要となると考えられます。

契約負債，契約資産，債権

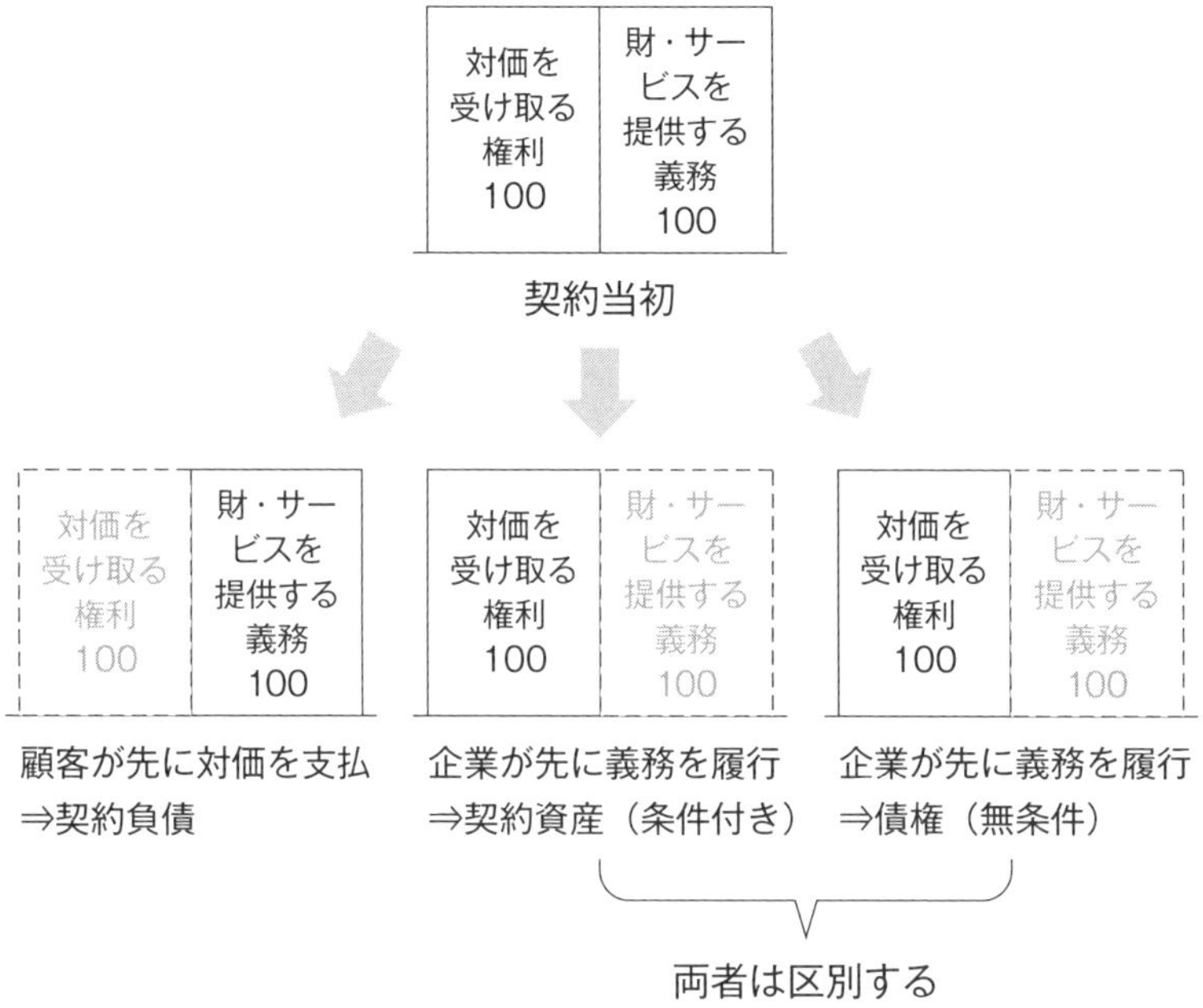

コラム

収益計上できるかは，顧客に財・サービスの「支配」が移転したかで決まる

IFRS第15号は，顧客への財・サービスの移転を描写するように収益を認識することを求めており，財・サービスが顧客に移転するのは，顧客がそれらに対する「支配」を獲得した時（または獲得するにつれて）である，としています。そのため，財・サービスの支配がいつ，どのように顧客に移転するかに焦点を当てて検討することが必要です。なお，この「支配」とは，資産（財・サービス）の使用を指図し，その資産からの残りの便益のほとんどすべてを獲得する能力を指します。また，他の企業が資産の使用を指図してその資産から便益を得ることを妨げる能力も支配に含まれます。

例えば，物品の販売のように一時点で収益を認識することとなる履行義務に関して，当該時点をいつ（例：出荷時，着荷時，検収時など）とするかは，当該資産の「支配」がいつ顧客に移転したかに焦点を当てて検討します。

また，企業が取引の本人であるか代理人であるかも，最終顧客に財・サービスを移転する前に企業がその財・サービスを支配しているか否かで判断します（34項参照）。

取引の中には，契約当初にいくらかの金額を顧客が払い込み，当該金額は顧客都合によるいかなる理由によっても返金されないこととなっているようなケースもあります。例えば，スポーツクラブの入会手数料やケーブルテレビやインターネットの加入手数料などがこれに該当することがあり，このような場合には，当該手数料が財・サービスの顧客への移転と関連しているかを検討する必要があります。たとえ返金不能の手数料を受け取った場合であっても，その時点で手数料に関連する財・サービスが顧客に移転していないのであれば，入金時点で収益を認識することはできず，その後手数料に関連する財・サービスが顧客に移転された時点で（または，移転するにつれて），収益を計上していくことになります。

なお，わが国でも，2018年に「収益認識に関する会計基準」が公表され，IFRS会計基準と同様，収益認識時点を決定するにあたっては，顧客による財・サービスの「支配」の獲得がいつ·どのようになされたかに焦点を当てています。

第5章 固定資産と減損

37 有形固定資産の認識と当初測定

取得原価に含まれる範囲に注意

●有形固定資産の認識

有形固定資産は、将来の経済的便益が企業に流入する可能性が高く、かつその取得原価を信頼性をもって測定できる場合に認識します。

●有形固定資産の当初測定

(1) 個別に取得した有形固定資産

個別に取得した有形固定資産の取得原価には、まず、その有形固定資産の購入価格が含まれます。この購入価格には、輸入関税や還付されない取得税も含まれます。また、値引きや割戻しがある場合には、その金額を控除した金額が取得原価に含めるべき金額となります。

その資産を経営者が意図した方法で稼働できるようにするために必要な場所・状態に置くことに直接起因する費用も、有形固定資産の取得原価に含まれます。これについては、IAS第23号「借入コスト」の要件を満たす借入コスト（38項参照）も有形固定資産の取得原価に含まれる点に注意が必要です。

さらに、有形固定資産にかかる資産除去コストのうち、取得時または棚卸資産の生産以外の目的で有形固定資産を特定の期間に使用した結果として発生する費用も取得原価に含まれます。棚卸資産を生産する目的で有形固定資産を使用した結果として発生する資産除去コストは、有形固定資産の取得原価には含めず、IAS第2号「棚卸資産」に従って会計処理します。

なお、有形固定資産の取得原価は、認識日の現金価格相当額であるため、支払日までの期間が通常の信用期間を超える場合は、貨幣の時間価値を考慮します。

(2) 交換により取得した有形固定資産

交換により取得した有形固定資産の取得原価は、引き渡した資産の公正価値で測定します（受け取った資産の公正価値のほうが明らかに明白である場合を除く）。ただし、交換取引が経済的実質を欠いているため取引が行

関連基準▶IAS第16号

われたとはいえない場合や、取得資産と引渡資産のいずれの公正価値も信頼性をもって測定できない場合は、引渡資産の帳簿価額で測定します。

有形固定資産の取得原価

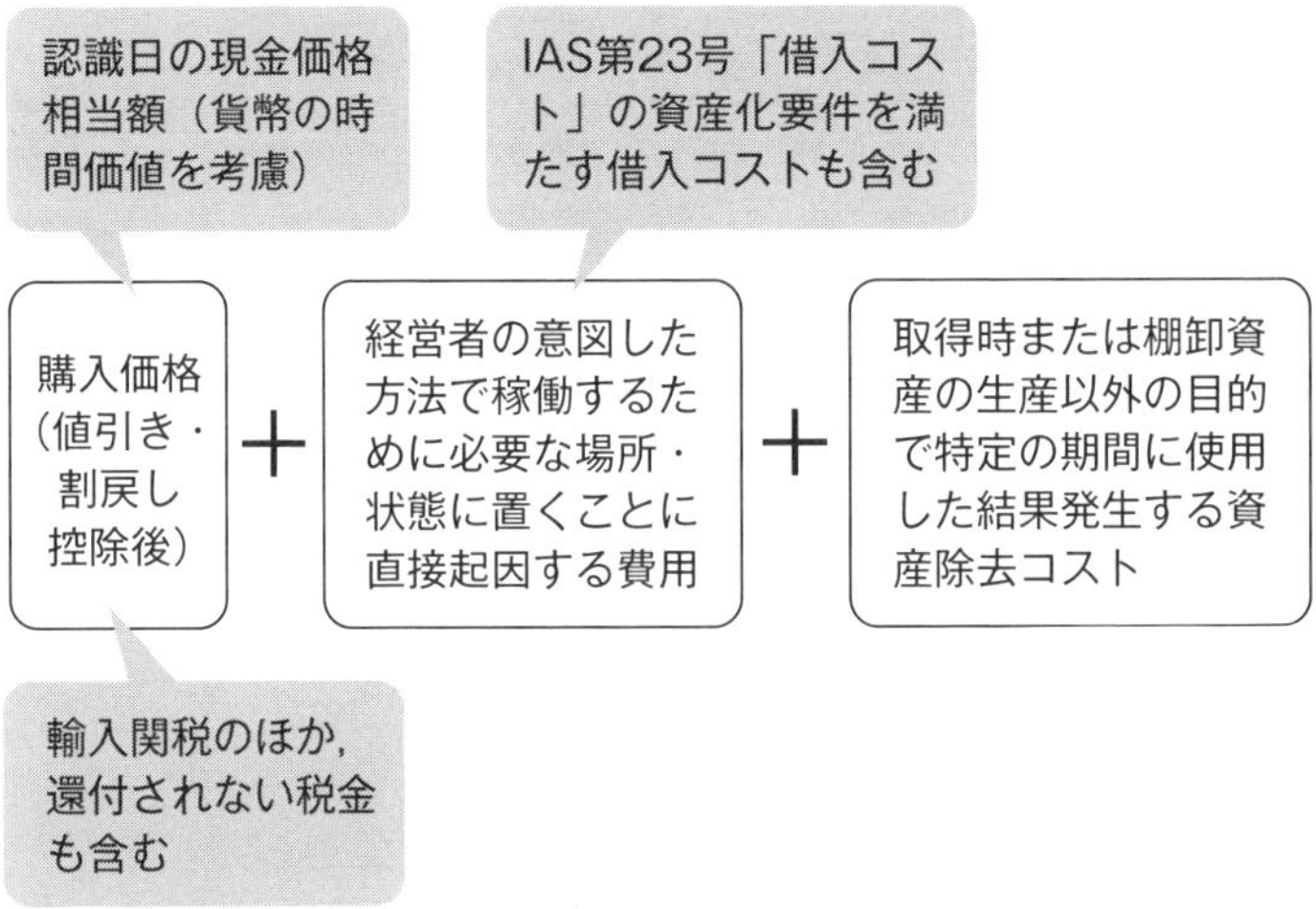
認識日の現金価格相当額（貨幣の時間価値を考慮）
IAS第23号「借入コスト」の資産化要件を満たす借入コストも含む
購入価格（値引き・割戻し控除後）
＋
経営者の意図した方法で稼働するために必要な場所・状態に置くことに直接起因する費用
＋
取得時または棚卸資産の生産以外の目的で特定の期間に使用した結果発生する資産除去コスト
輸入関税のほか，還付されない税金も含む

交換取引

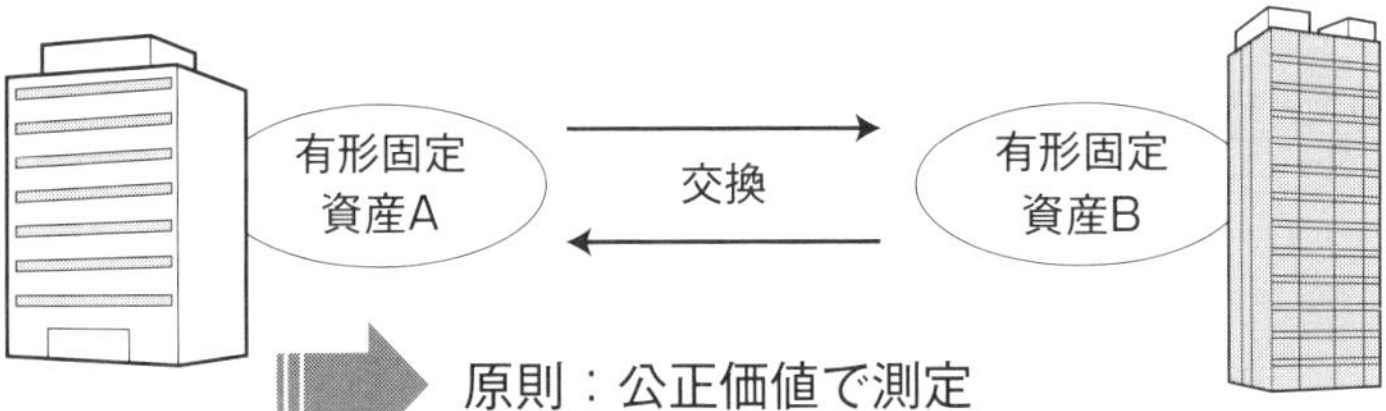
有形固定資産A
交換
有形固定資産B

原則：公正価値で測定

ただし…

- 同質のものの交換のため、経済的実質を欠く
- 取得資産・引渡資産のいずれの公正価値も信頼性をもって測定できない

→引渡資産の帳簿価額で測定

38 借入コスト

特定の借入コストについて資産計上が強制される場合がある

●借入コストの取扱い

日本基準では借入コストは、不動産開発事業を行う場合で一定の要件を満たすものを除き、通常、一般の財務費用として発生時に費用処理されます。これに対してＩＦＲＳ会計基準では、特定の資産（これを「適格資産」といいます）の取得、建設または生産に直接起因する借入コストは、資産計上しなければなりません。借入コストの資産計上に関する規定は、「できる」規定ではなく、要件を満たす場合には資産計上「しなければならない」規定であることにご留意ください。

●適格資産とは

適格資産とは、企業が意図した使用や販売が可能となるまでに相当の期間が必要である資産をいいます。「相当の期間」がどの程度であるかについては、ＩＦＲＳ会計基準には説明がありません。事実および状況を勘案して企業で決定する必要があると考えられます。通常、棚卸資産は適格資産の定義を満たさないことが多いと考えられますが、例えば販売用不動産や受注生産品などで、販売までに相当の期間を要するような棚卸資産については、適格資産の定義を満たす可能性があると考えられます。

●資産計上される借入コスト

適格資産の取得、建設または生産に直接起因する借入コストとは、もしも適格資産に関する支出がなかったとしたら避けられたであろう借入コストです。

企業が適格資産のために個別に資金を借り入れた場合には、当期中に当該借入金に関して発生した実際の借入コストが資産計上されるべき金額となります。ただし、当該借入金を一時的に投資したことにより得た利益がある場合は、その利益は借入コストから差し引きます。

適格資産のための個別借入れではなく、一般目的の借入金の一部を適格資産のために使用する場合は、その資

関連基準▶IAS第23号

産の購入等に要した支出に、一般目的の借入金残高に対応する借入コストの加重平均利子率を乗じることにより資産計上すべき借入コストを算定します。

●資産計上する期間

借入コストを資産計上する期間は、資産を意図した使用または販売を可能にするために必要な活動が開始されてから終了するまでの期間です（左図参照）。途中で適格資産の活発な開発が中断している期間があれば、その期間中は借入コストの資産計上も中断されます。

借入コストの資産化

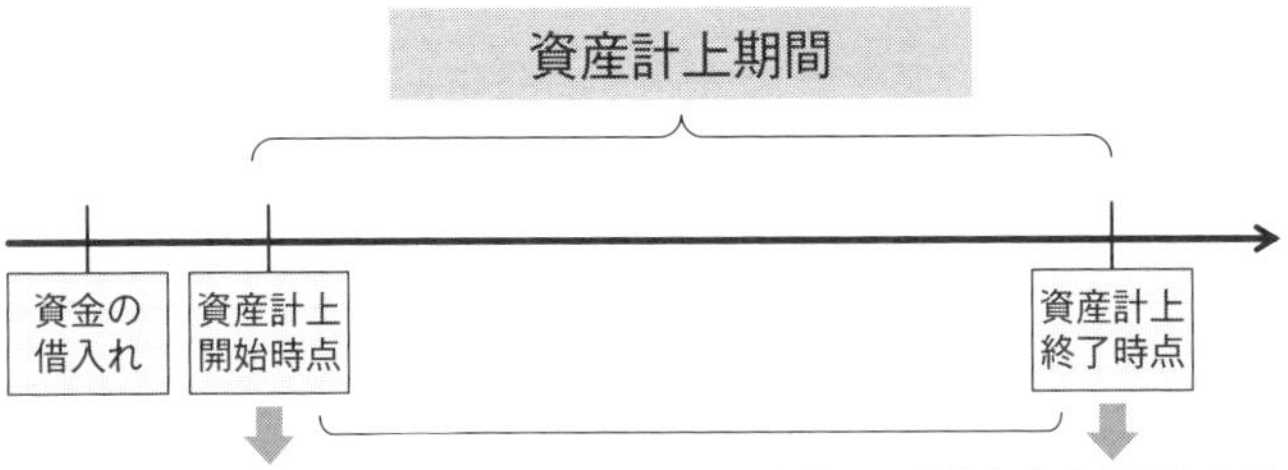

以下の3つのすべてを最初に満たした時点
- 資産にかかる支出が発生
- 借入コストが発生
- 意図した使用または販売を可能とするために必要な活動に着手

活発な開発の中断があれば，資産計上も中断

典型的な外部的事象（例：例年の台風）による一時的な中断等であれば，資産計上を継続

適格資産を意図した使用または販売を可能にするために必要な活動のほとんどすべてが完了した時点

軽微な内装工事の未了などは，「ほとんどすべてが完了した」と考えられる

【実務上の留意事項】
- 借入コストには，支払利息だけでなく，借入れを行う際に発生する手数料等も含まれるため，範囲について基準書で確認する
- 資産の使用または販売を可能にするための活動には，資産の建設に関する認可の取得等を含む

39

資産除去債務

将来の原状回復義務や資産の解体・除去義務は負債計上する

●資産除去債務の会計処理

わが国では、資産除去債務に関する独立した会計基準が存在しますが、IFRS会計基準においては、資産除去債務は引当金の一種であり、79項のIAS第37号「引当金、偶発負債及び偶発資産」に従い、引当金の認識要件を満たしたときに、当該義務の決済に必要と思われる最善の見積りで計上します。

●日本基準との違いは?

IFRS会計基準においても日本基準においても、企業が将来、資産を解体・除去したり原状回復したりしなければならない義務を負っている場合には、負債を計上する必要があります。ただし、両基準における資産除去債務は、主に次の点で異なります。

(1) 資産除去債務の相手勘定

日本基準では、資産除去コストはすべて有形固定資産の取得原価に含めることとされています。これに対してIFRS会計基準では、資産の取得時と棚卸資産の生産以外の目的で使用した結果発生する資産除去コストは、IAS第16号「有形固定資産」、IFRS第16号「リース」等の規定に従い関連する資産の取得原価に含めます。棚卸資産の生産目的で使用した結果発生する資産除去コストはIAS第2号「棚卸資産」に従い会計処理します。

(2) 時の経過に伴う割戻しによる調整額

資産除去債務は、時間価値を考慮するための割引計算を行うため、将来の支出額や支出時期、割引率など他の要素の見積りに変更がまったくなかったとしても、時の経過によりそれだけ割引期間が短くなることにより、債務金額の調整が発生します。IFRS会計基準では、この調整額を支払利息として扱いますが、日本基準では減価償却と同じ区分に含めることとされています。

(3) 割引率

IFRS会計基準では、貨幣の時間価値と当該負債

（資産除去債務）に固有のリスクについての現在の市場評価を反映した税引前の割引率を用います。この割引率は毎期見直しが必要です。一方、日本基準においては、将来キャッシュ・フローの見積り変更に伴い将来キャッシュ・フローが増加する場合に変更時点の割引率が適用されますが、通常、割引率は見直されません。

資産除去債務

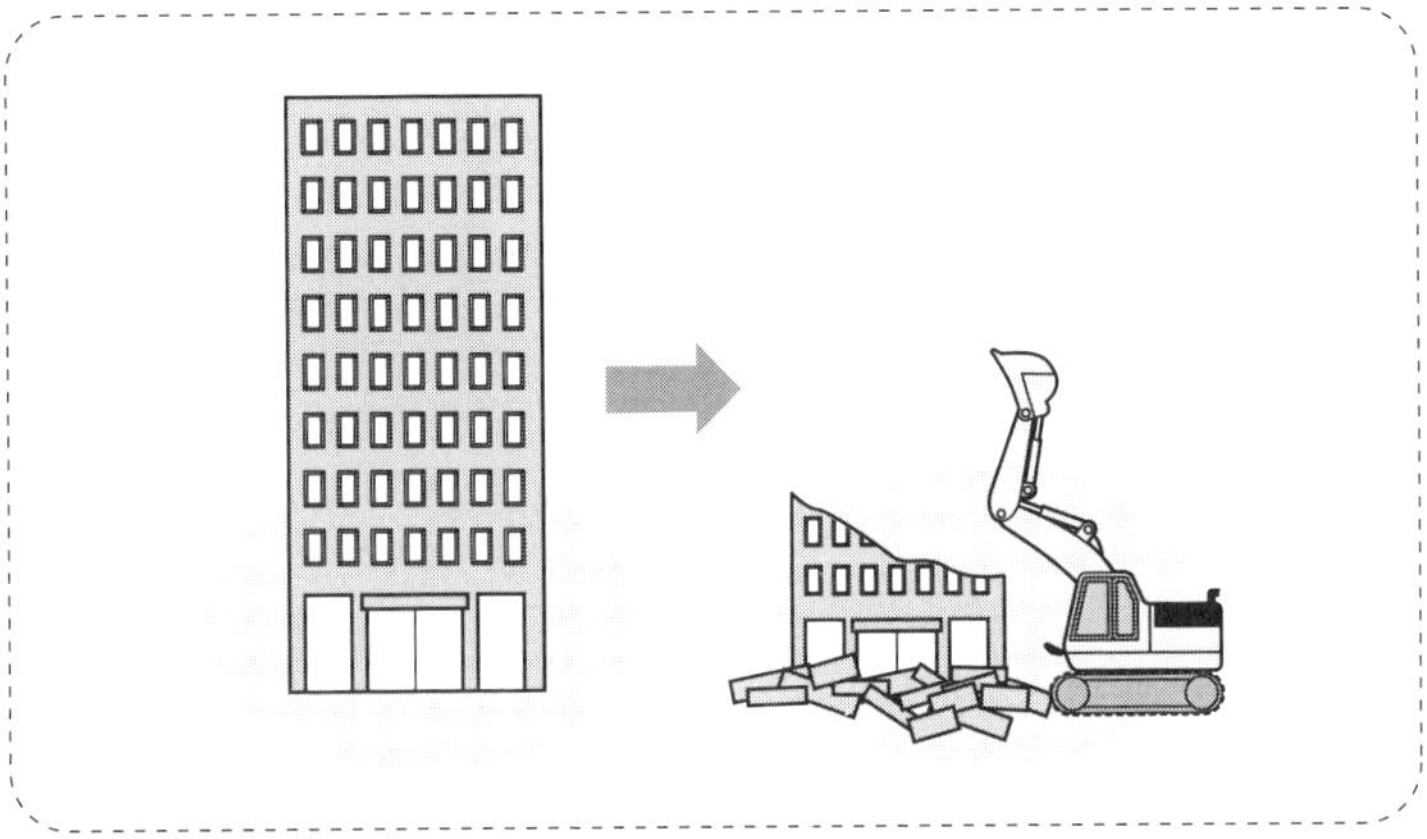

資産の取得および使用の結果発生する，資産の解体・除去や原状回復などに対する法的または推定的な義務（現在の義務）

どのような要因で発生したかによる

負債を計上

（借）有形固定資産 等	（貸）負債 （資産除去債務）

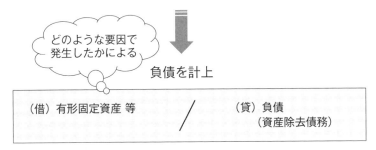

40 有形固定資産の事後測定

取得原価を公正価値により再評価することも認められる

●有形固定資産の事後測定

有形固定資産は、原価モデルまたは再評価モデルにより事後測定します。企業はいずれを用いて事後測定するかを、有形固定資産の種類ごとに会計方針として選択します。例えば、機械について原価モデルを用いる場合には、一部の機械を原価モデルにより測定し、残りを再評価モデルにより測定する、ということはできず、すべての機械を原価モデルで測定する必要があります。ただし、機械については原価モデル、土地については再評価モデルを用いて測定する、ということは認められます。

●原価モデル

取得原価から減価償却累計額と減損損失累計額を控除した額で事後測定する方法です。日本基準では、この方法のみが認められています。

●再評価モデル

有形固定資産を公正価値で再評価し、その金額からその後の減価償却累計額と減損損失累計額を控除した額で事後測定する方法です。再評価する頻度は特に決まっていませんが、帳簿価額が報告期間の末日における公正価値を用いたならば算定されたであろう金額と大きく異ならない頻度で定期的に行うことが必要とされています。

再評価の結果、資産の帳簿価額が増加する場合、その増加額はその他の包括利益に計上し、財政状態計算書上、再評価剰余金として資本に含められます。ただし、同じ資産について過去に帳簿価額を減額している場合は、帳簿価額の増加額のうち、その部分は純損益に含めます。

再評価の結果、資産の帳簿価額が減少する場合、その減少額は純損益に計上します。ただし、同じ資産について過去に帳簿価額を増額したためにその他の包括利益を通じて再評価剰余金として資本に含めている金額がある場合には、帳簿価額の減少額のうち、その部分はその他の包括利益の減額として取り扱います。

関連基準▶IAS第16号

有形固定資産の事後測定

いずれかを，有形固定資産の種類ごとに選択適用する。

【原価モデル】

取得原価 － 減価償却累計額
減損損失累計額（あれば）

【再評価モデル】

公正価値で再評価した金額 － 再評価後の
減価償却累計額
減損損失累計額（あれば）

再評価モデル

・再評価日の公正価値が帳簿価額を上回る場合

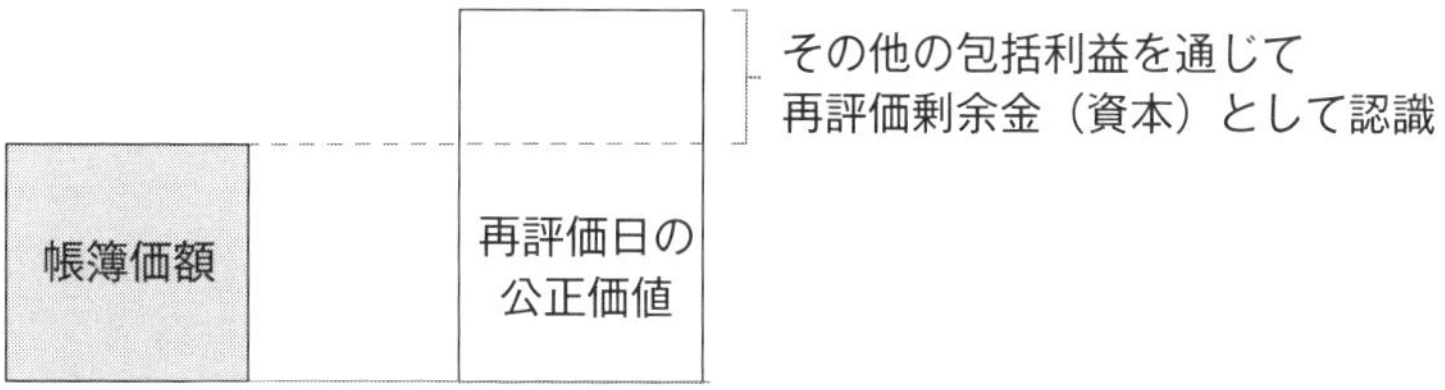

・再評価日の公正価値が帳簿価額を下回る場合

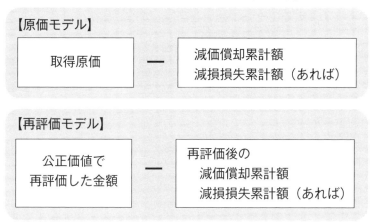

41 コンポーネント・アカウンティング

航空機や船の本体とエンジンは別々に減価償却する

●コンポーネント・アカウンティングとは

有形固定資産の中には、複数の要素が集まって1つの有形固定資産となっているものがあります。例えば、航空機であれば、機体、エンジン、座席などのさまざまな要素が集まって全体として1つの航空機となっています。IFRS会計基準では、このように有形固定資産が複数の要素により構成されている場合は、各構成要素のうち、有形固定資産の取得原価総額に対して重要であるものについて、それぞれ別々に減価償却することが求められます。先ほどの航空機であれば、機体とエンジン、その他の部分をそれぞれ別々に減価償却するイメージです。このように、有形固定資産を重要な構成要素に分けて減価償却することを、コンポーネント・アカウンティングといいます。コンポーネント・アカウンティングは、あくまでも減価償却の計算に関する話です。有形固定資産項目を財政状態計算書上、構成要素に分解して表示することが求められているわけではありません。

日本基準には、IFRS会計基準のようなコンポーネント・アカウンティングに関する規定はありません。そのため、わが国の企業がIFRS会計基準を適用する際には、減価償却を行う単位について検討する必要があり、結果として減価償却費の計算結果が異なる可能性があります。ただし、実務上は、有形固定資産の減価償却をわが国の税法の規定を参照して行っているケースもあります。このようなケースの中には、税法上の詳細な規定に従い、実務上すでに、IFRS会計基準でコンポーネント・アカウンティングが求められるレベルまで細分化して減価償却しているため、計算結果にあまり影響がないケースも考えられるでしょう。

●定期修繕も構成要素？

有形固定資産の中には、例えば、船舶や溶鉱炉などのように、有形固定資産を継続して操業するための条件と

関連基準▶IAS第16号

して定期的に大規模な修繕やオーバーホールが必要なものがあります。日本基準では、こうしたコストは通常引当対象となると考えられますが、IFRS会計基準では引当計上は認められません。その代わり、定期修繕部分が有形固定資産の認識要件（37項参照）を満たす場合には有形固定資産の構成要素の一部として取り扱い、取得原価に含め、他の構成要素とは区別して、定期修繕から次の定期修繕までの期間にわたって減価償却します。日本基準とは取扱いが大きく異なる点ですので、注意が必要です。

重要な構成要素は別々に減価償却を実施

これ全体で減価償却するのではなく，重要な構成要表に分ける！

オーバーホールや大規模定期修繕にかかる費用は，引当金で対応するのではなく，有形固定資産の取得原価に含める！

1つの有形固定資産

構成要素①	構成要素②	構成要素③	構成要素④
耐用年数20年 定額法	耐用年数10年 定額法	耐用年数３年 定率法	大規模定期修繕 ５年ごとに実施
↓	↓	↓	↓
20年にわたって 定額法で 減価償却	10年にわたって 定額法で 減価償却	３年にわたって 定率法で 減価償却	５年にわたって 定額法で 減価償却

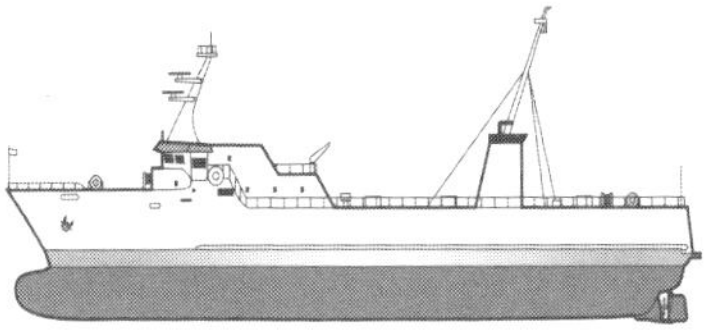

42

減価償却方法、耐用年数、残存価額

詳細な規定はなく、実態を見て判断する

●減価償却方法

日本基準では減価償却方法は会計方針であり、いったん採用した後は正当な理由がある場合にのみ変更します。

これに対して、ＩＦＲＳ会計基準では減価償却方法は会計上の見積りであり、「資産の将来の経済的便益の消費パターンを最もよく反映する方法」を選択する必要があります。このような方法として、ＩＡＳ第16号には、定額法、定率法および生産高比例法が挙げられています。

ＩＦＲＳ会計基準における減価償却方法は、会計上の見積りであるため、継続して適用することを条件に企業が自由に選択できるものではありません。実際の決定にあたっては、資産の予想使用量（予想生産高）や技術的・経済的陳腐化、資産の使用に関する法規制等の制限、その他さまざまな要因を考慮したうえで、総合的に判断していく必要があると考えられます。なお、一定の業界で実務上用いられている取替法を用いた減価償却は、ＩＦＲＳ会計基準では原則として認められないものと考えられます。

減価償却方法は、各会計年度末に再検討を行い、変更がある場合には、会計上の見積りの変更として会計処理します。

●耐用年数、残存価額

ＩＦＲＳ会計基準上、「耐用年数」とは、資産が企業によって利用可能と予想される期間（または資産から得られると予想される生産高または類似の単位数）をいいます。耐用年数の決定は、企業の観点から行います。

ＩＦＲＳ会計基準上、「残存価額」とは、仮に現時点で資産の耐用年数が到来し、その資産が耐用年数終了時点で予想される状態であった場合に、企業がその資産を処分することで得るであろう見積金額（処分費用見積額控除後）のことをいいます。

減価償却方法と同様、耐用年数と残存価額も、各会計

減価償却方法

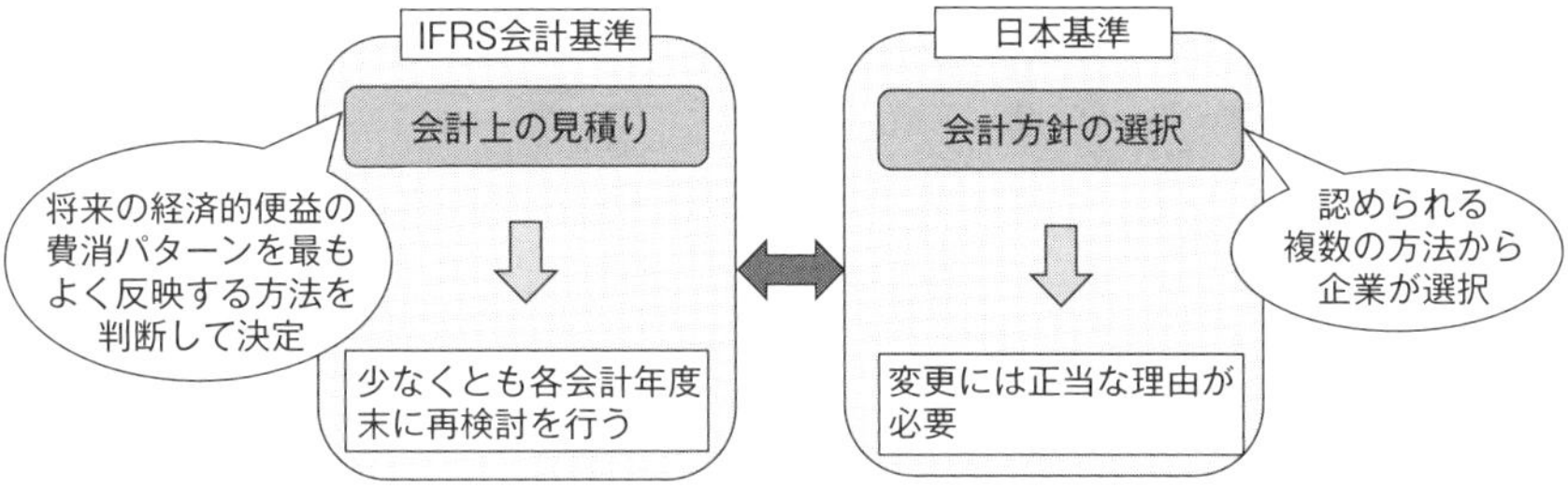
IFRS会計基準
会計上の見積り
将来の経済的便益の費消パターンを最もよく反映する方法を判断して決定
少なくとも各会計年度末に再検討を行う
日本基準
会計方針の選択
認められる複数の方法から企業が選択
変更には正当な理由が必要

減価償却方法，耐用年数，残存価額の再検討

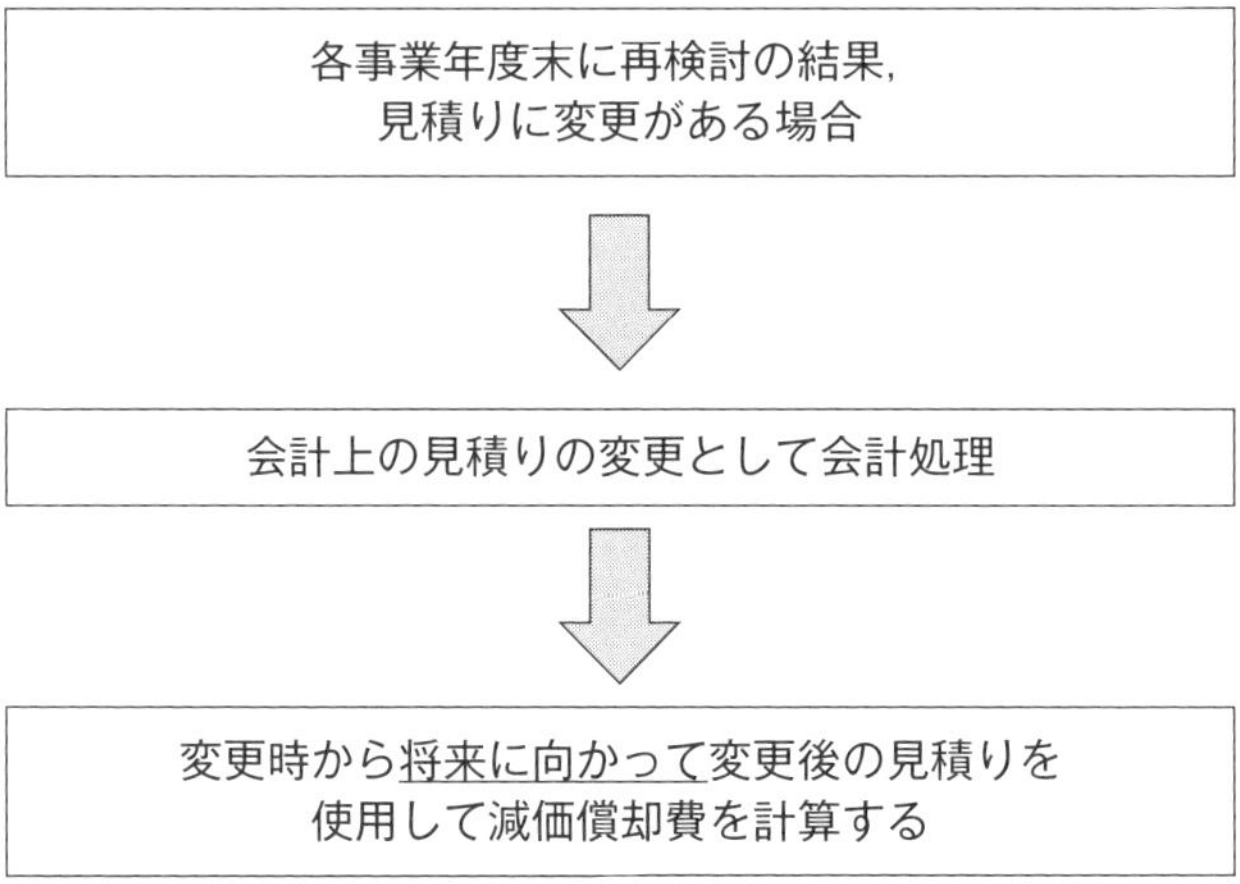
各事業年度末に再検討の結果，見積りに変更がある場合
会計上の見積りの変更として会計処理
変更時から将来に向かって変更後の見積りを使用して減価償却費を計算する

年度末に再検討を行い、変更がある場合には、会計上の見積りの変更として将来に向けて会計処理します。

43 無形資産

耐用年数が確定できるかどうかで認識後の会計処理が異なる

●無形資産の定義

無形資産とは、物理的実体のない、識別可能な非貨幣性資産をいいます。識別可能とは、当該資産が以下のいずれかに該当する場合をいいます。

・分離可能な（売却、賃貸、交換等ができる）場合

・契約またはその他の法的権利から生じている場合

●無形資産の認識

右記の定義を満たすもののうち、次の要件を満たす場合に、無形資産を認識します。

・将来の経済的便益が企業に流入する可能性が高い（蓋然性要件）

・取得価額を信頼性をもって測定できる（測定可能要件）

企業結合により取得された無形資産については、これらの要件は常に満たされているとみなされます。また、個別に取得した無形資産については、蓋然性要件は常に、測定可能要件は通常、満たされているとみなされます。

●無形資産の測定

無形資産は、取得原価で当初測定します。当初認識後は、原価モデルと再評価モデルのいずれかを選択適用します。ただし、再評価モデルを用いるには、当該無形資産を取引する活発な市場（例：取引可能なタクシーのライセンスや漁業権）が存在していることが必要となります。

●償却無形資産と非償却無形資産

耐用年数が確定できる無形資産は、その耐用年数にわたり規則的に償却します。償却方法は、将来の経済的便益の費消パターンを反映しなければならず、費消パターンを信頼性をもって決定できない場合は、定額法を用いることとされています。償却方法および耐用年数は、少なくとも各会計年度末において見直す必要があります。

耐用年数を確定できない無形資産（例：一部の商標

関連基準▶IAS第38号

無形資産

無形資産の定義を満たすもの

↓ 無形資産の認識要件を満たすか

無形資産の認識要件	個別に取得した無形資産	企業結合により取得した無形資産	自己創設無形資産
【蓋然性要件】将来の経済的便益が企業に流入する可能性が高い	常に満たされるとみなされる	常に満たされるとみなされる	判定が困難であるため追加的な規定あり（44項参照）
【測定可能要件】取得価額を信頼性をもって測定できる	通常満たされるとみなされる		

↓ 耐用年数を確定できるかどうか

確定できる ⇒ 耐用年数にわたり規則的に償却
減損の兆候があれば減損テストを実施

確定できない ⇒ 償却せず，少なくとも年1回，および減損の兆候があればその都度減損テストを実施

権）は、償却を行わず、毎年、および減損の兆候がある場合はその都度、減損テストを行う必要があります。

44 自己創設無形資産

開発費も資産計上される可能性がある

●自己創設無形資産の認識要件

自己創設無形資産については、企業結合や個別の取引により取得した無形資産と異なり、無形資産を認識するための「蓋然性要件および測定可能要件」（43項参照）に関する判定が難しいケースがあります。そのため、自己創設無形資産の創出過程を研究局面と開発局面に区分し、それぞれについて会計処理が規定されています。

●研究局面

研究局面に関する支出は、無形資産として認識してはならず、発生時に費用処理します。これは、研究局面においては、将来の経済的便益が企業に流入する可能性が高いと結論付けることができないためです。

●開発局面

開発局面に関する支出は、以下の6つの要件のすべてを満たす場合にのみ無形資産として認識し、それ以外は研究局面と同様に発生時に費用処理します。

- 無形資産を完成させ、これを使用または売却することが技術的に可能である。
- 無形資産を完成させ、これを使用または売却するという意図がある。
- 無形資産を使用または売却する能力がある。
- 無形資産が将来の経済的便益を創出する方法を示すことができる。
- 無形資産を完成させ、これを使用または売却するための技術上、財務上およびその他の資源が利用可能である。
- 無形資産の開発局面の支出を、信頼性をもって測定できる能力がある。

●自己創設のブランド等

自己創設のブランド、ロゴ、出版タイトル、顧客リストおよびこれらに類似するものは、事業を全体として発展させるための費用と区別することができないため、無形資産として認識することはできません。

●ソフトウェアの会計処理

ＩＦＲＳ会計基準には、ソフトウェアの会計処理に係る特別な規定はありません。ソフトウェアの開発に要した支出については、それが販売目的か自社利用目的かを問わず、自己創設無形資産の規定に基づき、研究局面と開発局面に区分して会計処理を行います。

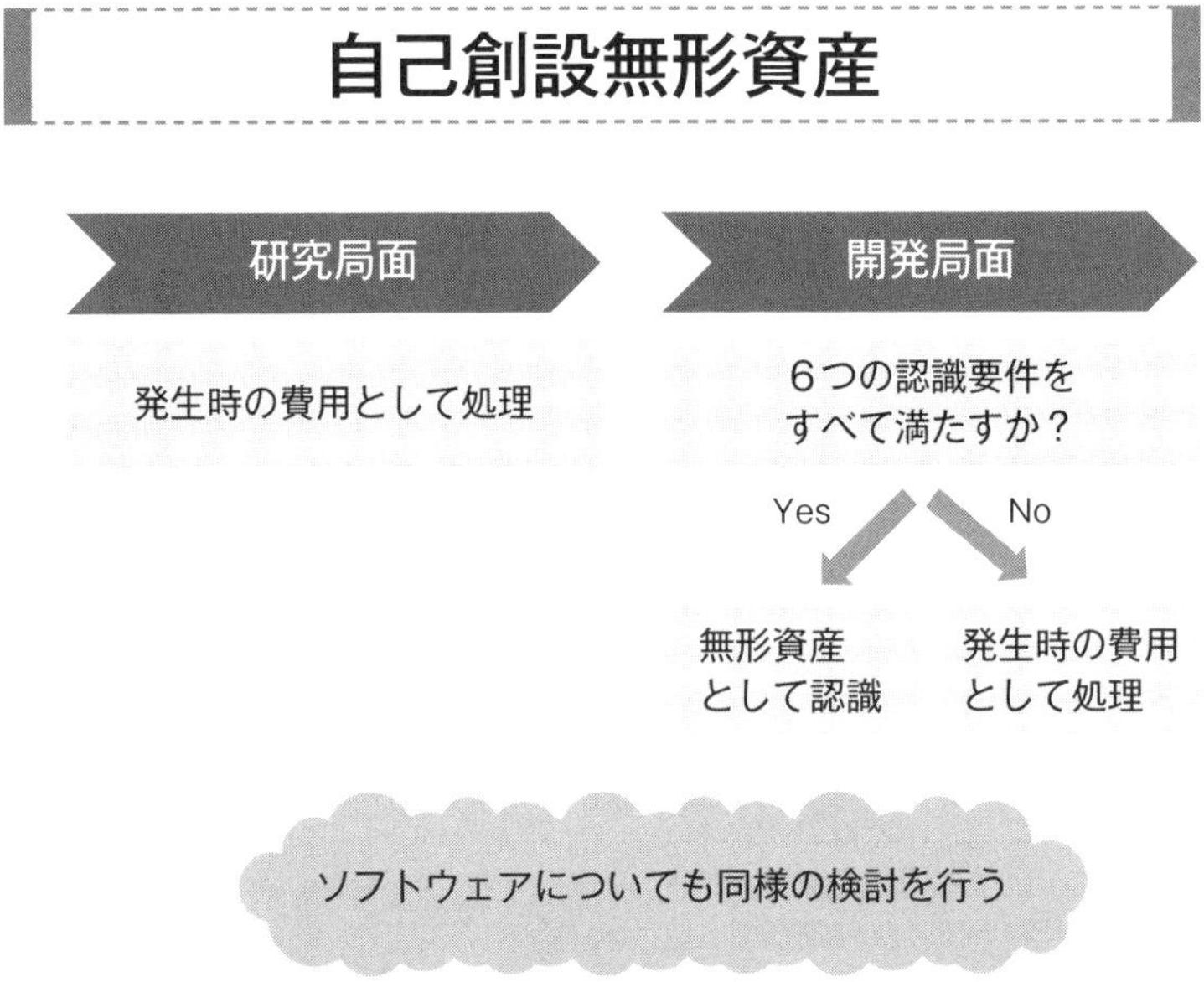

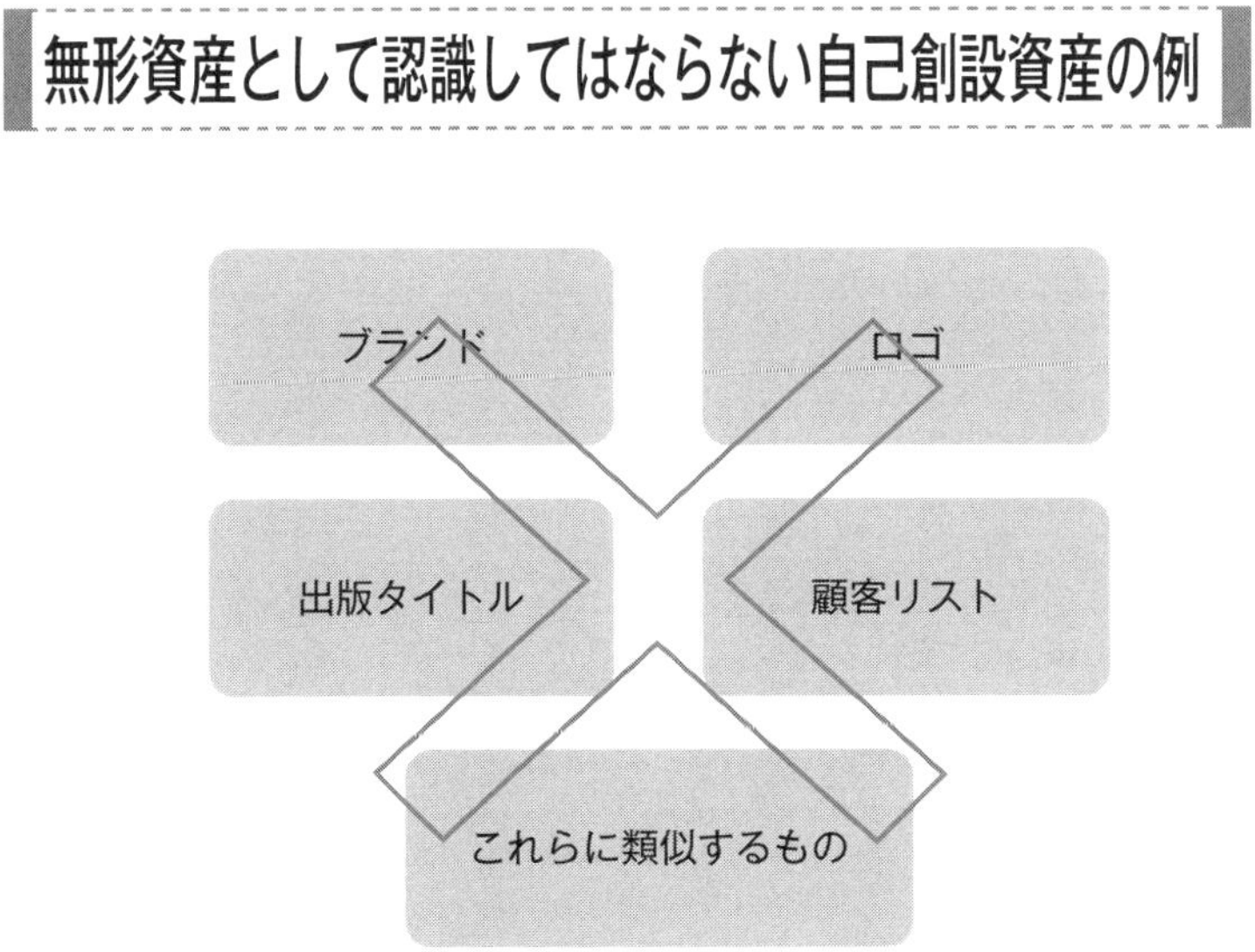

45 投資不動産

毎期公正価値で評価し、差額を損益認識する方法が認められる

●投資不動産の定義

投資不動産とは、賃貸収益またはキャピタルゲインの獲得を目的として保有する土地および建物をいいます（自己使用不動産および販売用不動産を除く）。

ＩＦＲＳ会計基準においては、投資不動産について、通常の有形固定資産とは異なる規定があります。日本基準においては、開示目的で賃貸等不動産という区分がありますが、認識や測定については特段の規定がなく、通常の有形固定資産と同様の規定が適用されます。

●公正価値モデルと原価モデル

投資不動産は、当初認識時においては取得原価で認識されますが、その後の会計処理は、公正価値モデルと原価モデルの2通りがあります。企業は、これらのいずれかを会計方針として選択し、保有するすべての投資不動産に適用する必要があります。

公正価値モデルにおいては、投資不動産は期末時に公正価値で測定され、帳簿価額との差額（評価損益）は純損益として認識されます。

原価モデルにおいては、投資不動産も、原価モデルを採用した有形固定資産と同様に会計処理されます。ただし、当該投資不動産の公正価値を注記で開示する必要があります。

●投資不動産からの（への）振替

不動産が投資不動産の定義を満たさなくなったり、反対に投資不動産の定義を満たすようになったりした場合には、投資不動産から棚卸資産や自己使用不動産への振替、または棚卸資産や自己使用不動産から投資不動産への振替を行います。これらの振替は、経営者が不動産の用途にかかる意図を変更しただけでは十分ではなく、用途変更の証拠がある場合にのみ行います。

振替時の測定は、投資不動産の測定モデルによって異なります。投資不動産に原価モデルを採用している場合

関連基準▶IAS第40号

には、投資不動産からの（への）振替に際して帳簿価額の変更はありません。他方、公正価値モデルを採用している場合には、投資不動産からの（への）振替は公正価値で行います。

●IFRS第16号「リース」との関係

投資不動産について公正価値モデルを適用している場合、リースの借手は投資不動産の定義を満たす使用権資産についても、公正価値モデルを適用する必要があります。

投資不動産

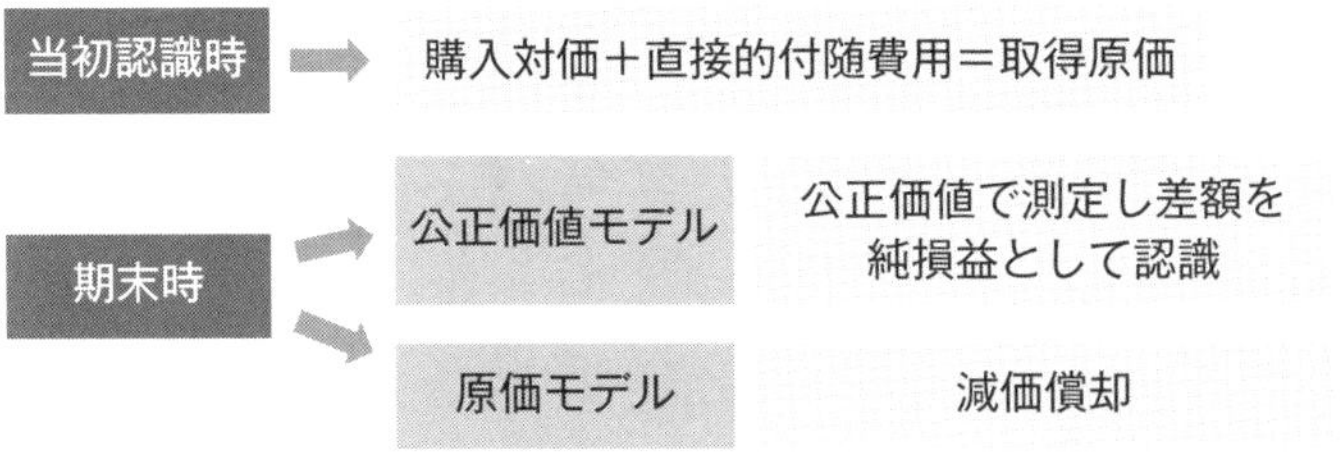

投資不動産からの（への）振替

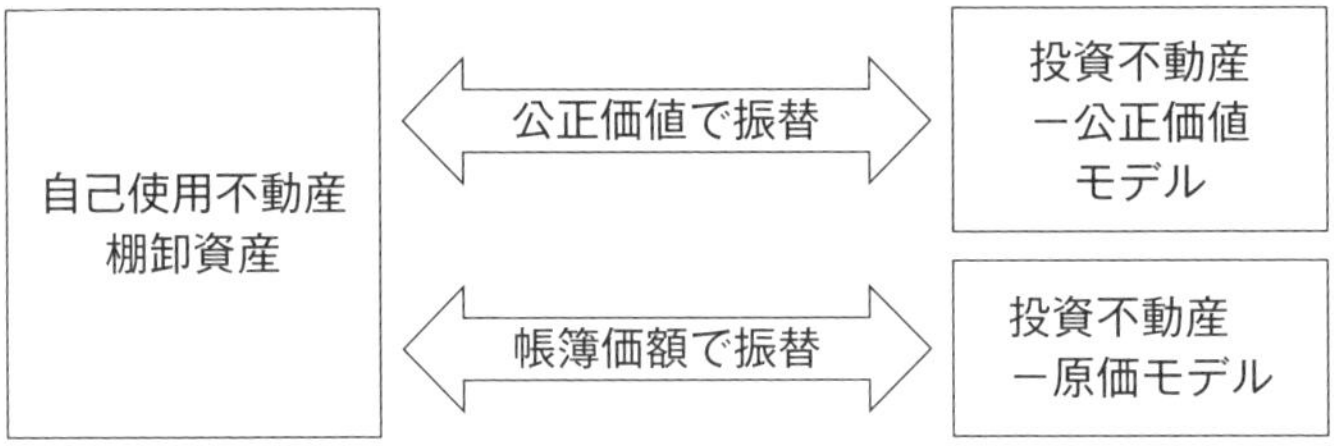

IFRS第16号「リース」との関係

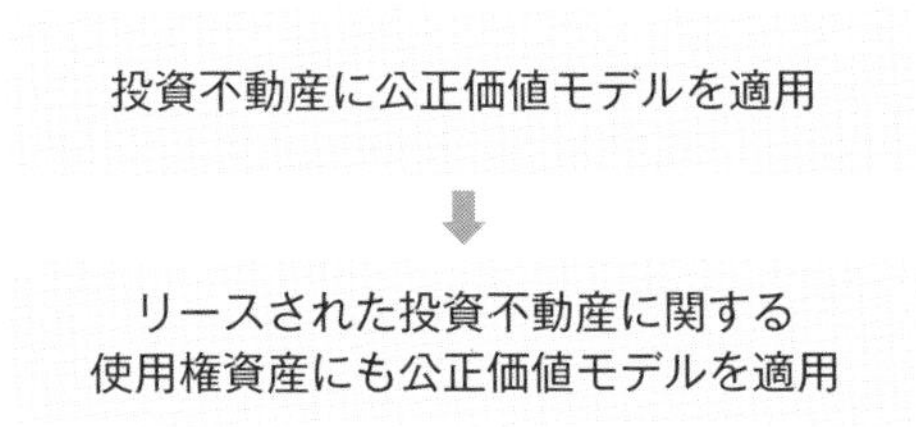

46

資産の減損の概要と会計単位

グルーピングの単位がより細かくなる可能性がある

●減損会計の概要

ＩＦＲＳ会計基準と日本基準のいずれにおいても、固定資産の減損に関する検討は以下の手順で行います。

・資金生成単位（日本基準では資産グループという）の識別
・各資金生成単位に係る減損の兆候の有無に関する検討
・減損損失の認識の要否に関する検討
・減損損失の測定と認識

●資金生成単位

減損の検討を行う際には、まず対象資産を識別する必要があります。ＩＦＲＳ会計基準においては、個別資産について減損の検討を行うことを前提としていますが、個別資産の回収可能価額が算定できる場合は多くありません。そこで一般的には、資金生成単位（おおむね独立したキャッシュ・インフローを生成する最小の資産グループ）について減損の検討を行います。資金生成単位の区分例として、製品系列別、事業別、場所別等が挙げられています。

ある資産グループにより生産される製品が企業内部で使用されていたとしても、当該製品について活発な市場があり、市場での販売が可能である場合は、当該資産グループとその後の製造過程や販売過程に係る資産グループを，それぞれ別個の資金生成単位として減損の検討を行う必要があります。日本基準には該当する規定がないため、製造、販売等のすべての機能にかかる資産を１つの資産グループとする等、ＩＦＲＳ会計基準とは異なる検討結果となる可能性があります。

●キャッシュ・インフローを見る

ＩＦＲＳ会計基準においては、資金生成単位を識別する際に、正味キャッシュ・フローでなくキャッシュ・インフローを見る必要があります。例えば、小売の店舗に

関連基準▶IAS第36号

ついて、売上（キャッシュ・インフロー）を店舗ごとに管理している場合、購買（キャッシュ・アウトフロー）を地域ごと等のより広い単位で管理していても、資金生成単位は店舗ごとと判断される可能性があります。

減損の検討プロセス

資金生成単位の識別

↓

減損の兆候の有無に関する検討

↓

減損損失の認識の要否に関する検討

↓

減損損失の測定と認識

資金生成単位の例

	IFRS会計基準	日本基準
製造子会社Ａが生産する汎用部品（活発な市場が存在）をすべて別の子会社Ｂに販売することでキャッシュ・インフローを生成	製造子会社Ａが資金生成単位となりうる	グループ全体が資産グループとなりうる
売上を店舗ごとに，仕入を地域ごとに管理	各店舗が資金生成単位となりうる	各地域が資産グループとなりうる

47 減損の兆候

株価や金利の変動も兆候に含まれる

●減損の兆候

減損の検討をする際には、まず対象資産に減損の兆候があるかどうかを検討します。この点はIFRS会計基準も日本基準も同様ですが、IFRS会計基準において減損の兆候に当たる事象として例示されている項目は日本基準よりも多く、より幅広い状況について減損の兆候に該当すると考えられます。

IFRS会計基準においては、減損の兆候を外部的要因と内部的要因に分け、最低限考慮すべき事項を例示しています。その内容について、日本基準との主な差異は以下のとおりです。

●外部的要因に係る差異

資産の市場価値の著しい下落により減損の兆候があると考えられる場合について、日本基準では、帳簿価額からおおむね50%程度以上下落した場合とされていますが、IFRS会計基準ではそのような数値基準はなく、実質的な判断が必要になります。

IFRS会計基準においては、市場金利の著しい上昇に伴い、使用価値の測定に用いられる割引率が上昇し、その結果回収可能価額が著しく減少する見込みである場合、減損の兆候があると考えます。また、企業の株式の時価総額が、当該企業の純資産の帳簿価額を下回る場合にも減損の兆候があると考えます。日本基準においては、そのような規定はありません。

●内部的要因に係る差異

営業損益またはキャッシュ・フローの状況により減損の兆候があると考えられる場合について、日本基準では、それらがおおむね過去2期継続してマイナス（赤字）の場合とされていますが、IFRS会計基準では、それらが当初の予算との比較において著しく悪化している場合とされています。したがって、たとえ営業損益またはキャッシュ・フローが過去から継続してプラス（黒字）

の状況であっても、当期の実績が予算よりも著しく悪化している場合には、ＩＦＲＳ会計基準上は減損の兆候になりうると考えられます。

●経営者による判断

ＩＦＲＳ会計基準においては、減損の兆候を検討するにあたり、日本基準のような詳細な数値基準がないため、日本基準と比較して、より広範で高度な判断が求められます。

減損の兆候を示す状況の例

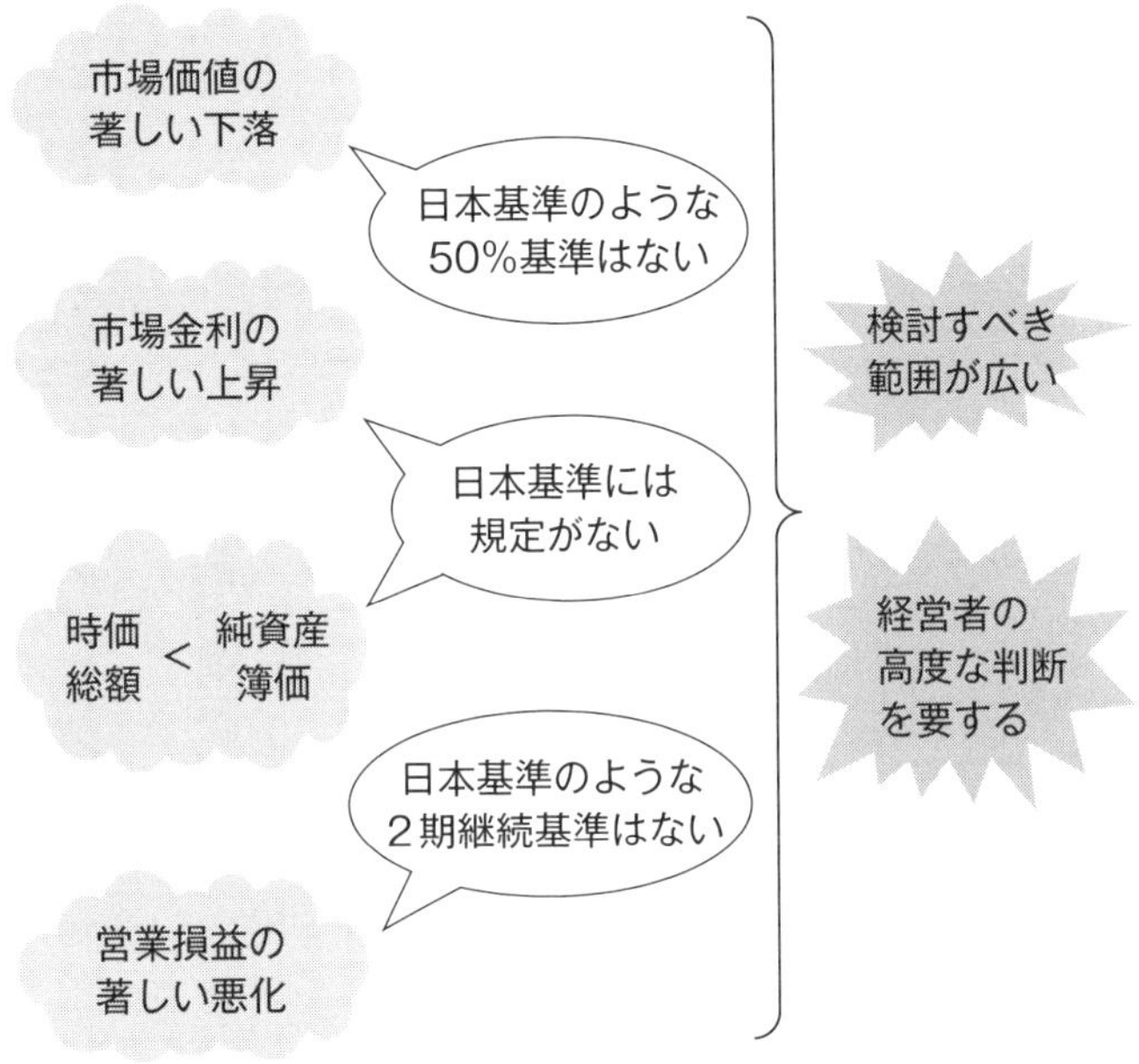

48 減損損失の認識

割引前将来キャッシュ・フローによる検討のステップはない

●減損損失の検討プロセス

IFRS会計基準と日本基準のいずれにおいても、資金生成単位（46項参照）について減損の兆候（47項参照）が認識された場合に、減損損失を認識する必要があるかどうかを検討します。しかし、減損損失の認識の要否を検討するプロセスはIFRS会計基準と日本基準で大きく異なります。

●減損損失の認識の要否

IFRS会計基準においては、減損の兆候がある資金生成単位について、回収可能価額（使用価値と処分コスト控除後の公正価値のいずれか高い金額）と帳簿価額の比較を行います。回収可能価額が帳簿価額を下回る場合には、その差額を減損損失として認識します。

一方、日本基準においては、回収可能価額と帳簿価額の比較を行う前のステップとして、割引前将来キャッシュ・フローと帳簿価額の比較を行い、前者が後者を上回る場合は、回収可能価額の測定および減損損失の認識は不要となります。

そのため、例えば割引前将来キャッシュ・フローは帳簿価額を上回るが回収可能価額は帳簿価額を下回るような状況においては、日本基準では減損損失の認識は不要ですが、IFRS会計基準では減損損失の認識が必要となります。

●減損損失の認識および配分

特定の資金生成単位について認識された減損損失は、当該資金生成単位にのれんが配分されている場合、まず当該のれんに配分し、その帳簿価額を減額します。次に、当該資金生成単位内のその他の資産の帳簿価額に基づく比例按分により、その他の各資産に配分します。なお、のれんが複数の資金生成単位に配分され、当該複数の資金生成単位とのれんで、より大きな1つの資金生成単位グループと考える場合は、減損の検討および減損損失の

関連基準▶IAS第36号

認識を行う順序に留意が必要です（50項参照）。

●減損損失の戻入れ

日本基準においては、減損損失の戻入れは認められませんが、ＩＦＲＳ会計基準においては、減損損失の戻入れの兆候がある場合に、回収可能価額を測定し、戻入れを行う必要があります。ただし、当該資金生成単位の減損損失認識前の帳簿価額から、減損損失を認識していなければ発生していたであろう減価償却費を控除した金額を超えて、戻入れを行うことは認められません。また、どのような状況においても、のれんについて認識した減損損失の戻入れは認められません。

減損損失の認識の要否

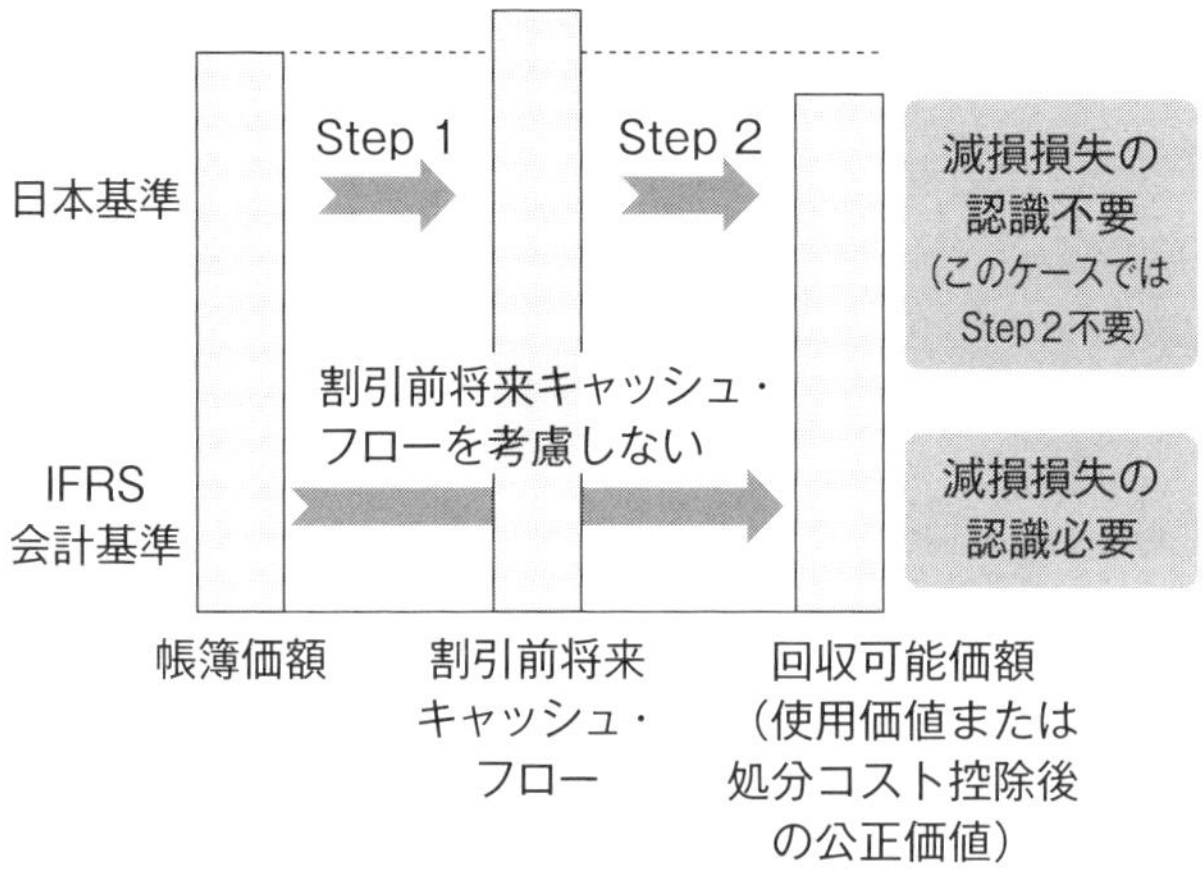

49

回収可能価額の決定

評価専門家の関与が必要となるケースも

●回収可能価額とは

IFRS会計基準においては、回収可能価額は使用価値と処分コスト控除後の公正価値のいずれか高い金額と定義されています。この点は日本基準と同様です。

●使用価値

使用価値は、将来キャッシュ・フローの割引現在価値で測定されます。将来キャッシュ・フローは、資産の継続的な使用により発生すると見込まれる正味キャッシュ・フローと、最終的な資産の処分により受け取ると見込まれる正味キャッシュ・フローにより構成されます。

将来キャッシュ・フローは、経営者が承認した事業計画等に基づいて見積る必要がありますが、当該事業計画等に基づく見積期間は、正当な理由がない限り、最長でも5年とされています。上記を超える期間については、国、産業、市場等の長期平均成長率に基づく一定または逓減的な成長率を使用して、将来キャッシュ・フローを見積ります。

一方、日本基準においては、20年もしくは資産の残存耐用年数のどちらか短い期間について将来キャッシュ・フローを見積ることとされています。

将来キャッシュ・フローを現在価値に割り引く際に使用する割引率は、貨幣の時間価値と当該資産の固有リスクを反映したものでなければなりません。なお、そのような利率が市場から直接入手できることは少なく、一般的には、加重平均資本コストや追加借入利子率等を出発点として、適切な割引率を見積る必要があります。

●処分コスト控除後の公正価値

IFRS会計基準においては、非金融資産の公正価値を測定するにあたり、市場参加者が当該資産を最有効使用すると仮定します。そのため、経営者が意図する特定の使用方法に関わりなく、市場参加者の観点から実行可能な最有効使用を検討する必要があります。また、処分

関連基準 ▶ IFRS第13号／IAS第36号

回収可能価額の決定

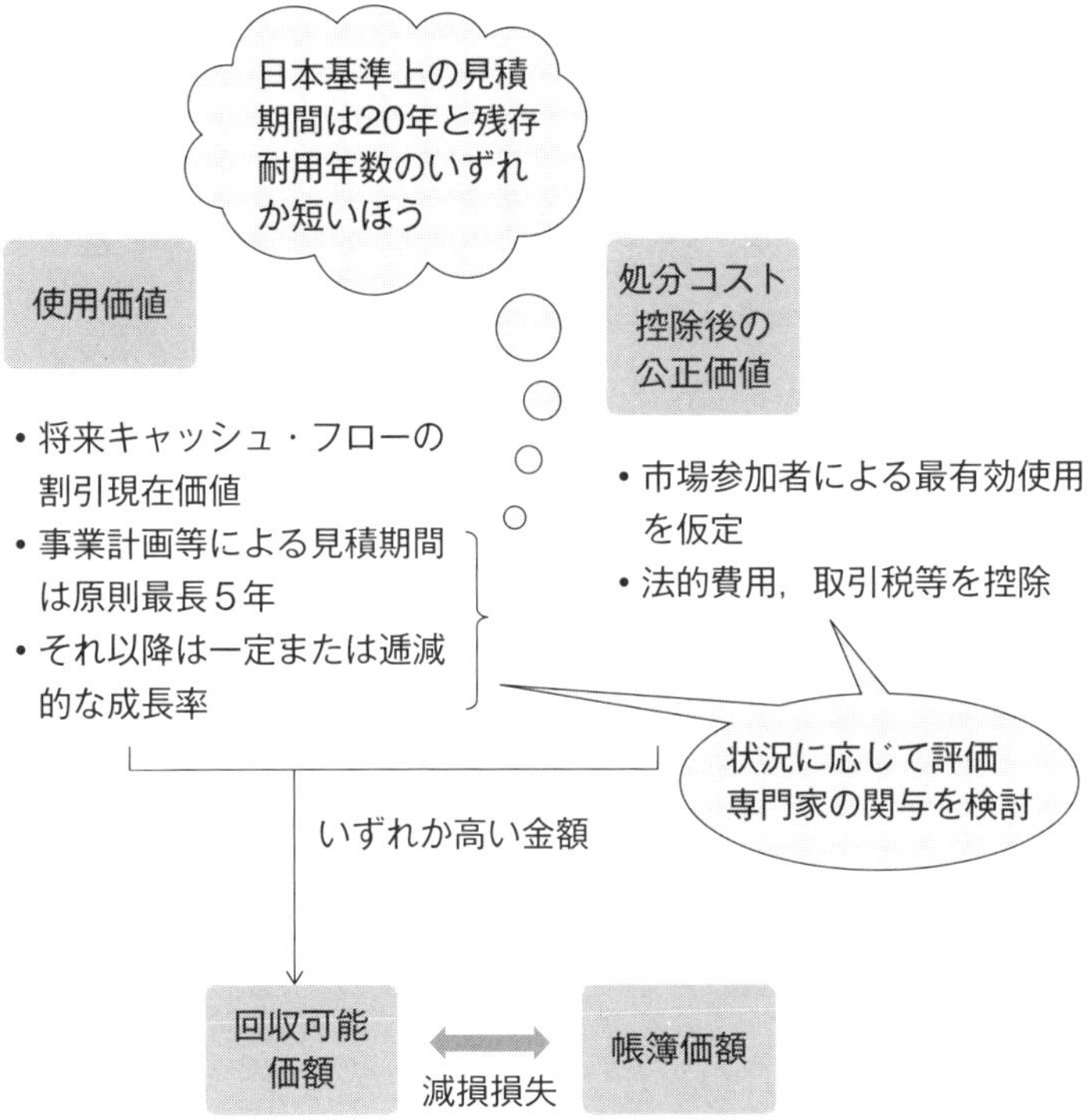
日本基準上の見積期間は20年と残存耐用年数のいずれか短いほう
使用価値
処分コスト控除後の公正価値
• 将来キャッシュ・フローの割引現在価値
• 事業計画等による見積期間は原則最長５年
• それ以降は一定または逓減的な成長率
• 市場参加者による最有効使用を仮定
• 法的費用，取引税等を控除
状況に応じて評価専門家の関与を検討
いずれか高い金額
回収可能価額
帳簿価額
減損損失

コスト控除後の公正価値を測定するために控除すべき処分コストには、法的費用、印紙税等の取引税等、資産の処分に係る直接増分費用が含まれます。

●専門家の利用

使用価値、処分コスト控除後の公正価値のいずれも、その測定には高度な判断や見積りが求められるため、状況に応じて評価専門家の関与を検討することが必要になると考えられます。

50 のれんの減損

2段階に分けて減損判定を行う場合がある

●償却せず毎期減損テストを行う

IFRS会計基準においては、のれんの償却は行いませんが、減損の兆候の有無にかかわらず、毎期減損テストを行う必要があります。のれんの減損テストは必ずしも期末に行う必要はありませんが、毎期同時期に行う必要があります。また、減損の兆候がある場合にはいつでも減損テストを行う必要があります。

●のれんの配分

のれんは単独では独立したキャッシュ・フローを生み出さないため、減損の判定を行う際には、当該のれんが発生した企業結合によるシナジー効果が期待される資金生成単位に、のれんを配分する必要があります。

当該シナジー効果が、特定の資金生成単位ではなく複数の資金生成単位に関連し、かつ、のれんを合理的な方法でそれらの資金生成単位に配分することができない場合は、当該複数の資金生成単位とのれんで、より大きな1つの資金生成単位グループと考えます。

●のれんの減損テスト

のれんの減損テストにおいて、のれんを含む資金生成単位グループに含まれる特定の資金生成単位に減損の兆候がある場合は、まず、当該資金生成単位のみについて減損の検討を行い、必要に応じて減損損失を認識します。

次に、のれんを含む資金生成単位グループ全体について減損テストを行います。のれんを含む資金生成単位グループの帳簿価額が、当該資金生成単位グループの回収可能価額を上回る場合に、減損損失を認識する必要があります。当該減損損失は、まずのれんに対して配分します。そのうえで、のれんに配分しきれない減損損失については、資金生成単位グループに含まれる他の資産に対して、それらの帳簿価額に基づく比例按分により配分します。のれんについて認識した減損損失は、のれんを含む資金生成単位グループの回収可能価額が以後増加した

関連基準▶IAS第36号

場合であっても，戻入れが認められません。

のれんの減損

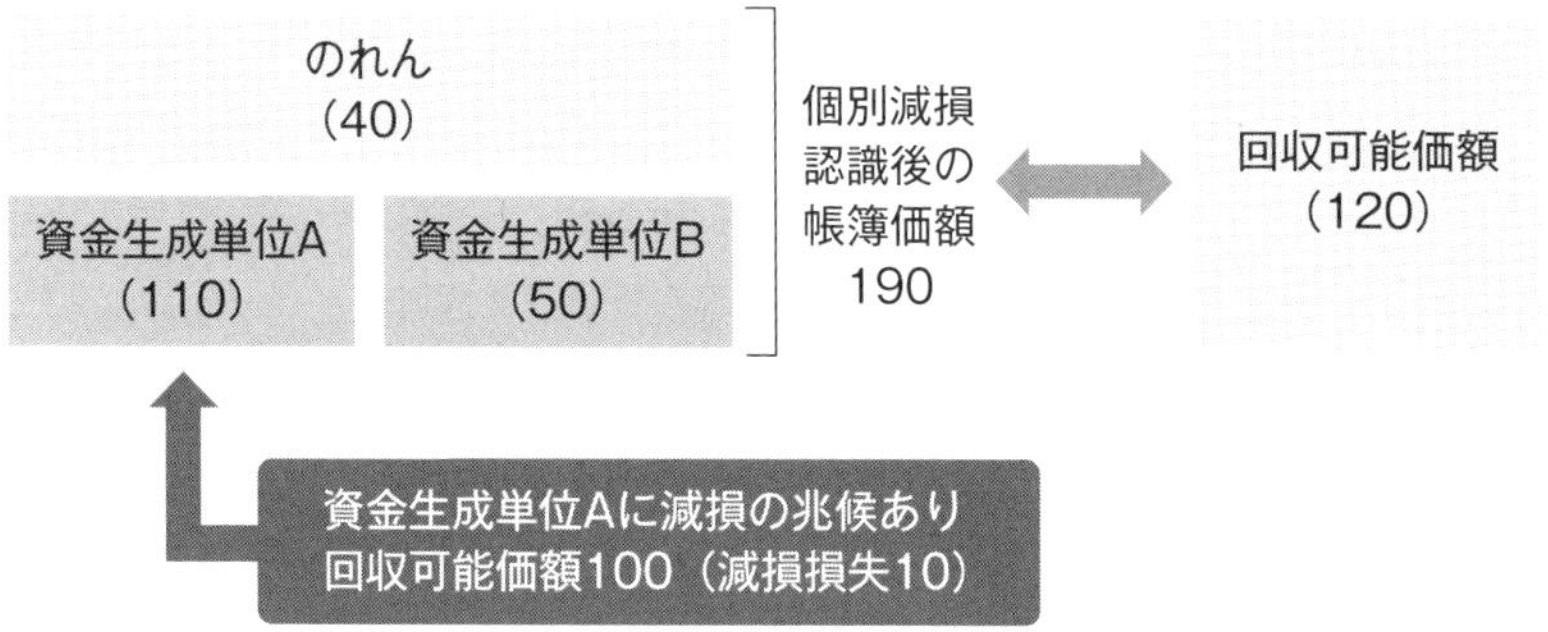

	帳簿価額	個別減損認識後の帳簿価額	回収可能価額	減損損失	減損損失認識後の帳簿価額
のれん	40	40	120	(40)※1	—
資金生成単位A	110	100		(20)※2	80※4
資金生成単位B	50	50		(10)※3	40
合計	200	190		(70)	120

※1　のれんに係る減損は仮に回収可能価額が将来回復しても戻入れ不可

※2　((190－120)－40)×100÷(100＋50)

※3　((190－120)－40)×50÷(100＋50)

※4　資産に減損損失を配分する場合は，各資産の帳簿価額は，以下のうち最も高いものを下回ってはならない。

・処分コスト控除後の公正価値（測定可能な場合）

・使用価値（算定可能な場合）

・ゼロ

このような制約により，資金生成単位を構成する資産に配分しきれなかった減損損失の金額がある場合は，当該単位（単位グループ）の他の資産に比例配分する。

コラム

減価償却 ── 税法の規定は会計処理の直接的な根拠にならない

日本基準において，有形固定資産の減価償却方法は会計方針として選択されますが，実務においては，税務上認められている償却方法のうち最も有利な（つまり先行して減価償却費が計上できる）方法，例えば定額法でなく定率法を採用しているケースが多いと考えられます。なぜでしょうか。

日本では，税務上の原則として確定決算主義が採用されており，税務上の課税所得を計算する際に損金として算入するためには，株主総会で承認された決算書において費用または損失として会計処理されている必要があります。この原則によると，会計上認識された減価償却費が税務上の減価償却限度額を下回る場合，当該差額分を税務申告書において追加的に損金算入することは認められず，その分の税務メリットを放棄することになってしまうのです。

一方，IFRS会計基準においては，減価償却方法は将来の経済的便益の費消パターンを最も適切に反映したものでなければなりません。それは企業が会計方針として任意に選択できるものではなく，会計上の見積りとして有形固定資産の利用実態により自ずと決まるものと考えられます。つまり，IFRS会計基準における会計処理は，税務上の取扱いとは切り離して考える必要があります。この点は，耐用年数や残存価額の取扱いについても同様です。

そのため，IFRS会計基準の導入に際しては，日本基準で採用していた減価償却計算をそのまま引き継ぐのではなく，採用している減価償却方法はその資産の将来の経済的便益の費消パターンを最も反映する方法か，耐用年数はその資産が自社にとって利用可能と予想される期間と乖離していないか，残存価額は耐用年数到来時にその資産を処分したら得られるであろう金額の合理的な見積りか等について，事実および状況を踏まえた判断を行使することが必要となります。ただし，上記のような点に留意しつつIFRS会計基準の下での減価償却方法や耐用年数，残存価額を見積った結果，税法の規定も考慮して定めた日本基準上の前提と実質的には変わらないという結論になることもあるでしょう。

なお，減価償却方法は，日本基準上は会計方針であるため，変更する場合には正当な理由が求められます。他方，IFRS会計基準上は会計上の見積りであるため，少なくとも各事業年度末に再検討し，将来の経済的便益の予想費消パターンに著しい変化がある場合には変更する必要がある点にも留意が必要です（42項参照）。

第6章 リース

51 リースの定義と適用対象

52 リース期間とは

53 借手のリース（当初認識）

54 借手のリース（事後測定）

55 借手に対する例外規定

56 貸手のリース

57 事後的な変更

58 セール・アンド・リースバック

51

リースの定義と適用対象

「リース」なのか「サービス」なのか

●リースの定義

　ＩＦＲＳ第16号「リース」において、「リース」とは、対象となる資産の使用権が、一定の期間にわたり対価と交換に移転される契約であり、次の2つの要件を満たすものをいいます。

・対象資産が特定されている
・借手は、当該特定された資産の使用期間にわたって、その資産の使用から生じる経済的便益のほぼすべてを享受する権利を有し、かつその資産の使用を指図する権利を有する

●「特定された資産」とは

　対象資産がある資産の一部である場合は、それが物理的に他と分離できる場合に「特定された資産」となります。また、資産が物理的に分離可能であったとしても、貸手が資産の使用期間にわたって資産を実質的に差し替える権利を保有している場合には、原資産は特定されていないことになります。

●経済的便益のほぼすべてを享受する権利

　例えば、自動車リースにおいて、その走行可能地域が契約で制限されているケースのように、借手が得る使用権に一定の制限が課されている場合には、その制限の範囲内で、借手が経済的便益のほぼすべてを享受する権利を有しているかを検討します。また、契約上、貸手の利益を守るための制限（防御権）がある場合や、資産の使用により得られた経済的便益の一部を貸手に支払うこととなっていたとしても、そのことのみをもって、借手が資産の経済的便益のほぼすべてを享受する権利を有していないということにはなりません。

●資産の使用を指図する権利

　借手は、左ページのような場合、「使用を指図する権利」を有しています。この判定に際しては、「対象資産の使用方法および使用目的を意思決定する権利を有して

関連基準▶IFRS第16号

いるのは誰か」がポイントになります。また、資産の使用方法および使用目的があらかじめ決定されている場合には、「その資産の操作を行う権利を誰が有しているか、その資産を設計したのは誰か」がポイントとなってきます。

リースの定義

対象資産が特定されている	＋	借手が以下を満たすことにより，対象資産の使用を支配している ✓ 対象資産の使用期間にわたって，その資産の使用から生じる経済的便益のほぼすべてを享受する権利を有している，かつ ✓ その資産の使用を指図する権利を有している

対象資産の特定

物理的に分離できるか？

物理的に分離できる

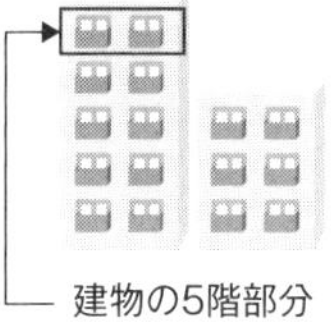

建物の5階部分

物理的に分離できない

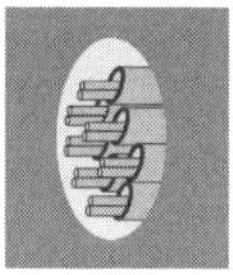

光ファイバーケーブルの容量の30%

資産の使用を指図する権利

以下の３つのうちのいずれかに該当する場合，借手は資産の使用を指図する権利を有している

		資産の使用方法および目的が事前に決定されている場合
資産の使用期間にわたって，資産の使用方法および使用目的を指図する権利を有している	借手は，資産の使用期間にわたって，資産を操作する権利（または借手が決定した方法で資産を他者に操作させる権利）を有しており，かつ貸手はそれを変更する権利を有していない	借手が資産（または資産の特定の一部）を設計することで，その資産の使用期間にわたっての資産の使用方法および使用目的があらかじめ決定されている

52 リース期間とは

「リース期間＝契約期間」とは限らない

●リース期間とは

「リース期間」とは、借手が原資産の使用権を有する解約不能期間に次の期間を加えた期間をいいます。

・借手がリースを延長するオプションを有しており、それを行使することが合理的に確実な期間

・借手がリースを解約するオプションを有しており、それを行使しないことが合理的に確実な期間

「合理的に確実」かどうかは、借手にとって経済的インセンティブになるあらゆる事実と状況をリース開始時点で考慮して判断します。

この定義から明らかなように、リース期間は、必ずしも解約不能期間や契約上のリース期間と一致するとは限りません。

●リース期間の見直し

リース期間の決定に際して織り込んでいなかった延長オプションを借手が行使したこと等により、解約不能期間に変更があった場合には、貸手および借手は、リース期間を見直します。

また、借手は、次の両方を満たす重大な事象の発生または重大な変化があった場合には、延長オプションの行使または解約オプションの不行使が合理的に確実であるかについて見直さなければなりません。このような場合にリース期間を見直すのは借手のみであり、貸手は見直しを行いません。

・その事象の発生または状況の変化が、借手がコントロールできる範囲のものである

・その事象の発生または状況の変化は、リース期間の決定に際して考慮されていた延長オプションの行使または解約オプションの不行使の合理的な確実性に影響を及ぼすものである

●日本基準との比較

２０２７年４月１日以後開始する連結会計年度および

関連基準▶IFRS第16号

リース期間

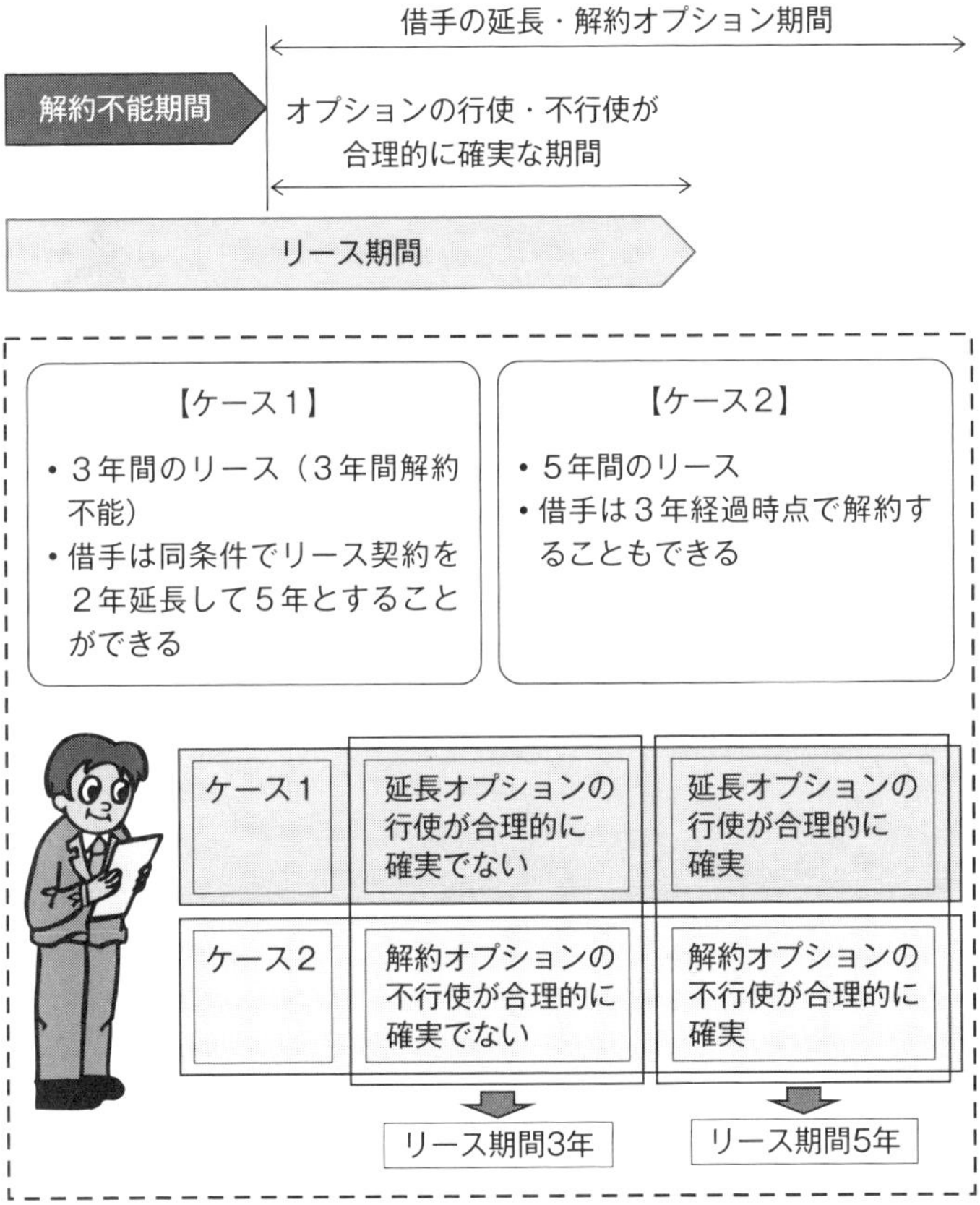

リース期間の決定には，延長・解約オプションの行使／不行使に関して重要な判断の行使が必要

事業年度の期首から日本基準で適用される「リースに関する会計基準」等（新リース会計基準）における借手のリース期間はＩＦＲＳ会計基準と同様ですが、貸手のリース期間は会計方針の選択により、借手のリース期間と同様の方法により決定した期間と、解約不能期間に再リース期間を加えた期間（再リースする意思が明らかな場合）のいずれかを選択します。

　また、新リース会計基準における借手のリース期間の見直しに関する考え方は、ＩＦＲＳ会計基準と同様ですが、貸手についての規定は特にありません。

53 借手のリース（当初認識）

原則として「使用権資産」と「リース負債」をオンバランスする

●借手の会計処理モデル

借手については、リースの分類を行わない、単一の会計処理モデルが採用されており、原則として、すべてのリース取引から生じる権利・義務関係をその財務諸表上で認識することが求められます。すなわち、借手はリース開始時に、リース期間にわたって原資産を使用する権利を表す「使用権資産」と、リース料を支払う義務を表す「リース負債」とを計上します。

この点、日本基準の新リース会計基準においても、基本的な考え方は、ＩＦＲＳ会計基準と同様です。

●「リース負債」の当初測定

借手はリース開始日において、リース料の未決済部分を現在価値に割り引くことにより、「リース負債」を算定します。ここでリース料とは、次の金額の合計をいいます。

・リース期間に対応する固定リース料（リース・インセンティブを控除）
・指標またはレートに基づく変動リース料
・購入オプションの行使価額（その行使が合理的に確実な場合に含める）
・解約損害金要支払額（解約オプションを行使しないことが合理的に確実な場合は含めない）
・残価保証額（借手については、借手の支払予想額を用いる）

「リース負債」の算定に用いる割引率は、原則としてリース開始日における貸手の「リースの計算利子率」ですが、借手がこれを容易に入手できない場合には、借手の「追加借入利子率」となります。

●「使用権資産」の当初測定

借手は、リース負債の当初測定額に次の項目を調整することにより、「使用権資産」を当初測定します。

・前払リース料（＋）

使用権資産とリース負債の当初測定

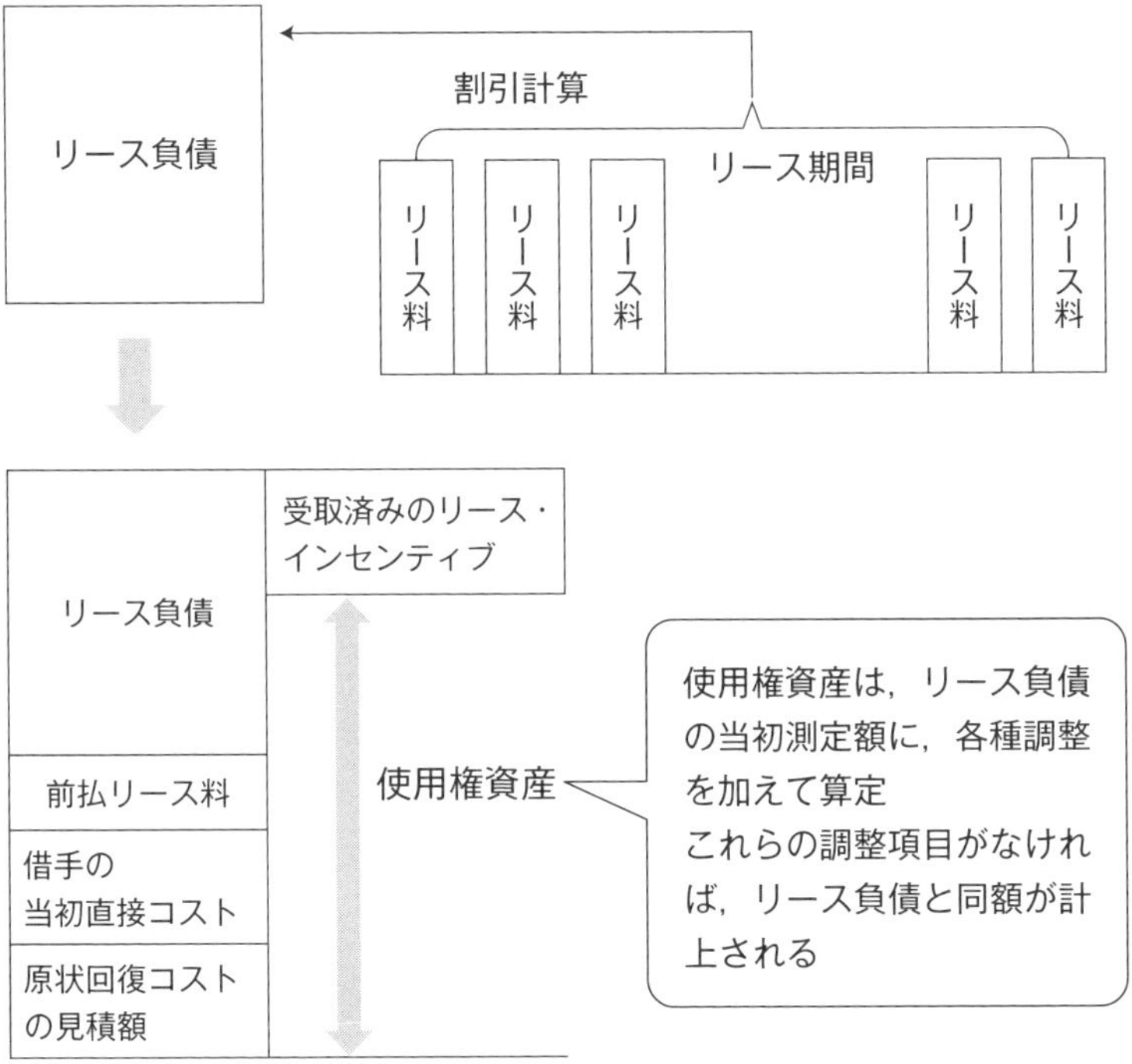

・借手の当初直接コスト（＋）
・原状回復コストの見積額（＋）
・受取済みのリース・インセンティブ（－）

54

借手のリース（事後測定）

リースにかかる費用はリースの初期に大きく発生し、その後逓減していく

●使用権資産の事後測定

借手は、ＩＡＳ第16号「有形固定資産」に規定された方法で、次の期間にわたって使用権資産の減価償却を行います。使用権資産の償却方法は、多くの場合、定額法が採用されると考えられます。

・原資産の所有権が借手に移転するか、または借手が購入オプションを行使することが合理的に確実な場合…原資産の耐用年数にわたって

・上記以外の場合…使用権資産の耐用年数とリース期間のうち、いずれか短いほう

また、借手は、ＩＡＳ第36号「資産の減損」に従って、使用権資産の減損の要否について検討し、必要に応じて減損損失を認識する必要があります。

●リース負債の事後測定

借手はリース料の支払に応じて、利息の支払とリース負債の元本の返済を認識します。

リースにかかる支払利息は、リース負債の期首残高に、残りのリース期間にわたって利回りが一定となるような利率を乗じることにより算定します（実効金利法による償却原価）。

●借手の事後測定のまとめ

財政状態計算書上、使用権資産は定額で減少していくのに対し、リース負債はリースの初期においては支払利息が多く発生する結果、最初なだらかに、その後大きく減少していくことになります。

また、減価償却費が通常定額であると考えられるのに対し、支払利息はリースの初期に大きくその後逓減していくため、包括利益計算書上のリースにかかる費用合計（減価償却費＋支払利息）は、リースの初期に大きくその後逓減していくことになります。

日本基準の新リース会計基準においても、借手の使用権資産およびリース負債の事後測定の取扱いはＩＦＲＳ

会計基準と同様です。なお、新リース会計基準においては、実務上の配慮から使用権資産総額に重要性が乏しいと認められる場合に、定額法で利息を計上するなどの簡便法が設けられています。

リースの事後測定（財政状態計算書）

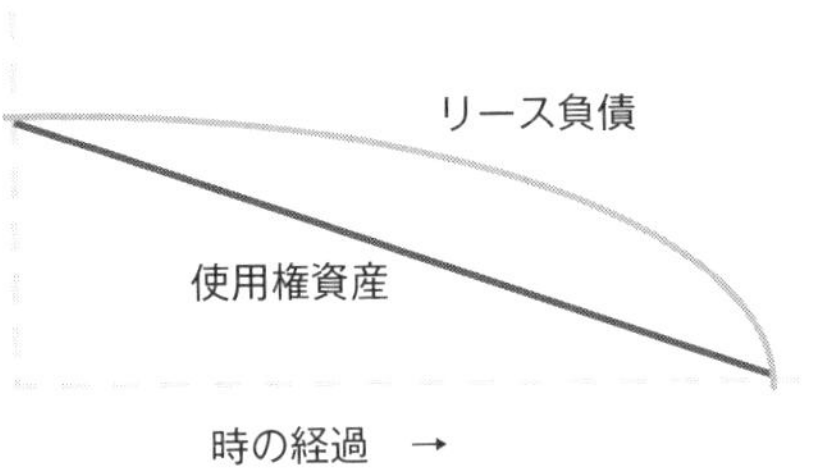

使用権資産は，通常，定額で減少
リース負債は，最初なだらかに，
徐々に大きく減少していく

リースの事後測定（包括利益計算書）

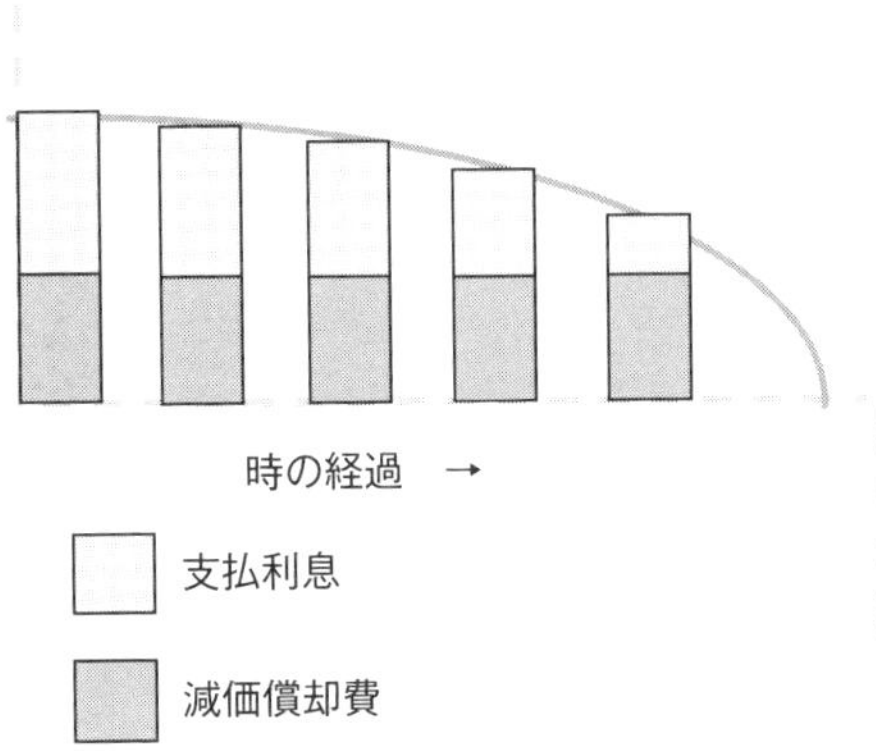

減価償却費は，通常定額であるのに対し，支払利息は逓減していくため，リースにかかる費用合計は，逓減していく

55 借手に対する例外規定

「短期」や「少額」に該当すれば、オフバランス処理が認められる

●借手に対する例外規定

ＩＦＲＳ第16号においては、借手は原則としてすべてのリース取引から生じる権利・義務関係を使用権資産およびリース負債として財政状態計算書上に認識します。ただし、借手の実務上の負担等を考慮し、短期リースおよび少額資産のリースについては、リース料をリース期間にわたって原則として定額法により費用として認識することができる、という例外的な取扱いの選択が認められています。貸手については、このような例外規定は設けられていません。

日本基準の新リース会計基準においても、短期リースと少額資産のリースについて借手の例外的な取扱いを認めていますが、少額資産のリースの要件がＩＦＲＳ会計基準とは異なります。

●短期リース

「短期リース」とは、リース開始日におけるリース期間が12か月以内のリースをいいます。リース契約上、購入オプションが付されているものについては、短期リースにはなりません。短期リースの例外規定は、原資産の種類ごとに選択することができます。なお、この例外規定を適用している短期リースについて契約の変更があった場合、またはリース期間が見直された場合は、新しいリースとして取り扱うことになります。

●少額資産のリース

原資産が「少額」であるか否かの検討は、実際にリースされている原資産が中古であるか否かにかかわらず、それが新品の状態である場合の金額に基づいて判断します。また、当該検討においては、借手の規模等は考慮せず、個々の原資産の絶対的な金額に注目して検討を行います。仮に、個々の原資産レベルで少額と判断された場合には、たとえ対象取引の総額が借手にとって重要であったとしても、例外規定の適用対象となります。この

借手に対する例外規定

以下のものについては，原則的な取扱いに代えて，リース料総額をリース期間にわたって，原則として定額法で費用として認識することが可能

【短期リース】

- ▶ リース開始日におけるリース期間が12か月以内
- ▶ 購入オプションがついている場合は，短期リースとはならない
- ▶ 原資産の種類ごとに選択

【少額資産のリース】

- ▶ 新品の状態の場合の金額に基づいて判断
- ▶ 借手の規模等を問わず，絶対的な金額で判断
- ▶ 個々のレベルで少額であれば総額に重要性があっても例外規定の対象
- ▶ 目安として5,000米ドル以下程度
- ▶ リース会計を適用する単位ごとに選択

少額資産の例

少額資産に該当しない例

たとえ，かなり年数が経ったものをリースした場合であっても，新品の状態においては「少額」とはいえないため

例外規定は、リース会計を適用する単位ごとに選択することができます。

なお、IFRS第16号上は、どのような場合に「少額資産のリース」に該当するかについての明確な判断基準は示されていません。ただし、IFRS第16号に付随する「結論の根拠」においては、審議の過程でIASBが想定していた金額は、新品の状態で5000米ドル以下であったことが記載されています。

56 貸手のリース

ファイナンス・リースとオペレーティング・リースに分けられる

●リースの分類

貸手はリース取引を、原資産の所有に伴うリスクと経済価値のほとんどすべてを移転するか否かの観点から、ファイナンス・リースとオペレーティング・リースのいずれかに分けて会計処理します。

●ファイナンス・リースの会計処理

貸手はリース開始日において、リースに供された原資産の認識を中止し、ファイナンス・リースにより保有することになる資産を未収金として、正味リース投資未回収額に等しい金額で財政状態計算書上に当初認識します。

ここで、「正味リース投資未回収額」とは、リース料（の未収分）と貸手に帰属する無保証残存価値の合計をリースの計算利子率で割り引いた現在価値のことをいいます。なお、リースの計算利子率とは、リース料と無保証残存価値の現在価値の合計額が原資産の公正価値と貸手の初期直接コストの合計と一致するような割引率のことです。

当初認識後は、貸手は、受取リース料を金融収益と未収金の減額に配分します。このうち金融収益は、貸手の正味リース投資未回収額に対して一定の期間利子率を反映する方法で認識します。

●オペレーティング・リースの会計処理

オペレーティング・リースについては、貸手は、ファイナンス・リースとは異なり、リースに供された原資産を引き続き自社の資産として認識します。リース料については、リース期間にわたって定額法または他の組織的な方法により収益として認識します。オペレーティング・リースを獲得するための初期直接コストについては、原資産の帳簿価額に加算し、リース収益と同じ方法でリース期間にわたって費用として認識します。

●日本基準との比較

日本基準の新リース会計基準においても、貸手はファイナンス・リースとオペレーティング・リースに分けて会計処理します。そのアプローチはIFRS会計基準と同様ですが、ファイナンス・リースではリースの取引実態ごとに複数の会計処理が定められている点などIFRS会計基準と異なる取扱いがあります。

貸手の会計処理

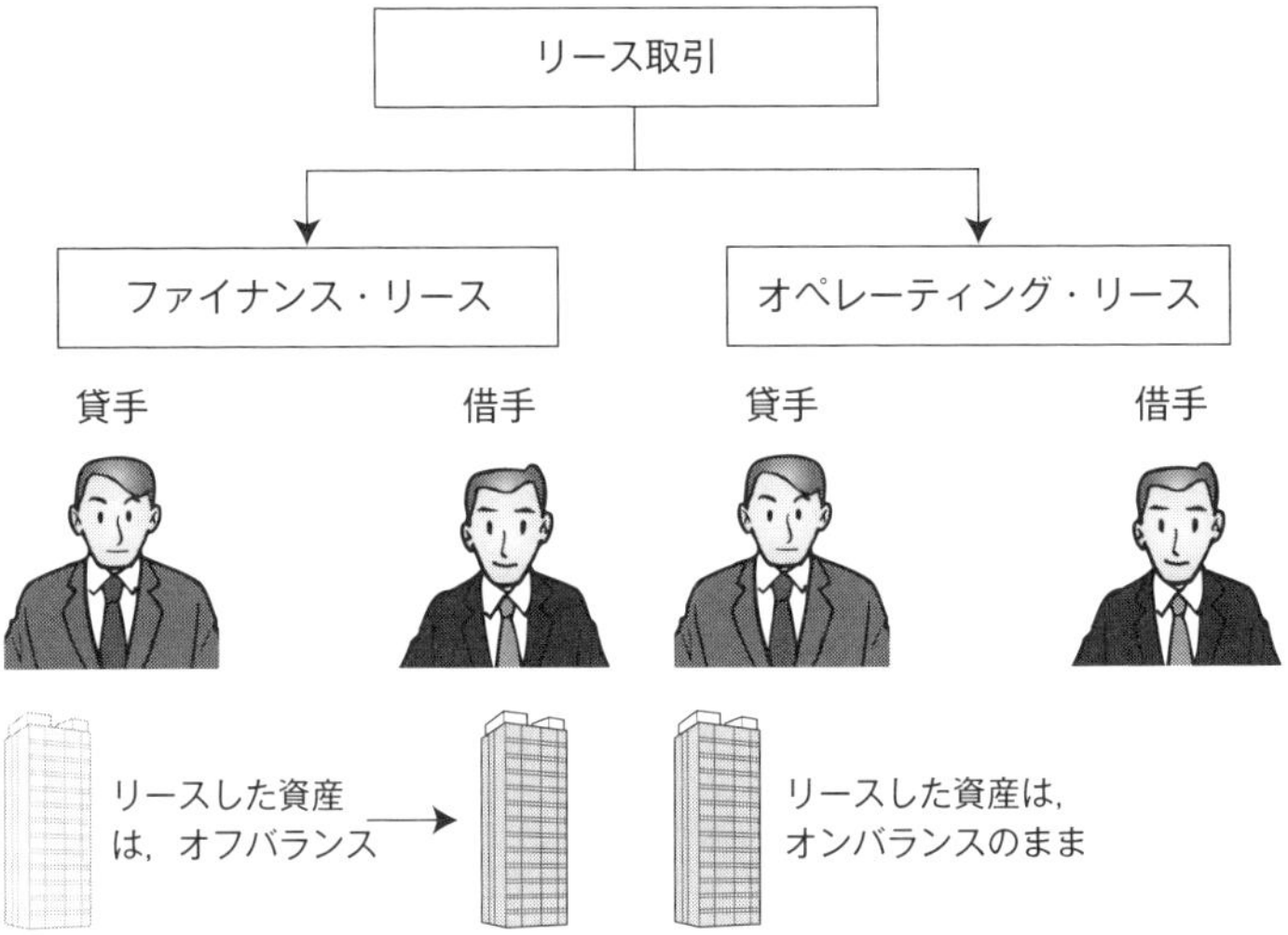

ファイナンス・リース（貸手）

【当初認識】
原資産をオフバランスし，正味リース投資未回収額で未収金を認識

【当初認識後】
受取リース料を金融収益と未収金の減額に配分

オペレーティング・リース（貸手）

【当初認識】
仕訳なし

【当初認識後】
リース料をリース期間にわたって定額法または他の組織的な方法により収益として認識

57 事後的な変更

リース期間や条件の変更により、リース負債の金額が変わる？

この項では、リースの契約条件や関連する状況に事後的な変更があった場合の処理について説明します。日本基準の新リース会計基準では、借手の事後的な変更についてＩＦＲＳ会計基準と類似した規定がありますが、貸手については特に規定はありません。

●リースの条件変更

リースの条件変更とは、当初の契約条件には含まれていなかったリースの範囲またはリースの対価の変更をいいます。例えば、借りているフロアの拡大（縮小）、延長や解約オプションのついていない契約の契約期間の延長・短縮、月額の賃料の増額（減額）などが該当します。

●リースの条件変更（別個のリースとなる場合）

条件変更により、１つ以上の原資産の使用権を追加することによりリースの範囲が拡大し、かつリースの対価が当該範囲の拡大分に対する独立価格（契約の特定の状況を反映するための適切な修正を含む）に見合う金額だけ増加する場合、借手およびファイナンス・リースの貸手は、その条件変更を独立したリースとして会計処理します。オペレーティング・リースの貸手は、上記を満たすかどうかにかかわらず、条件変更後の契約を新たなリースとして会計処理します。

●リースの条件変更（別個のリースとならない場合）

別個のリースとして取り扱う要件を満たさない場合、借手は、借手と貸手が条件変更に合意した日（条件変更の発効日）に、条件変更後のリース期間やリースの対価、改定後の割引率に基づき、リース負債を再測定します。条件変更によりリースの範囲が減少する場合（例：リース期間の短縮）、それはリースの部分的または全面的な解約と考えられます。このような場合には、リース負債を再測定することに加え、当該解約に応じて使用権資産も減額し、解約にかかる利得または損失を純損益で認識します。リースの範囲の減少以外の条件変更については、

関連基準▶IFRS第16号

リース負債を再測定した影響額は、使用権資産を調整して会計処理します。ファイナンス・リースの貸手の処理については、ここでは省略しますが、別途規定がある点にご注意ください。

●リースの条件変更以外の事後的な見直し

借手は、リースの条件が変更されていない場合であっても、左表に記載の状況がある場合には、リース負債を見直さなくてはなりません。なお、貸手は、解約不能期間の変更および無保証残存価値の見積りの減額の場合を除き、事後的にリース負債を見直す必要はありません。

リースの条件変更

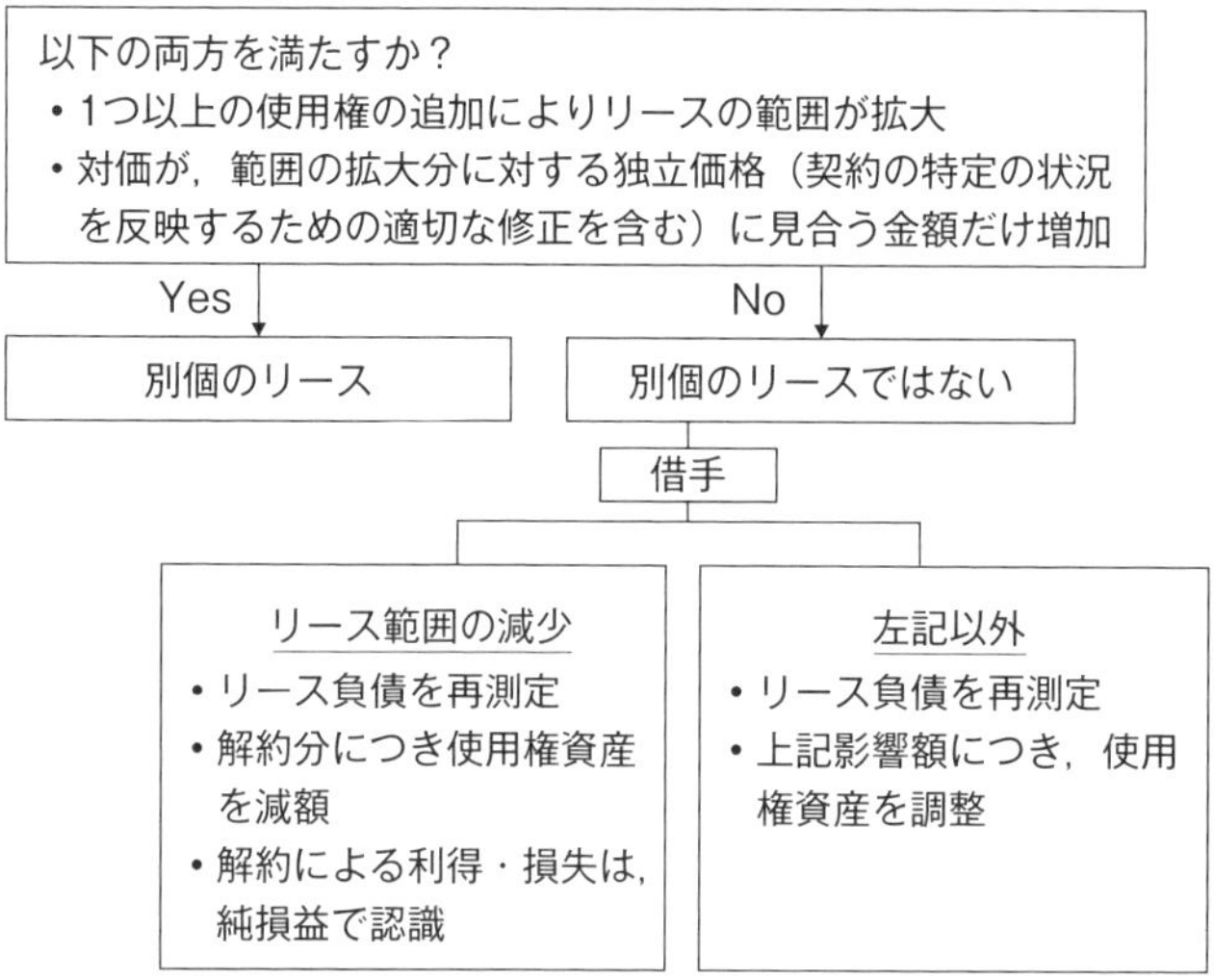

以下の両方を満たすか？
・1つ以上の使用権の追加によりリースの範囲が拡大
・対価が，範囲の拡大分に対する独立価格（契約の特定の状況を反映するための適切な修正を含む）に見合う金額だけ増加
Yes
No
別個のリース
別個のリースではない
借手
リース範囲の減少
・リース負債を再測定
・解約分につき使用権資産を減額
・解約による利得・損失は，純損益で認識
左記以外
・リース負債を再測定
・上記影響額につき，使用権資産を調整

リースの条件変更以外の事後的な見直し（借手）

見直し事由	リース負債の再測定に利用する割引率	リース負債の再測定差額の会計処理
リース期間の変更（52項参照）	改定後の割引率	使用権資産を調整する（使用権資産の帳簿価額がゼロまで減額された場合は、残りの差額は純損益に認識する）
購入オプション行使の判定の変更		
残価保証により支払われる金額の見積りの変更	当初認識時点の割引率（リース料の変動が変動金利により生じる場合は、改定後の割引率）	
将来分の指数またはレートの変動に基づく変動リース料の変更／実質固定化		

58 セール・アンド・リースバック

リースバックしている期間に対応する収益は認識しない

●セール・アンド・リースバック

企業が他の企業に資産を移転し、その資産をリースバックする場合は、当該資産の移転がＩＦＲＳ第15号「顧客との契約から生じる収益」のもとでの「売却（セール）」に該当するかを検討します。

当該資産の移転が売却処理すべきものでない場合には、リースの借手および貸手は、当該取引を金融取引として会計処理します。

当該資産の移転が売却処理すべきものである場合には、借手および貸手は当該取引を資産の売却（購入）とリース取引の組み合わせとして取り扱います。この場合、売手（リースの借手）は、資産の売却後もリースバック期間においては、借手として当該資産の使用を支配し続けることになります。このため、売手（リースの借手）が資産の売却時に認識できる売却損益は、リースバックされていない期間に対応する売却損益部分のみとなります。

リースバック期間に対応する売却損益部分については、一時に損益計上するのではなく、売手（リースの借手）がリースバックに関して認識する使用権資産の一部に含まれ、使用権資産の減価償却を通じて認識されていくことになります。

なお、売却価額と原資産の公正価値とが異なる場合や、支払リース料が市場レートと異なる場合には、前払リース料または貸手から借手への追加的な融資として調整を行います。

●日本基準との比較

日本基準の新リース会計基準では、次のいずれかに該当する場合、資産の譲渡とリースバックを金融取引として会計処理することとされており、この点ＩＦＲＳ会計基準と類似した取扱いとなっています。

・資産の譲渡が収益認識基準等により資産の売却に該当しない場合

・リースバックにより売手（リースの借手）が資産の経済的利益のほとんどすべてを享受でき、かつ資産の使用に伴って生じるコストのほとんどすべてを負担する、いわゆるフルペイアウトのリースバックを伴う場合

ただし、日本基準の新リース会計基準では、これらの金融取引として会計処理する場合のいずれかに該当しないケースでは、常に原資産の帳簿価額と売却価額の差額全額を売却損益に認識することとされており、この点においてIFRS会計基準と大きく異なります。

セール・アンド・リースバックの概要

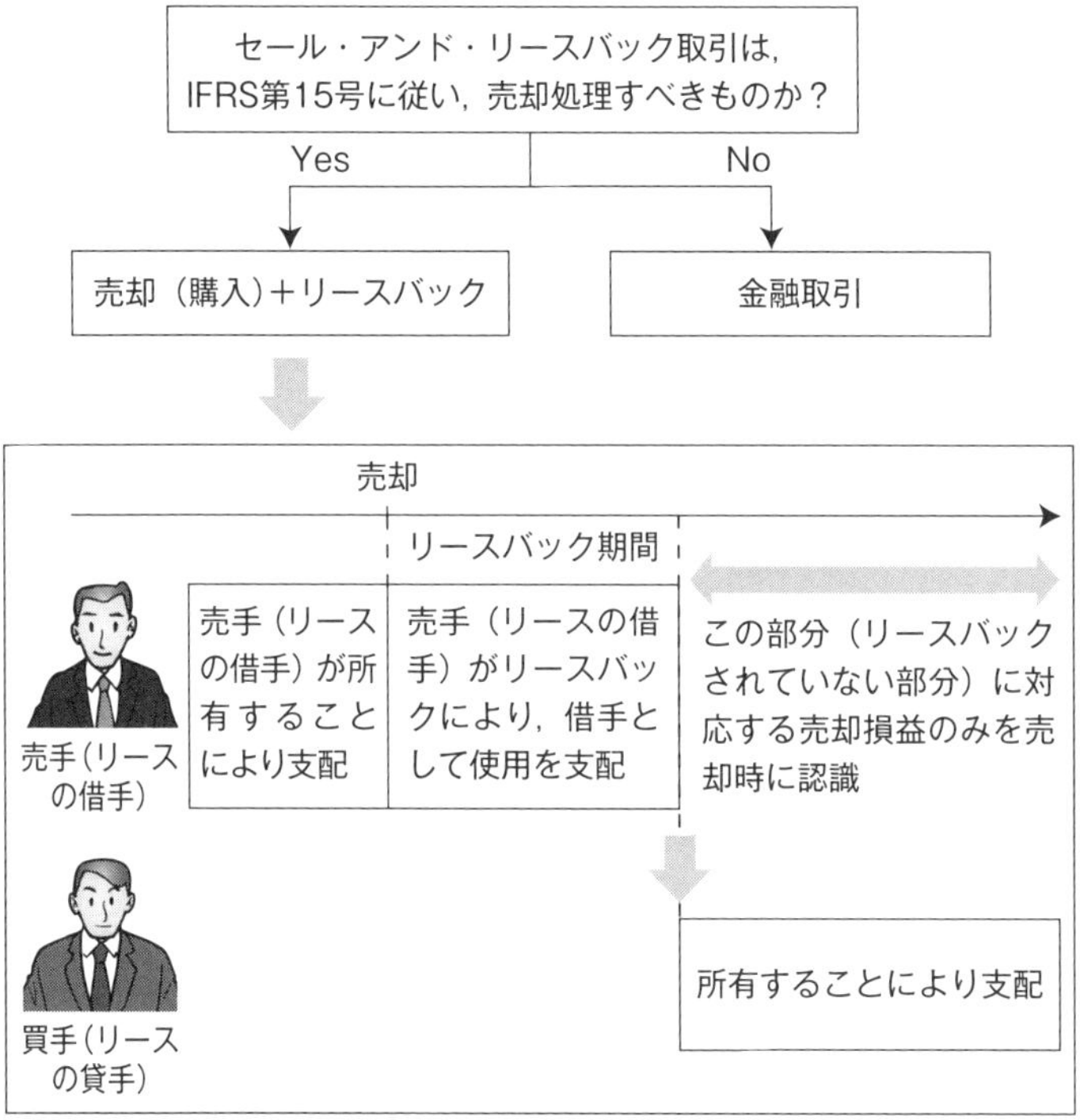

売却に該当する場合の売却損益算定のイメージ

売却時に認識する売却損益 ＝ （原資産の公正価値）−（原資産の帳簿価額） × $\frac{\text{（原資産の公正価値）−（リースバックにかかる支払リース料の現在価値）}}{\text{原資産の公正価値}}$

使用権資産 ＝ 原資産の帳簿価額 × $\frac{\text{リースバックにかかる支払リース料の現在価値}}{\text{原資産の公正価値}}$

リースバック期間に対応する売却損益は，リースバックに関して認識する使用権資産の一部に含まれ，減価償却を通じて認識されていく

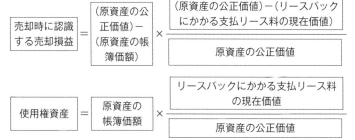

コラム

リース契約でなくてもリース会計の対象となるケースがある！

企業自身が所有していない資産を利用するための契約には，さまざまな契約の形態があり，その名称も１つではありません。IFRS第16号においては，契約の名称ではなく，契約の実質を検討することにより，契約がリース契約（またはリースを含む契約）であるかどうかを判断することが求められます（51項参照）。その結果，契約の名称からはリースに該当しないと思われるような取引についてもIFRS第16号が適用される可能性があります。また，見かけ上は同様の取引であったとしても，その内容（契約上，資産が特定されているか，顧客が当該資産からの残りの便益のほとんどすべてを享受し，かつ資産の使用を指図する権利を有しているか）によって，リースまたはリースを含む契約であると判断されるケースもあれば，そうでないケースもあると考えられます。

例えば，光ファイバーケーブルによるデータ通信契約を考えます。仮に，当該光ファイバーケーブルが契約上で特定されており，顧客がその光ファイバーケーブルを独占的に使用することができ（すなわち，便益のほとんどすべてを享受），かつどのようなデータをいつ，どれだけ当該光ファイバーケーブルを使って通信するかを顧客が決められる（使用方法および使用目的についての意思決定が可能）場合には，当該契約は光ファイバーケーブルのリースを含んでいると考えられます。これに対して，同じく光ファイバーケーブルによるデータ通信契約であったとしても，契約上は通信するデータ容量が定められているのみであり，使用する光ファイバーケーブルが特定されていない場合や，顧客が光ファイバーケーブルの使用目的および使用方法について意思決定することができない場合には，当該契約には光ファイバーケーブルのリースは含まれていないと考えられます。

IFRS第16号の設例においては，先述の光ファイバーケーブルのほか，車両や小売スペース，船舶，飛行機，太陽光発電所，シャツ製造工場等を例として，リースか否かを識別するための考え方が説明されています。

ある取引がリースなのか，または一定の期間にわたる供給契約やサービス提供契約なのか。ケースによっては，実務上，難しい判断が求められる可能性があります。

第7章 金融商品と外貨換算

59

金融商品の定義と分類

日本基準に比べ公正価値で測定する金融資産が多い

●金融商品の定義

　ＩＦＲＳ会計基準において金融商品とは、一方の企業にとって金融資産を、他の企業にとって金融負債または資本性金融商品の、双方を生じさせる契約をいいます。

金融資産は、現金、売掛金、有価証券および貸付金など、金融負債は買掛金、社債および借入金など、また、資本性金融商品は普通株式などが該当します。

●金融資産の分類

　日本基準では、金融資産を債権と有価証券に分類し、有価証券をさらに、その保有目的を勘案して「売買目的有価証券」、「満期保有目的の債券」、「子会社株式および関連会社株式」、「その他有価証券」に分類します。

　これに対してＩＦＲＳ会計基準では、ビジネスモデルとキャッシュ・フローの特性（これらについては、60項参照）の両方を勘案することにより、金融資産を次のように分類します。

①　純損益を通じて公正価値で測定する金融資産（ＦＶＴＰＬ）

②　その他の包括利益を通じて公正価値で測定する金融資産（ＦＶＴＯＣＩ）

③　償却原価で測定する金融資産

また、分類の例外として以下の選択可能なオプションが認められています。これらはいずれも当初認識時に指定する必要があり、その後指定を取り消すことはできません。

・公正価値オプション……上記の②または③に分類される金融資産について、会計上のミスマッチの解消または大幅削減ができる場合、①に分類することを認めるオプション

・株式等の資本性金融商品のＦＶＴＯＣＩオプション……本来は①に分類される資本性金融商品のうち売買目的でないものについて、その他の包括利益を通

じて公正価値で測定することを認めるオプション

●金融負債の分類

金融負債は原則償却原価で測定されます。ただし、デリバティブなどの一部の金融負債は純損益を通じて公正価値で測定されます。また、分類の例外として一定の要件を満たした場合、公正価値オプションの選択も認められます。

金融商品の分類および測定の概要

（1）金融資産

分類※1	測定
純損益を通じて公正価値で測定する金融資産（FVTPL）	公正価値
その他の包括利益を通じて公正価値で測定する金融資産（FVTOCI ※2）	
償却原価で測定する金融資産（※2）	償却原価

（2）金融負債

分類※1	測定
償却原価で測定する金融負債	償却原価
純損益を通じて公正価値で測定する金融負債（FVTPL ※3）	公正価値

※1　分類の例外のオプションは含めていない。
※2　分類方法については，60項参照。
※3　公正価値で測定する金融負債の主な例としては，デリバティブが挙げられる。

60

金融資産の分類と測定の会計処理

ビジネスモデルおよびキャッシュ・フローの特性により測定が変わる

59項の記載のとおり、IFRS会計基準では、金融資産はビジネスモデルとキャッシュ・フローの特性に基づいて分類を行います。

●ビジネスモデル要件

IFRS第9号「金融商品」における「ビジネスモデル」とは、金融資産からのキャッシュ・フローを得るために、企業がその金融資産を、例えば保有するポートフォリオ等のレベルにおいてどのように管理しているかを表す言葉として用いられています。個々の金融資産の保有目的を指しているわけではない点に留意が必要です。

金融資産のビジネルモデルは、次の3つに分けることができます。

・ビジネスモデルA…契約上のキャッシュ・フローの回収を目的としている場合
・ビジネスモデルB…契約上のキャッシュ・フローの回収と売却の両方を目的としている場合
・その他…上記以外

●キャッシュ・フロー要件

キャッシュ・フロー要件とは、金融資産の契約上のキャッシュ・フローが元本と利息のみで構成されていることを確認するための要件です。元本は金融資産の当初認識時の公正価値であり、利息には、貨幣の時間価値、信用リスクや、流動性リスクの対価等が含まれます。

●金融資産の分類

① ビジネスモデルAおよびキャッシュ・フロー要件をともに満たす金融資産…償却原価で測定
② ビジネスモデルBおよびキャッシュ・フロー要件をともに満たす金融資産…その他の包括利益を通じて公正価値で測定（FVTOCI）
③ ①、②いずれにも該当しない金融資産…公正価値で測定し、その変動額は純損益に計上（FVTPL）

ただし、59項に記載のとおり、例外規定として公正価値オプションおよび株式等の資本性金融商品のＦＶＴＯＣＩオプションがあります。

●日本基準との比較

日本基準は、法的形式や保有目的等を考慮し金融資産を分類し、分類ごとに会計処理が定められています。一方、ＩＦＲＳ会計基準では、ビジネスモデル要件とキャッシュ・フロー要件に基づいて分類し、分類ごとに会計処理が定められています。両基準の差異の1つに非上場株式の会計処理があります。日本基準では原則期末に時価評価されることはありませんが、ＩＦＲＳ会計基準では上場株式と同様に公正価値で測定されます。

IFRS第９号の適用範囲の金融資産

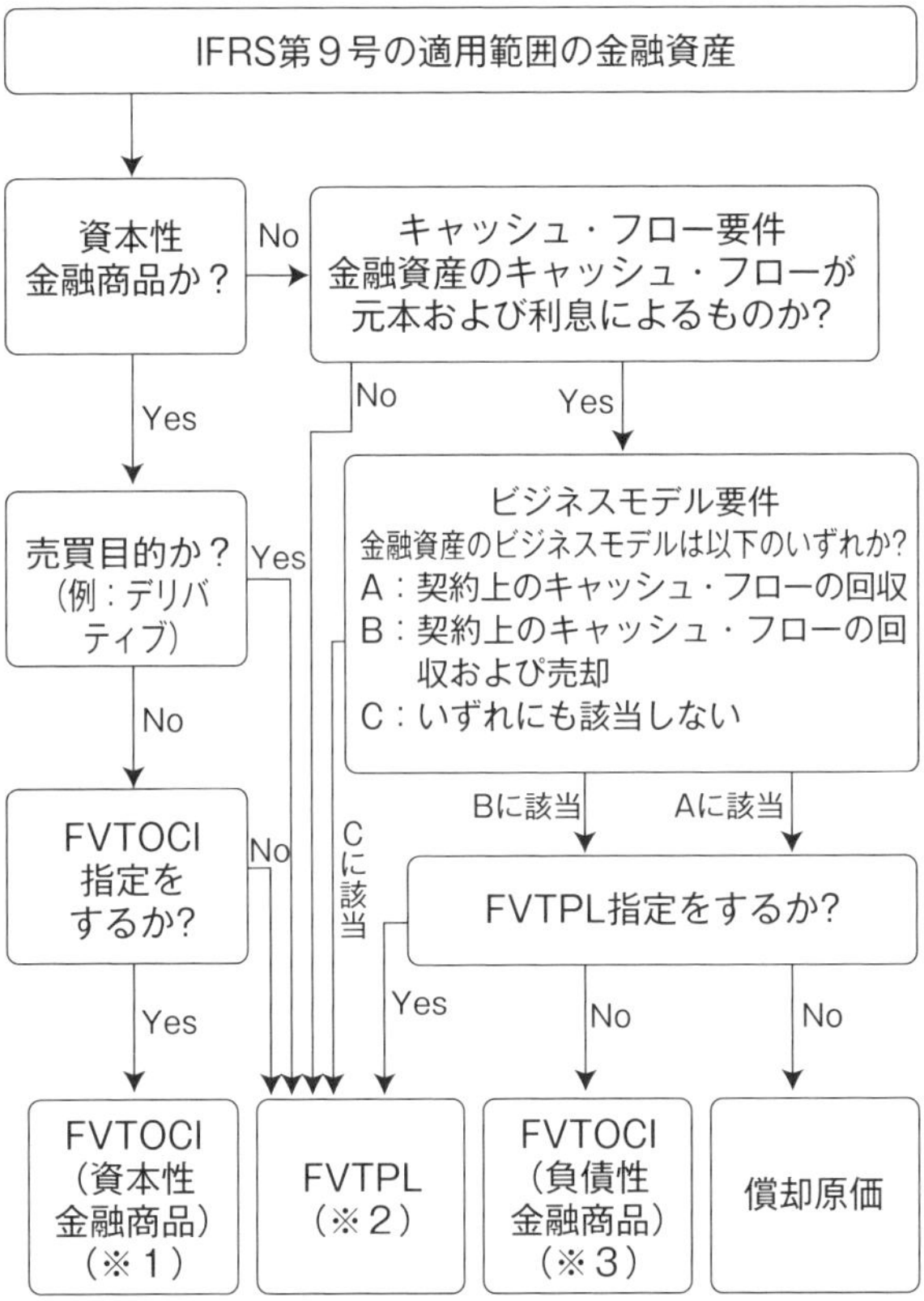

※１　公正価値の変動による利得および損失はその他の包括利益を通じて認識する。配当は純損益を通じて認識する。利得および損失の累計額は、金融資産の認識が中止されてもその他の包括利益から純損益に振り替えない。
※２　公正価値の変動は純損益を通じて認識する。利息や配当は純損益を通じて認識する。
※３　利息収益は実効金利法により純損益を通じて認識する。公正価値の変動による利得または損失はその他の包括利益を通じて認識する。利得および損失の累計額は、金融資産の認識が中止された時にその他の包括利益から純損益に振り替える。

61

金融資産の認識と認識の中止

金融資産のオフバランスはリスクと経済価値の移転を評価する

●金融資産の認識

企業は、原則として金融資産の購入契約などの契約の当事者となった時点で金融資産を認識します。そのため、購入契約の締結日と決済日（受渡日）が異なる場合、購入契約の締結日に先渡契約としてデリバティブ（64項参照）を認識することになります。ただし、通常の方法による売買が行われた場合は、実務上の煩雑さの回避のために、購入した金融資産を、購入契約の締結日に認識すること（取引日基準）と決済日に金融資産を認識すること（決済日基準）のいずれかを、会計方針として選択することができます。

決済日基準を採用した場合、取引日から決済日までの間、企業は金融資産を認識しませんが、その金融資産が公正価値で測定するものである場合には、その期間の公正価値の変動を財務諸表に認識します。

金融資産の認識時点については、日本基準と大きな相違はありません。

●金融資産の認識の中止

ＩＦＲＳ会計基準では、金融資産のリスクと経済価値のほとんどすべてを移転した場合に認識を中止します。リスクと経済価値のほとんどすべてを移転しているかわからない場合には、金融資産に対する支配の有無を判断し、支配がない場合には認識の中止が行われます（リスク経済価値アプローチに支配の概念を取り入れた、混合アプローチ）。支配の有無は、金融資産の譲受人がその資産を制限なしに実質的に売却することができるかどうかで判断します。

ＩＦＲＳ会計基準では、認識の中止を判断する対象は原則として金融資産全体ですが、日本基準では金融資産の財務構成要素ごとの支配の移転に基づき判断を行います（財務構成要素アプローチ）。そのため、金融資産の流動化の際に譲渡人が劣後部分を保有することにより、一定の回収不能額を負担するような場合には、日本基準とは認識の中止の判断が異なる可能性があります。IFRS会計基準では劣後部分が負担するリスクの程度によっては、譲渡資産のリスクと経済価値のほとんどすべてが移転しているとはいえないと判断され、譲渡資産全体の認識が中止できないことがあります。これに対し、日本基準では、構成要素である優先部分と劣後部分に分解して認識の中止を判断するため、劣後部分の認識を中止できなくても、優先部分の認識を中止すると結論づけられることがあります。

金融資産の認識のタイミング

原則	通常の方法による売買*
金融資産の購入契約などの契約の当事者となった場合に契約に基づく金融商品を認識	いずれかを会計方針として決定 取引日基準 → 取引日に資産を認識 決済日基準 → 決済日に資産を認識

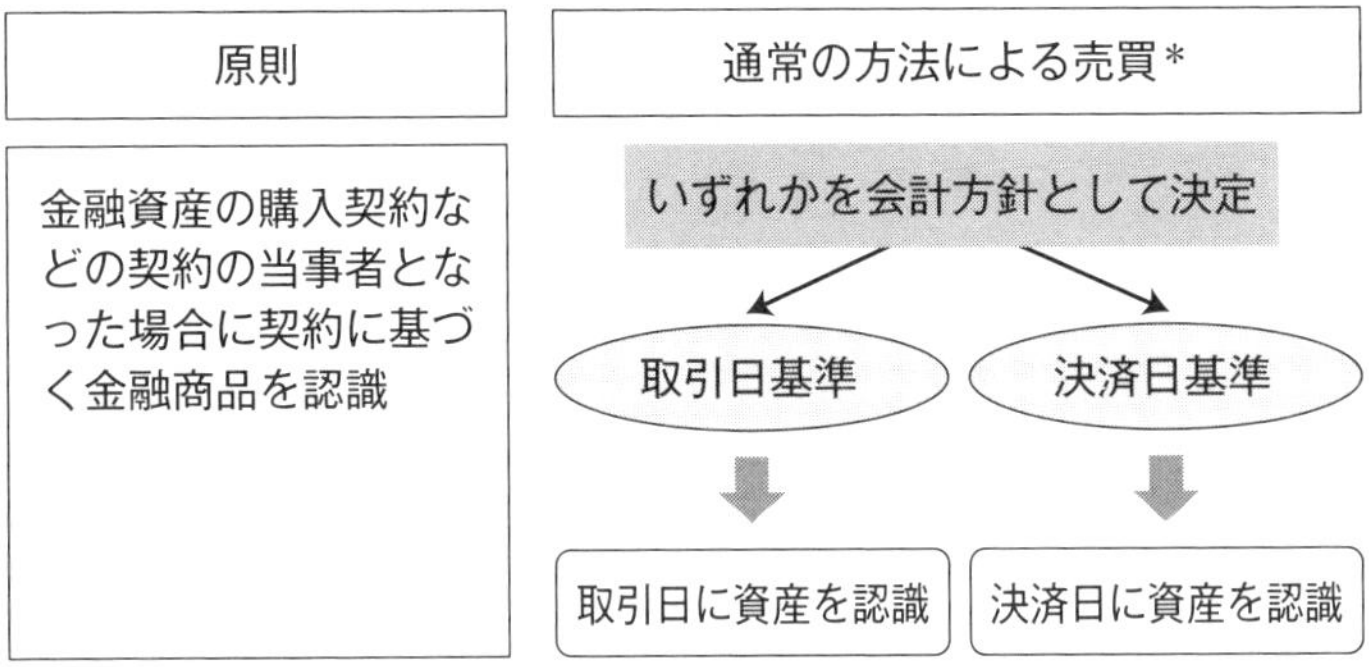

＊関連する市場の規則や慣行によって一般に設定されている期間内で，金融資産の引渡しが契約上求められる売買

金融資産の認識の中止の事例

① 事業会社は販売先に商品を掛けで販売した。
② 事業会社は売掛金に信託設定し，信託受益権を受け取る。信託受益権は優先受益権と劣後受益権に分割されている。販売先に貸倒れが生じた場合は，劣後受益権がまず負担する。負担額は劣後受益権の範囲にとどまると見込まれる。
③ 事業会社は金融機関に優先受益権を売却するが，劣後受益権は売却せず保有し続ける。劣後受益権が負っている貸倒額の負担義務により，売掛金のほとんどすべてのリスクと経済価値は金融機関に移転しているとはいえない。

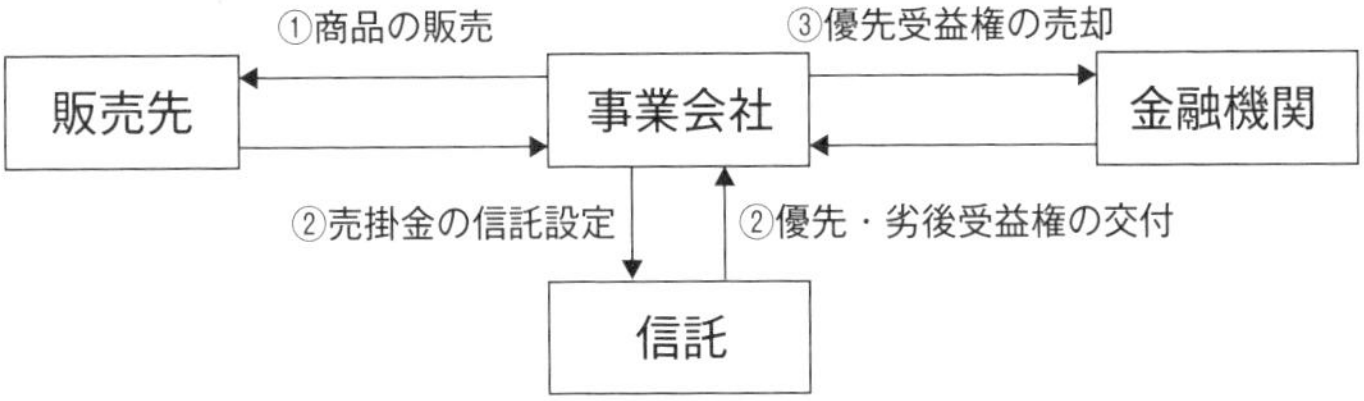

IFRS会計基準	日本基準
事業会社が売掛金の回収不能リスクを負っており，売掛金のリスクと経済価値のほとんどすべてが移転しているとはいえないので，売掛金の認識の中止はできない。	優先受益権の支配が移転していると判断された場合，優先受益権相当額の売掛金の認識を中止する。劣後受益権相当額は，事業会社が保有し続けているため，通常支配は移転せず認識の中止はできない。

62

金融資産の減損モデル

過去の実績だけではなく将来の予測を予想信用損失に反映する

●減損モデルの概要

ＩＦＲＳ会計基準では、減損損失を予想信用損失モデルによって認識します。予想信用損失モデルとは、損失事象の発生の有無にかかわらず、信用リスクの変化を取り込み、将来情報を考慮した予想により信用損失を見積る方法です。また、信用損失とは、金融資産の契約上のキャッシュ・フローと、受け取ることが見込まれるキャッシュ・フローとの差額を、当初の実効金利で割り引いたものをいいます。

予想信用損失モデルでは、金融資産を３つのステージに分けて、各ステージごとに予想信用損失を見積ります（詳細は63項参照）。ただし、営業債権、契約資産およびリース債権については、単純化されたアプローチが適用されます。重要な金融要素を含まない営業債権および契約資産は、ステージ判定をせずに常に残存期間にわたる予想信用損失を見積ります。重要な金融要素を含む営業債権および契約資産、ならびにリース債権は、会計方針により以下のいずれかを選択します。

・原則どおり３つのステージに基づく予想信用損失
・残存期間にわたる予想信用損失

なお、リース債権に関しては、ファイナンス・リース債権とオペレーティング・リース債権のそれぞれについて別の会計方針を適用することができます。

●ＩＦＲＳ第９号の減損規定の適用範囲

ＩＦＲＳ第９号の減損規定は、貸付金などの償却原価で測定される金融資産、その他の包括利益を通じて公正価値で測定する負債性金融商品、リース債権、契約資産などに適用されます。ＩＦＲＳ第９号の減損は、公正価値が取得原価を下回ることに対して引き当てるものではなく、前述のとおり契約上のキャッシュ・フローの回収可能性に着目します。そのため、ＦＶＴＯＣＩに分類される債券等の負債性金融商品の公正価値が取得価額を上回っていたとしても、減損損失が計上される可能性があります。一方、株式等の資本性金融商品は、契約上のキャッシュ・フローが存在しないため、減損規定の対象外となります。

予想信用損失モデル

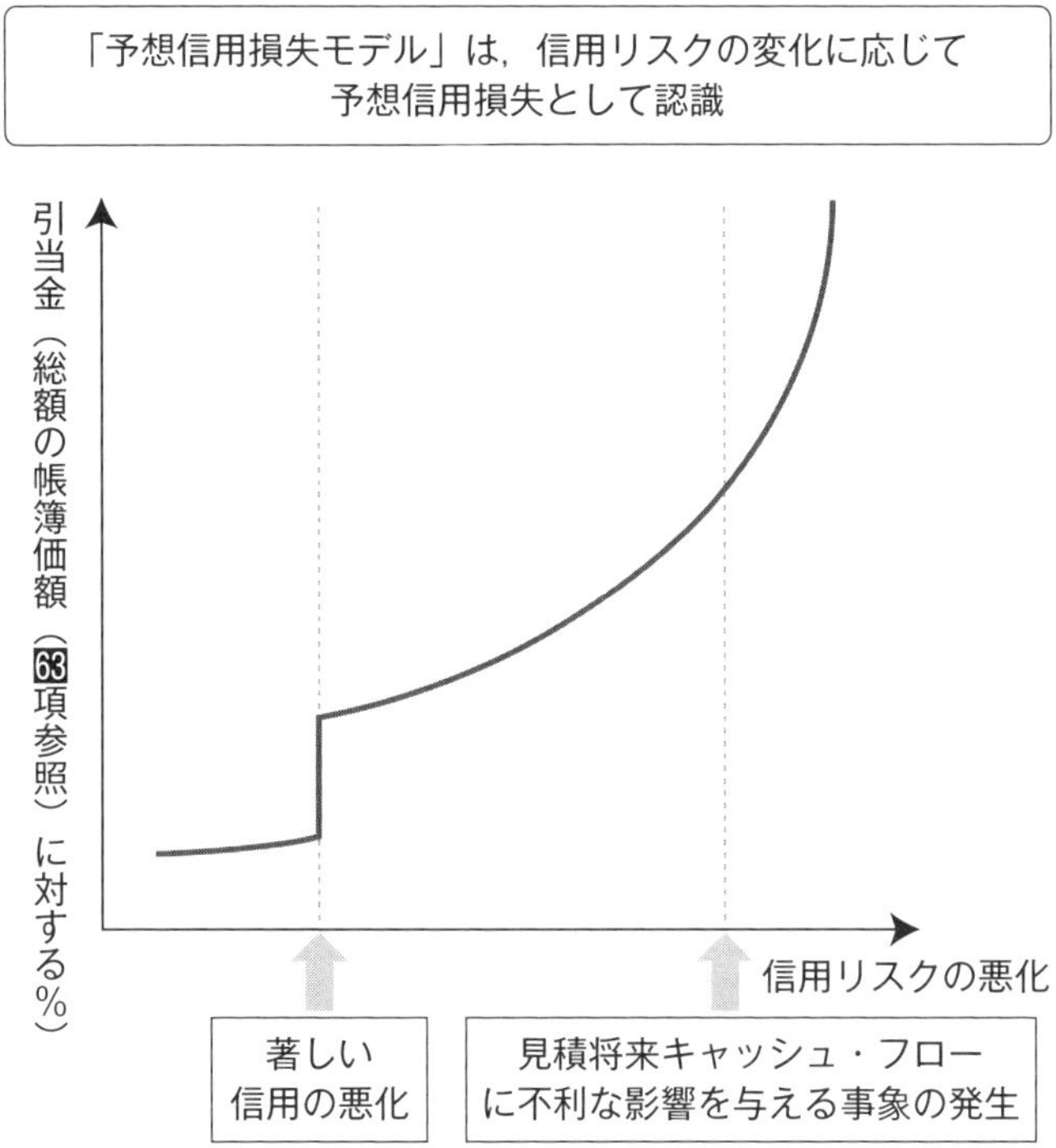

単純化されたアプローチ

金融資産の種類		損失評価引当金の測定
営業債権 契約資産	重要な金融要素を含まない	残存期間にわたる予想信用損失
	重要な金融要素を含む	以下を会計方針として選択 ・原則どおり3つのステージに基づく予想信用損失 ・残存期間にわたる予想信用損失
リース債権		

63 金融資産の減損処理

信用リスクの悪化に応じた減損損失を認識する

●予想信用損失の測定

　ＩＦＲＳ会計基準では、減損規定の対象となる金融資産を原則として信用リスクの悪化の程度により3つのステージに分類したうえで、予想信用損失を見積り、減損損失を認識します。なお、ＩＦＲＳ会計基準では損失評価引当金を控除した帳簿価額のことを「償却原価」といい、損失評価引当金を控除する前の帳簿価額を「総額の帳簿価額」といいます。ステージ間移動のトリガーは、信用リスクの著しい増加と見積将来キャッシュ・フローに不利な影響を与える事象の発生です。

(1)　ステージ1

　報告日の信用リスクが取得時から著しく増加していない金融資産は、ステージ1に分類されます。また、投資適格に該当する債券のように、報告日における信用リスクが低い場合も、ステージ1に区分することが認められています。ステージ1の金融資産については、今後12か月以内の損失事象の発生によって生じる残存期間にわたる予想信用損失（12か月の予想信用損失）を見積り、減損損失を認識します。

(2)　ステージ2

　報告日の信用リスクが取得時から著しく増加している金融資産は、ステージ2に分類されます。例えば、契約で定められた支払期限を30日超経過している債権などがこれに該当すると推定されます。これらの金融資産に対しては、残存期間にわたる損失事象の発生によって生じる予想信用損失（残存期間にわたる予想信用損失）を見積ります。利息については、総額の帳簿価額に実効金利を乗じて算出します。

(3)　ステージ3

　報告日の信用リスクが取得時から著しく増加し、かつ見積将来キャッシュ・フローに不利な影響を与える事象（例：借手の債務不履行、破産等）が発生した金融資産

関連基準▶IFRS第９号

は、ステージ3に分類されます。これらの金融資産については、ステージ2と同様に残存期間にわたる予想信用損失を見積ります。利息については、償却原価に実効金利を乗じて算出します。

減損モデルの概要

	ステージ1
損失評価引当金の算定方法	12か月の予想信用損失
利息の算定方法	実効金利×総額での帳簿価額

信用リスクの著しい悪化

↓

	ステージ2
損失評価引当金の算定方法	残存期間にわたる予想信用損失
利息の算定方法	ステージ1と同じ

見積将来キャッシュ・フローに不利な影響を与える事象の発生

↓

	ステージ3
損失評価引当金の算定方法	残存期間にわたる予想信用損失
利息の算定方法	実効金利×償却原価

64 デリバティブ

日本基準に比べてその範囲が広い

●デリバティブの定義とその会計処理

一般に、金利スワップ、為替予約などの金融派生商品がデリバティブに含まれます。ただし、ＩＦＲＳ会計基準と日本基準では、デリバティブに該当する金融商品に差が生じることがあります。その主な理由として、日本基準におけるデリバティブの特徴に純額決済が可能であることが言及されているのに対して、ＩＦＲＳ会計基準では純額決済は要件とされていない点が挙げられます。このため、一般にＩＦＲＳ会計基準のデリバティブの範囲は、日本基準よりも広くなると考えられます。例えば、非上場株式の購入オプション取引は、日本基準では現物決済された場合、受け取った株式をただちに売却できないことから純額決済の特徴を満たさずデリバティブに該当しないと思われますが、ＩＦＲＳ会計基準ではデリバティブに該当します。

デリバティブは公正価値で測定し、その変動額は純損益に計上します（59項参照。ヘッジ手段となる場合は65項参照）。この点は、日本基準も同様です。

●組込デリバティブとその会計処理

デリバティブは単独の金融商品として取引されることもありますが、主契約である他の契約に含まれて取引されることもあります。他の金融商品に組み込まれたデリバティブを組込デリバティブと呼びます。例えば、転換社債に関しては、社債が主契約、株式転換権が組込デリバティブに該当します。

主契約が金融資産の場合、ＩＦＲＳ会計基準では、主契約と組込デリバティブを区分処理せず一体として会計処理します。一方、日本基準では、特定の要件を満たした場合には、主契約と組込デリバティブを区分しなければならない場合があります。主契約が金融資産以外の場合、両基準ともに特定の要件を満たした場合は、組込デリバティブと主契約を区分する会計処理が要求されますが、その要件が異なります。IFRS会計基準では、組込デリバティブの経済的特徴およびリスクが、主契約と密接に関連しないことが要件の1つになっているのに対し、日本基準では、金融商品の性質により会計処理の定めが異なります。例えば利息が株価に変動する社債のような金融商品の場合には、組込デリバティブのリスクが主契約に及ぶ可能性があることが要件の1つとなっています。

デリバティブの定義

下記定義または特徴を満たすものが，デリバティブとして取り扱われる。

IFRS会計基準におけるデリバティブの定義

デリバティブの価値が，基礎数値※の変動に応じて変動する	＋	当初の純投資が小さい	＋	将来の特定の日に決済される
↕差異なし		↕差異なし		↕差異あり

日本基準におけるデリバティブの特徴

デリバティブの価値が，基礎数値※の変動に応じて変動する	＋	当初の純投資をほとんど必要としない	＋	純額決済が要求または容認される。または，純額決済と実質的に異ならない状態である

※　基礎数値とは，金利，為替レート等である。

IFRS第9号の組込デリバティブの会計処理

主契約が金融資産	主契約が金融負債等
↓	↓
組込デリバティブの区分処理不要	特定の要件※を満たした場合組込デリバティブの区分処理必要

※　以下のすべての要件を満たす場合，区分して会計処理

- 組込デリバティブの経済的特徴とリスクが，主契約と密接に関連していないこと
- 組込デリバティブが，デリバティブの定義を満たすこと
- 混合契約全体を公正価値で測定し，その変動額を純損益に計上するものでないこと

65 ヘッジ会計

日本基準上の金利スワップの特例処理は認められない

●ヘッジ会計の概要

企業は、経済活動を通じてさまざまなリスクに晒されており、それらのリスクの軽減を目的としてヘッジ取引を行うことがあります。こうした企業のヘッジ活動を財務諸表に適切に反映するための会計処理がヘッジ会計です。

ヘッジ会計が認められるヘッジ関係としては、公正価値ヘッジおよびキャッシュ・フロー・ヘッジ等があります。例えば、固定金利貸付金に対して金利スワップ（変動受／固定払）を締結した場合、両者を組み合わせると実質的に変動金利貸付金となり、市場金利の変動に対してその公正価値が変動しないので、公正価値ヘッジとなります。この場合の固定金利貸付金をヘッジ対象、金利スワップをヘッジ手段と呼びます。一方、変動金利の貸付金に対して金利スワップ（固定受／変動払）を締結した場合、実質的に固定金利貸付金となり、キャッシュ・フローが固定するのでキャッシュ・フロー・ヘッジとなります。

ヘッジ会計を適用するためには、ＩＦＲＳ会計基準上適格なヘッジ手段およびヘッジ対象であること、ヘッジ関係の開始時に企業のリスク管理戦略およびリスク管理目的等が文書化されていること、有効性の要件を満たすこと等が必要です。日本基準で認められている金利スワップの特例処理および為替予約等に係る振当処理は、ＩＦＲＳ会計基準では認められません。

●ヘッジ関係の会計処理

公正価値ヘッジを適用する場合は、ヘッジ手段を公正価値で測定し、その変動額を純損益に計上します。ヘッジ対象については、ヘッジされたリスクに起因するヘッジ対象の公正価値の変動額を純損益に計上します。前述の例の場合、金利スワップの公正価値変動額が純損益に計上されるとともに、市場金利の変動による固定金利貸

関連基準▶IFRS第９号／IAS第39号

付金の公正価値変動額も純損益に計上されます。固定金利貸付金の信用リスク等他のリスクによる公正価値変動額については認識しません。

キャッシュ・フロー・ヘッジを適用する場合は、ヘッジ手段は公正価値で測定しますが、その変動額のうち、ヘッジが有効な部分はその他の包括利益を通じて資本の内訳項目に、ヘッジが有効でない部分は純損益に計上します。また、公正価値ヘッジと異なり、ヘッジ対象は、ヘッジ対象本来の会計処理を継続します。

ヘッジ取引の会計処理例

①公正価値ヘッジ

	ヘッジ対象	ヘッジ手段
対象金融商品	固定金利貸付金	金利スワップ (変動受/固定払)
会計処理	市場金利の変動による貸付金の公正価値の変動額を純損益に計上する。	公正価値で測定し，その変動額を純損益に計上する。

②キャッシュ・フロー・ヘッジ

	ヘッジ対象	ヘッジ手段
対象金融商品	変動金利貸付金	金利スワップ (固定受/変動払)
会計処理	ヘッジ対象本来の会計処理	公正価値で測定し，変動額について次のように処理する。 ・ヘッジが有効な部分 その他の包括利益を通じて資本の内訳項目に計上 ・ヘッジが有効でない部分 純損益に計上 資本の内訳項目に繰り延べられた金額は，ヘッジ対象の変動利息が純損益に計上される時に，その他の包括利益を通じて純損益に計上し直す。

日本基準の特例処理および振当処理に係るIFRS会計基準上の取扱い

日本基準
- 金利スワップの特例処理
- 為替予約の振当処理

IFRS 会計基準

規定されておらず認められない

66

負債と資本

株式を発行しても負債に計上される場合がある

●負債と資本

企業の資金調達方法には、借入れ、社債発行、優先および普通株式の発行等のさまざまな方法があります。日本基準では、これらを、原則として法的形式に基づき負債と資本に分類しますが、IFRS会計基準では、契約の実質に基づき金融負債・資本性金融商品の定義に従って分類します。そのため、日本基準とIFRS会計基準では負債と資本の分類が異なる可能性があります。

特に、優先株式や永久劣後債のような金融商品を発行する場合は、負債と資本の分類に関して慎重な検討が必要です。

●発行者の観点から資本性金融商品となる場合は？

IFRS会計基準では、負債と資本の分類に関して詳細な規定があるため、関連規定を慎重に検討することが必要です。

金融商品が、①現金または他の金融資産を引き渡す契約上の義務を含む、または②自らの資本性金融商品の可変数で決済される（または、その可能性がある）、のいずれかに該当する場合は、一般に金融負債に分類されます。したがって、自社が発行する金融商品を資本とするためには、前述の①と②のいずれの特徴も有していないことが必要です。

例えば、企業が株式を発行し、その株式に、償還義務や買取義務が契約上付されているケースでは、企業は現金または他の金融資産を引き渡す契約上の義務を含む金融商品を発行していることになります。また、普通株式に転換可能な優先株式で、当該優先株式1株と交換する普通株式数が、交換時の株価によって決定されるケースでは、企業は金融商品を自己の株式の可変数で決済することになります。このような場合には、発行者側としては株式という法的形式の資本を発行したつもりであっても、金融負債に計上することになります。

関連基準▶IAS第32号

負債と資本の分類

現金または他の金融資産を引き渡す契約上の義務があるかを検討する際にポイントとなるのは、企業がこのような義務を何らかの方法で回避できるか、という点です。

たとえ支払の可能性が非常に低い場合であっても、その義務を回避できない場合には、資本に分類することはできません。

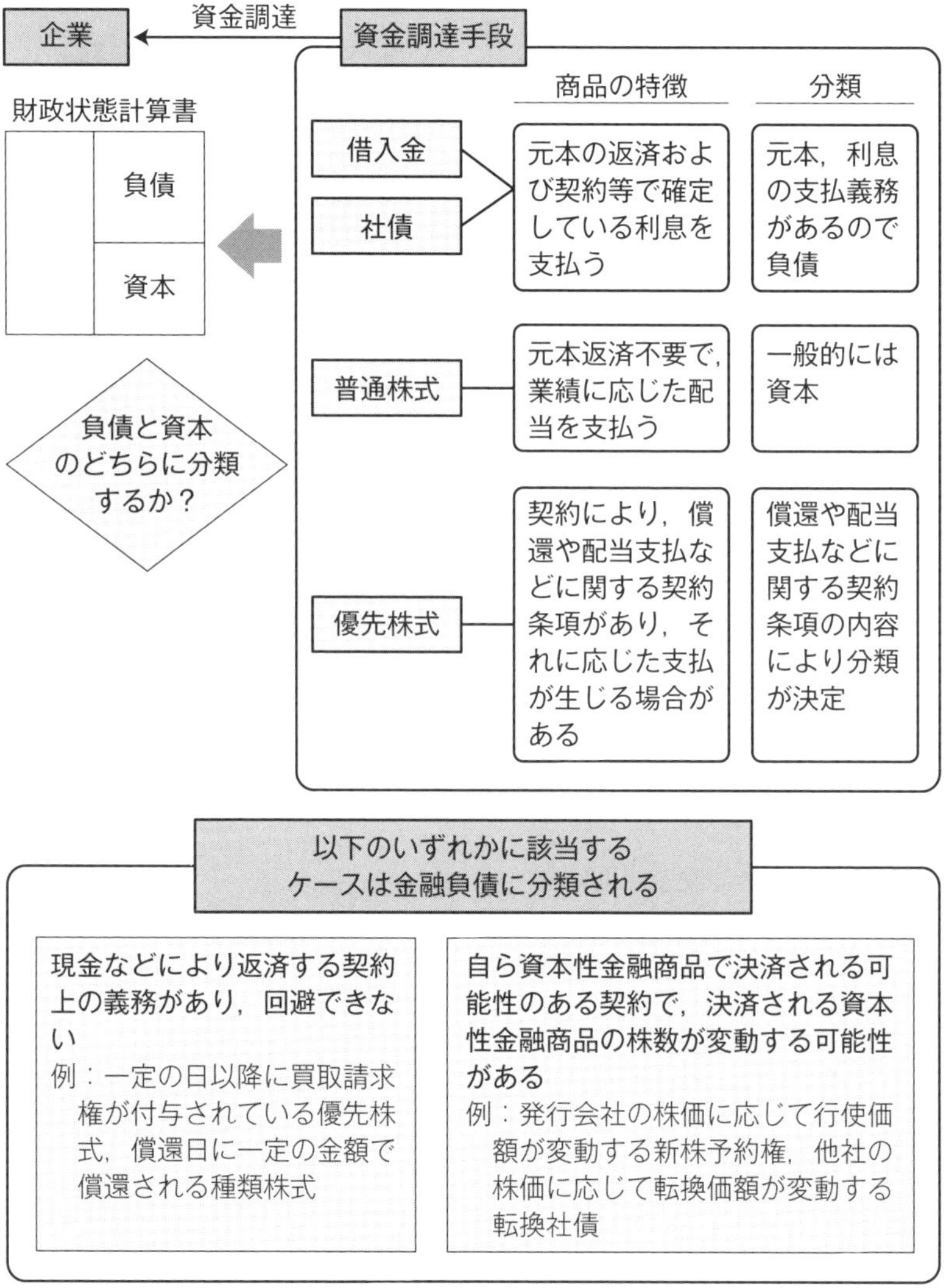

67

機能通貨および表示通貨

記帳通貨は必ずしも現地通貨とは限らない

●機能通貨および表示通貨の概念

　ＩＦＲＳ会計基準で外貨換算を行う場合は、まず、企業の機能通貨を決定することが必要です。

　機能通貨とは、企業が営業活動を行う主たる経済環境に関連する通貨です。例えば、アメリカに進出した子会社の機能通貨としては通常ドルと決定され、機能通貨と現地通貨が一致する場合が多いと考えられます。一方で、例えば東南アジアに進出した子会社で、通常の営業活動で使用する通貨の大半がドルである場合には、機能通貨がドルとなり現地通貨と異なるケースも考えられるため、留意が必要です。この機能通貨は、財やサービスの販売価格、材料費および労務費に与える影響などの事実と状況に基づいて決定されます。

　機能通貨とは別に、表示通貨という概念もあります。これは、財務諸表が表示される通貨のことです。日本企業は表示通貨を円にすることが一般的ですが、ＩＦＲＳ会計基準上は、任意の通貨を表示通貨とすることができます。

●機能通貨への換算方法

　すべての外貨建取引（機能通貨以外の通貨による取引）は、機能通貨に換算して記帳します。

　外貨建取引の当初認識時は、原則として取引日の為替レートで機能通貨に換算します。

　外貨建取引の期末における換算方法は、換算対象の外貨建資産および負債が貨幣性項目であるか否かにより異なります（左ページ上の図表参照）。例えば、換算対象が非貨幣性資産の有形固定資産であり、原価モデル（40項参照）を採用している場合には、期末の換算替えは行いません。一方、換算対象が有形固定資産ではなく売掛金などの貨幣性項目である場合には、決算日レートで換算し、換算差額は純損益に計上します。

●表示通貨への換算方法

企業の機能通貨と表示通貨が異なる場合には表示通貨への換算が必要です。

表示通貨への換算方法は次のとおりです。資産および負債は決算日レートにより換算します。収益および費用は、取引日の為替レート（または、取引日の為替レートに近似する場合には、期中平均レート）により換算します。資本取引（例：増資や配当）は、換算替えを行わないため、結果として関連する取引が行われた日の為替レートで換算されることになります。これらの換算の結果生じる為替差額は、その他の包括利益を通じて資本の内訳項目に計上します。

外貨建取引の機能通貨への換算方法

- 当初認識時における換算方法
  外貨建取引は，取引日の為替レートで換算する（取引日の為替レートに近似する場合には，一定期間の平均レートの使用も可）。
- 期末における換算方法

項目	決算時点での換算方法	為替差額の処理方法
貨幣性項目	決算日レートで換算	純損益に計上
非貨幣性項目	取得原価で測定されているもの ⇒取引日の為替レートで換算	—
	公正価値で再評価されているもの ⇒公正価値が決定された日の為替レートで換算	純損益に計上 ただし，非貨幣性項目の利益および損失をその他の包括利益に計上する場合は，為替差額もその他の包括利益に計上する※

売掛金，社債，年金以外の未払経費等

有形固定資産，のれん，株式等

※　固定資産に対して，再評価モデルを採用する場合や，FVTOCIオプションを適用した株式（59項参照）等が該当する

機能通貨および表示通貨

機能通貨	表示通貨
企業が営業活動を行う主たる通貨	財務諸表が表示される通貨

機能通貨決定の際に考慮する主な事項
以下の①，②の事項を③，④よりも優先的に考慮する
①売上に関する通貨
・財およびサービスにかかる販売価格に大きく影響を与える通貨
・ある特定国の競争力および規制により財およびサービスの販売価格を主に決定することになる場合の当該国の通貨
②コストに関する通貨
・材料費や労務費等に主に影響を与える通貨
③財務活動により資金が調達される通貨
・社債および株式の発行といった財務活動により資金が調達される通貨
④営業活動からの受取金額が通常，留保される通貨

68 在外営業活動体の換算

法的形式より実質判断により換算に使用する通貨が決まる

●在外営業活動体の定義

在外営業活動体とは、その活動が、報告企業と異なる国または通貨に基盤を置いているかまたは行われている報告企業の子会社、関連会社、ジョイント・ベンチャーまたは支店をいいます。

IFRS会計基準では支店か子会社かという法的形式にかかわらず、まず、当該在外営業活動体の実質的な活動内容に着目したうえで、親会社や本店とは異なる機能通貨を採用すべきか否かを検討します。このように、IFRS会計基準では在外営業活動体の活動の実質に基づいて分析が必要であることから、親会社と子会社、および本店と在外支店では機能通貨が異なることも考えられます。親会社や本店の機能通貨が表示通貨となることが多いため、在外営業活動体が、親会社等と異なる機能通貨を採用する場合には、当該在外営業活動体の財務諸表を表示通貨に換算する必要があります。

●在外営業活動体の財務諸表の換算

在外営業活動体の財務諸表の親会社等表示通貨への換算方法は、基本的に67項の機能通貨から表示通貨への換算方法と同様です。すなわち、資産および負債は決算日の為替レートで換算、費用および収益は各取引日の為替レート（または、取引日の為替レートに近似する場合は期中平均レート）で換算、資本取引は関連する取引日の為替レートで換算します（換算替なし）。

日本基準においても、在外子会社の資産および負債は、IFRS会計基準と同様、決算時の為替相場により円換算することとされています。しかし、収益および費用については、原則として期中平均相場により円換算とされているものの、決算時の為替相場で換算することも認められており、この点においてIFRS会計基準と異なっています。

IFRS会計基準上、表示通貨への換算過程で生じる

関連基準▶IAS第21号

為替差額は、その他の包括利益を通じて資本の内訳項目（為替換算調整勘定）に認識します。この為替換算調整勘定は、在外営業活動体が処分された時に取り崩されます。在外営業活動体の種類と処分の方法により左図のように会計処理が異なります。

在外営業活動体の範囲

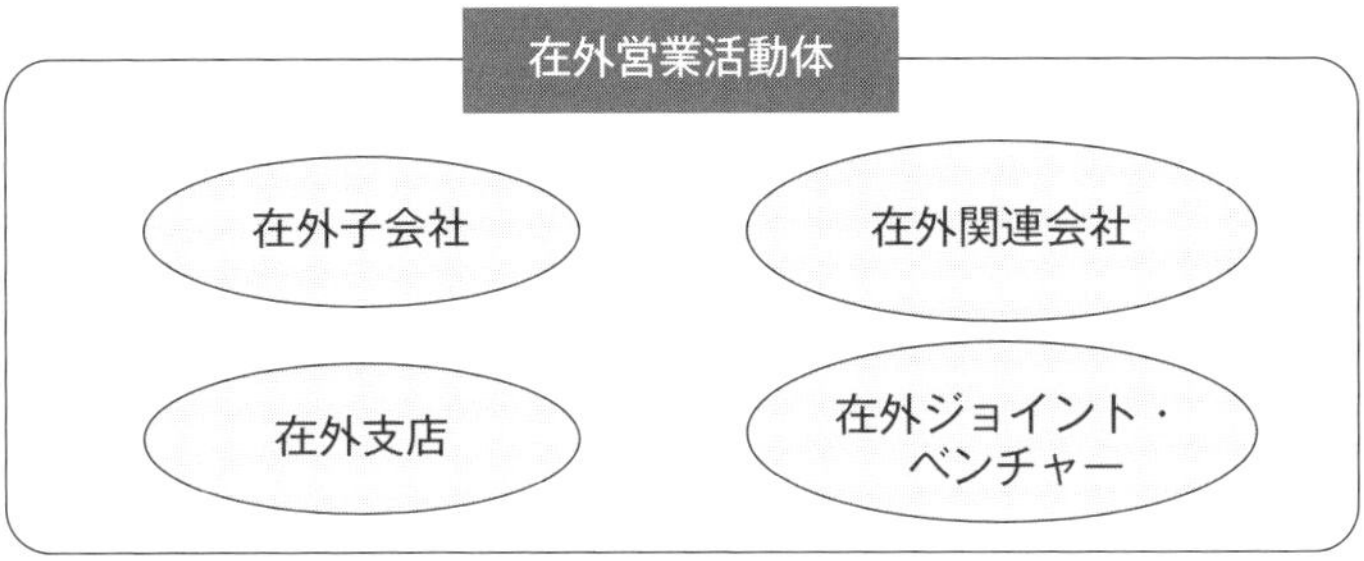

在外営業活動体の財務諸表の親会社等表示通貨への換算方法

	資産および負債	収益および費用	資本取引
為替レート	決算日レート	取引日レート または 期中平均レート	取引日レート
換算差額	その他の包括利益を通じて為替換算調整勘定に認識		

在外営業活動体の処分に関する会計処理

処分の種類	為替換算調整勘定の会計処理
以下のいずれかの場合 ・在外営業活動体に対する持分のすべてを処分した場合 ・部分的な処分により在外子会社に対する支配喪失した場合 ・部分的な処分により在外関連会社に対する重要な影響力または共同支配企業に対する共同支配を喪失した場合	為替換算調整勘定の全額をその他の包括利益を通じて純損益に振り替える
在外子会社に対する持分を処分したものの，その支配を喪失しなかった場合	為替換算調整勘定の比例割合を，非支配持分に振り替える
在外関連会社に対する重要な影響力または共同支配企業に対する共同支配を喪失していない場合	為替換算調整勘定の比例割合を，その他の包括利益を通じて純損益に振り替える

コラム

電力購入に関連する取引でデリバティブを認識？

近年，脱炭素社会の実現に向けて企業でもさまざまな取組みが行われています。その中で電力購入取引においても，太陽光や風力などの再生可能エネルギー電源により発電された電気が持つ環境価値を証書化した「非化石証書」を購入する取引も増加しています。そのような非化石証書を購入（もしくは売却）する契約の中には，IFRS会計基準においてデリバティブを認識することになる契約もあります。例えば，バーチャルPPA（VPPA）と呼ばれる方法で非化石証書を購入（もしくは売却）する契約がそれに該当します。VPPAとは，非化石証書を購入する企業（需要家）が，再生可能エネルギー電源により発電をする発電事業者（発電事業者）から，非化石証書のみを将来の一定の期間にわたり購入する仕組みをいいます。実際の電力は需要家と発電事業者とで受渡しせず，環境価値のみを売買する仕組みのためバーチャルという名称が付されています。非化石証書の引渡しの代わりに，発電事業者の発電量に，電力市場で成立した価格と契約上定められた固定価格の差額を乗じた金額で支払がなされます。これと同時に需要家は同量の電力を市場から購入することにより，当該量の電力をVPPAで定めた固定価格で購入したかのような効果を得ることができます。

VPPAは，IFRS会計基準におけるデリバティブの定義を満たすと考えられています（64項参照）。非化石証書を将来売買することを約束する契約の価値は，電力市場の電力価格（基礎数値）の変動に応じて変動し，通常契約当初には投資額はなく，将来の特定の日に決済が行われるためです。VPPAは，将来にわたって市場からの電力購入につきその価格を固定化したかのような効果を得られ，かつ，非化石証書も入手できるため，需要家にとって魅力のある取引と考えられますが，一方でデリバティブを認識することで公正価値の変動を純損益に計上することが求められることには留意が必要です。VPPAは20年などの長期の契約期間にわたることも多いため，その分デリバティブの公正価値が大きく変動し各事業年度の純損益が大きく増減する可能性があります。また，将来の発電量や電力価格という不確定の要素が公正価値を大きく変動させるため，毎期の公正価値をどのように評価するのかということも実務上論点になり得ます。

なお，日本基準上ではVPPAがデリバティブに該当するかどうかは，2025年２月現在明らかではなく実務上の判断を要すると考えられています。

第8章 企業結合と連結財務諸表

69

企業結合の定義と適用範囲

企業結合に該当すれば、公正価値評価や、のれんの認識が必要

●企業結合および事業の定義

企業が他の企業や事業、資産グループ等を取得した場合は、まず、取得対象が企業結合の基準の適用対象か判定する必要があります。ここで「企業結合」とは、取得企業が1つまたは複数の事業に対する支配を獲得する取引またはその他の事象をいいます。

ポイントは取得した対象が「事業」の定義に該当するかどうかを適切に判断することです。支配を獲得した対象が単に資産グループの場合は、個々の資産等として認識し、他の関連するIFRS会計基準に準拠して会計処理します。一方、事業に該当する場合は、企業結合として会計処理します。

事業は原則として、インプット、プロセスおよびアウトプットから構成されます。工場を例にとると、インプットは経済的資源である機械や従業員、原材料です。プロセスはインプットに適用された場合にアウトプットを創出するシステム等のことで、製造や製品管理プロセスのことです。アウトプットは経済的便益を生み出す能力を有するもので、製品および製品の販売などが該当します。インプットとプロセスは、事業であるために必須ですが、アウトプットは、事業に含まれていることが多いものの、事業であるための必須条件ではありません。

例えば、工場を取得し、単に原材料や機械を譲り受けた場合は、プロセスがないため資産グループであると考えられますが、製造プロセス等の経営のノウハウ等を合わせて取得した場合は事業となると考えられます。

●適用範囲から除外される取引

IFRS第3号は、次の取引には適用されません。

① ジョイント・ベンチャーの設立（77項参照）
② 事業を構成しない資産または資産グループの取得
③ 共通支配下の企業または事業の結合

子会社同士での合併等は、③共通支配下の企業等によ

る結合に該当するため、ＩＦＲＳ第3号の適用範囲外です。当該子会社等の財務諸表における当該取引についての会計処理はＩＦＲＳ会計基準に明確な規定はなく、企業が適切な会計処理を自社の会計方針として決定する必要があります。このような会計方針としては、例えば、取得した資産および負債を帳簿価額で認識する方法や、取得法を類推適用する方法が考えられます。

取得したものは事業か？

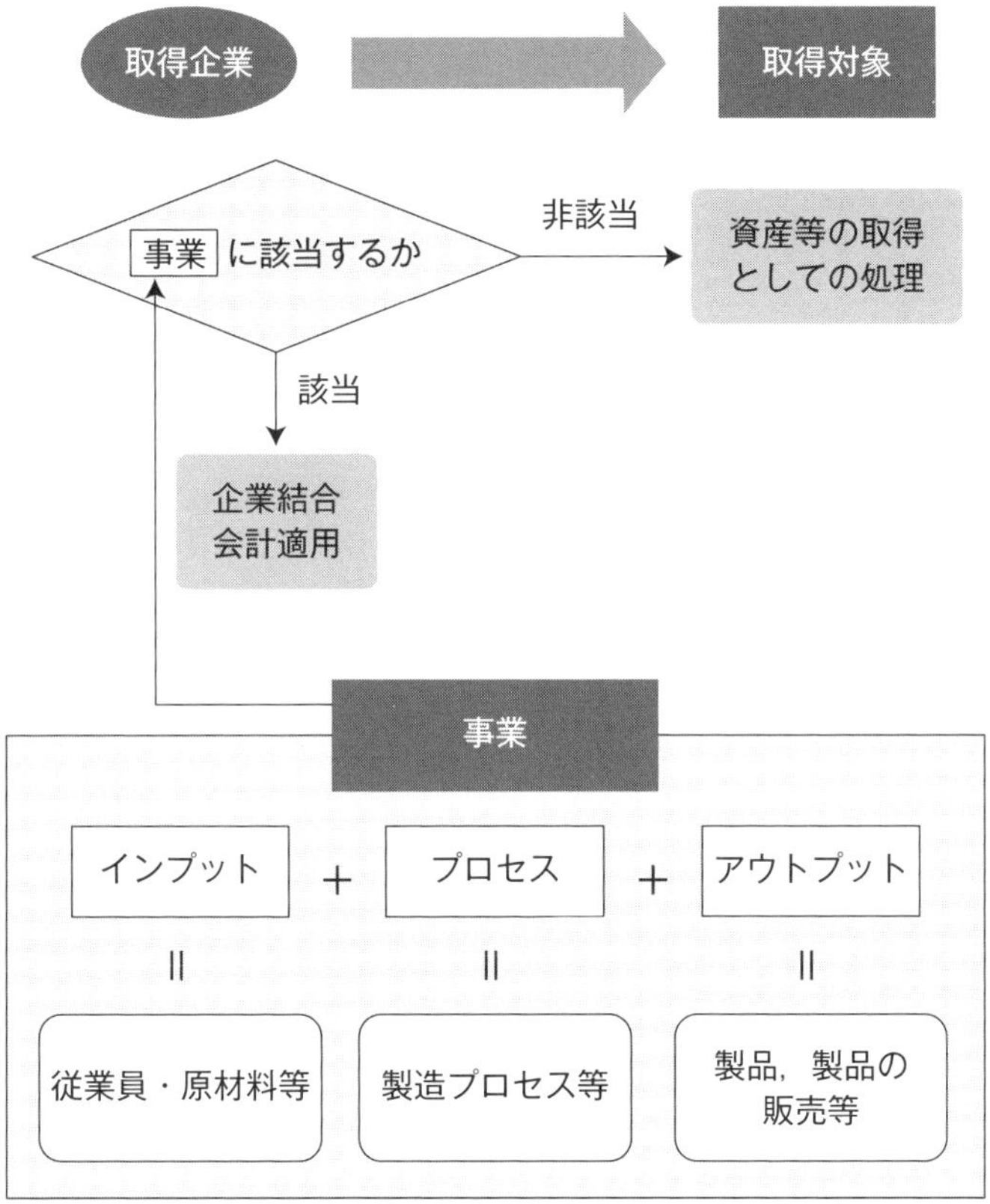

70 取得法①

誰が、いつ、いくらで買うかを考える

●取得法の適用

ＩＦＲＳ第3号は、すべての企業結合に取得法を用いることを求めています。取得法は、一方の当事者による他の当事者の「持分の取得」として会計処理する方法で、被取得企業に対する持分を外から購入したものとして、会計上取り扱います。

取得法では、対価および識別可能資産・負債を公正価値で測定します（71項参照）。

●取得企業（誰が）の決定

取得法の適用にあたり、まず取得企業を決定します。取得企業とは、他の企業または事業の支配を獲得する企業をいいます。支配の有無は後述するＩＦＲＳ第10号（72項参照）に基づき判断しますが、必ず1社を取得企業として識別する必要があります。いわゆる対等合併の場合等で、各企業の影響力がほぼ対等の場合は慎重な判断が必要です。また仮に、「支配」が「単独支配」ではなく、複数の当事者による「共同支配」となる場合は、ＩＦＲＳ第3号の適用対象外となります。

●取得日（いつ）の決定

次に取得日を決定します。取得日は、取得企業が被取得企業の支配を獲得した日であり、形式的にではなく、実質的に判断します。

例えば、企業結合取引に関して株主や規制当局による承認が必要な場合、取得日を承認日より前とすることはできません。ただし、経営陣と株主が実質的に同一である場合等、承認が形式的な場合はその限りではありません。取得日の決定に際しては、個々の企業結合における事実および状況を十分に検討することが必要です。

●取得対価（いくら）の決定

取得対価は、取得企業が引き渡した資産、引き受けた負債、発行した資本持分および条件付対価で構成され、それぞれを取得日の公正価値で測定した金額を合計して

算定します。

弁護士やコンサルタントへの報酬等、企業結合を実行するために取得企業で発生するコストは、取得対価の計算に含めず、サービスが提供された期間の費用として会計処理します。なお、日本基準では、株式の交付に伴い発生する費用は株式交付費として会計処理しますが、IFRS会計基準では、株式の発行費は資本から控除し、負債性証券の発行費は負債から控除します。

取得法の流れ

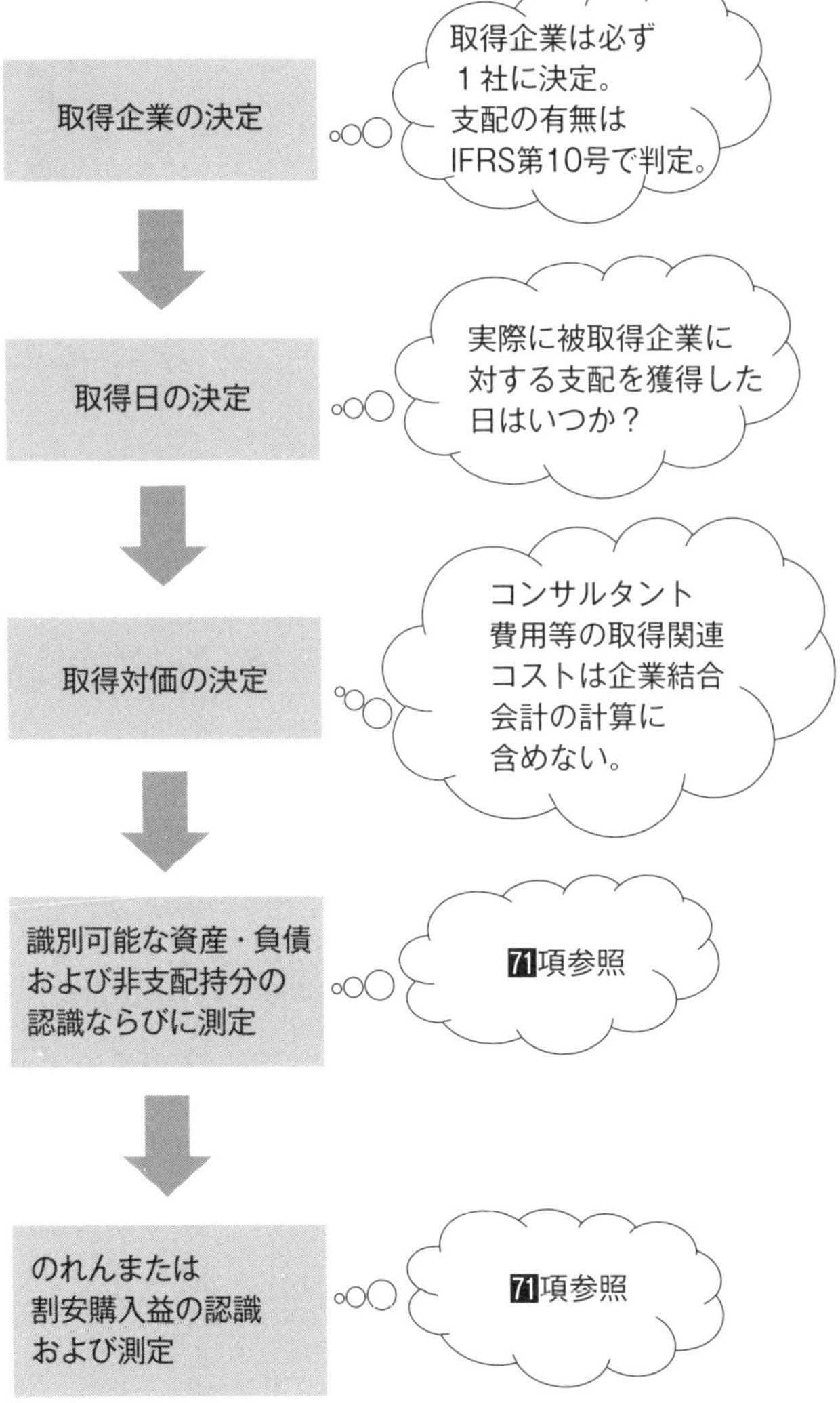

取得企業の決定
取得企業は必ず1社に決定。支配の有無はIFRS第10号で判定。
取得日の決定
実際に被取得企業に対する支配を獲得した日はいつか？
取得対価の決定
コンサルタント費用等の取得関連コストは企業結合会計の計算に含めない。
識別可能な資産・負債および非支配持分の認識ならびに測定
71項参照
のれんまたは割安購入益の認識および測定
71項参照

71 取得法②

自己創設のブランドやライセンスも資産計上される

●識別可能な資産・負債の認識および測定

取得企業は、取得日において、取得した識別可能な資産、引き受けた負債、および被取得企業の非支配持分を認識し、次のように測定しなければなりません。

・取得資産・引受負債…取得日の公正価値で測定（限定的な例外あり）

・非支配持分…その公正価値、または被取得企業の識別可能純資産に対する非支配持分割合相当額のいずれか（75項参照）

被取得企業では自己創設無形資産として認識できなかったブランド等の無形資産が、企業結合時に識別されることがあります。これは、企業結合により取得する無形資産は、常に認識要件を満たしているとみなされるためです（43項参照）。

●のれんと割安購入益

これまでに算定した、①「認識し測定した資産、負債の合計から非支配持分を控除した金額」と、②「企業結合の対価」との差額は、①＜②の場合はのれん、①＞②の場合は割安購入益として認識します（左ページ下図参照）。

のれんは、資産として認識します。認識したのれんは償却せず、毎年（加えて減損の兆候がある場合はその都度）減損テストを実施（詳細は50項参照）し、必要に応じて減損処理を行います。

一方、割安購入益の場合は、まず、認識および測定の手続が正しかったか（識別すべき無形資産が他にないか等）の見直しが求められます。これは、一般に企業は、公正価値より低い価格で事業を売却することはないと考えられるため、識別・測定の誤り（取得対価や引き受けた負債の過小評価および識別を行わない、識別可能資産の過大評価）の可能性があるためです。それでもなお割安購入益となる場合は、その金額を利益として認識します。

なお、のれんも割安購入益も差額で算出するため、②の非支配持分の測定にいずれの方法を用いるかにより、測定結果が異なります（75項参照）。

識別可能な資産・負債および非支配持分の認識

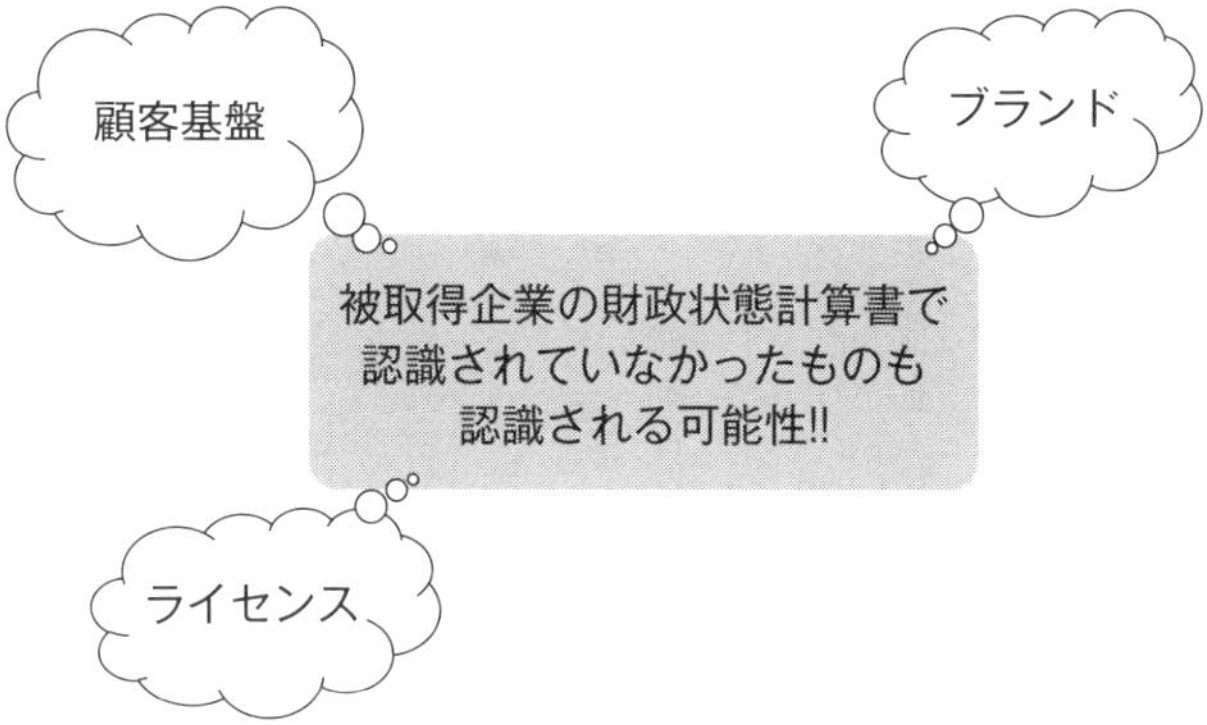

のれんと割安購入益

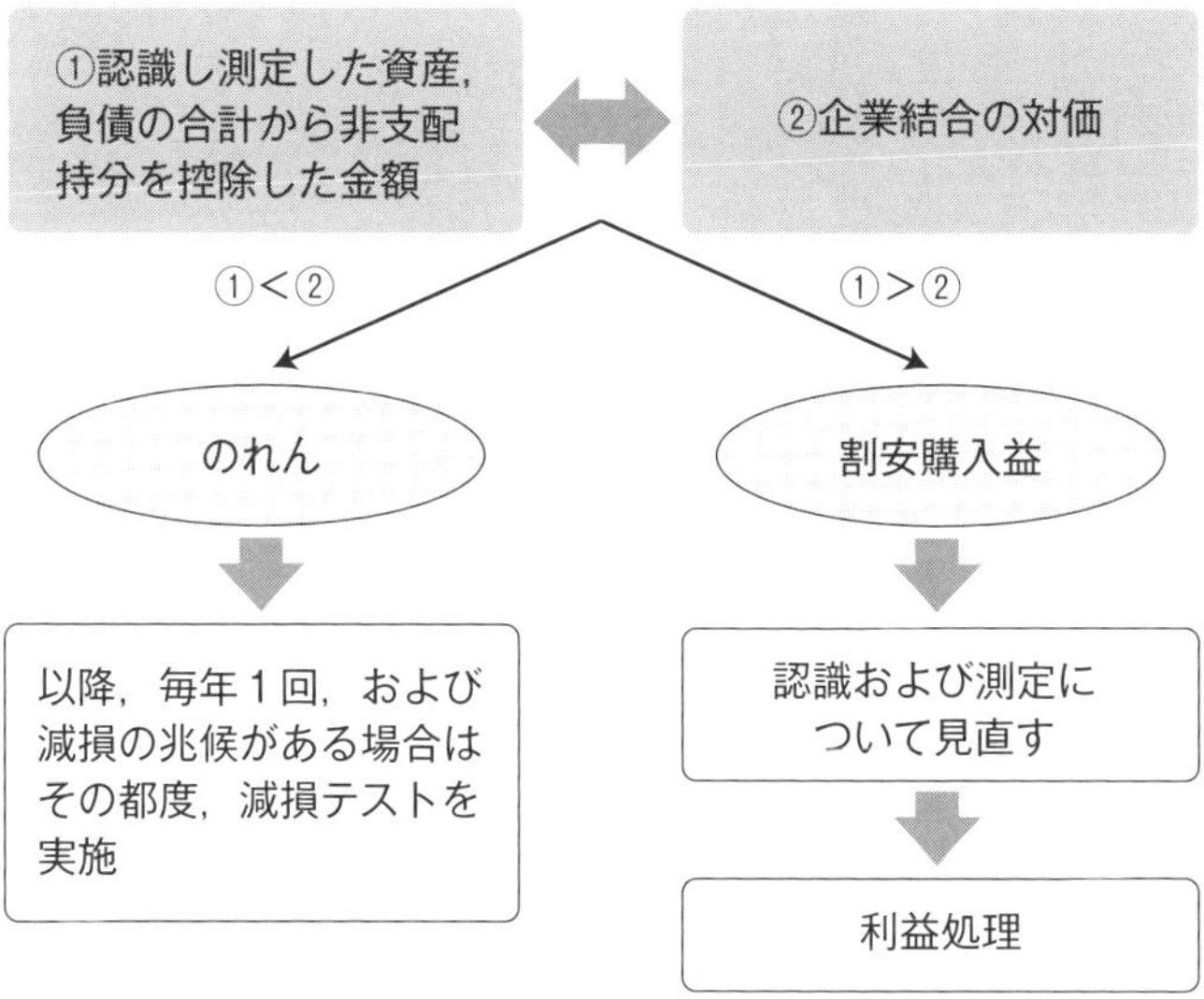

72 連結の範囲

パワーとリターンが結びつくと「子会社」

●支配の構成要素

IFRS会計基準では、特別目的事業体を含めたすべての子会社が連結の対象となります。

子会社判定は、投資先への支配の有無で決定します。①パワー、②リターンの変動性に対するエクスポージャーまたは権利、③パワーとリターンのリンクの3つの条件を満たした時に支配ありと判断されます。

①パワーとは、関連する活動（投資先の活動のうち投資先のリターンに著しく影響を及ぼす活動）を指図する能力を与える現在の権利のことをいい、議決権や、投資先の経営幹部のメンバーの選解任を行う権利等が代表例です。

②については、投資先の業績の結果として変動する可能性のあるリターン（変動リターン）を有しているかを判断します。例として、配当、債券の金利、税務上の便益、投資証券の価値変動による利益または損失等があります。リターンには、正の値、負の値、またはその両方の場合があります。

③パワーとリターンのリンクがあるのは、自社の有する被投資企業のリターンに影響を与えるように自社のパワーを、被投資企業に対して行使する能力を有している場合です。パワーとリターンにリンクがない場合は、代理人となり、支配がないと判断されます。

●判定にあたり考慮すべき事項

左図は支配の有無の判定にあたり、具体的に考慮すべき事項を示したものです。判定にあたり検討順序はなく、すべての事実および状況を勘案して評価する必要があります。また判定は継続的に行わなければならず、事実および状況が変化した場合には見直します。

特にパワーの判定については、実質的な権利のみを検討すること、潜在議決権についても実質的な権利である場合は検討に含めること、「事実上の支配（de facto

関連基準▶IFRS第10号

control)」の判断も必要であること，等の多くの考慮事項があります。

支配を決定する要因

支配 ＝ パワー ＋ リターンの変動性に対するエクスポージャーまたは権利 ＋ パワーとリターンとのリンク

考慮すべき事項

前提の理解

- 投資先を識別する。
- 投資先の関連する活動を識別する。
- 関連する活動についての決定が，どのように行われているか決定する。

投資企業が関連する活動に対するパワーを有するか。

投資企業がリターンの変動性にさらされているか。

パワー

- 実質的な権利のみを検討
- 議決権に関連するか，その他の権利に関連するか。

〈議決権に関連〉

- 潜在的議決権（実質的な権利の場合）
- 他の契約上の取決め
- 事実上の支配　等（議決権の分散状況や行使状況）

〈その他の権利に関連〉

- 目的およびデザイン
- リターンの変動性に対するエクスポージャー　等

リターンの変動性

〈主なリターンの種類〉

- 配当，投資先からのその他の経済的分配（債券の金利等）
- 税務上の便益
- 信用供与から生じる損失
- 他の持分所有者には利用できないリターン（営業機能の統合，コスト削減，製品の調達，独占的な知識等）

〈変動性〉

- 投資先の業績
- 投資先の債務不履行リスク　等

パワーとリターンのリンク

- パワーとリターンとが関連しているか
- 意思決定者が本人として行動しているか，代理人として行動しているか

73 連結財務諸表の基本的事項

子会社決算は親会社と同一時点、同一尺度のものを利用する

●親会社と子会社の決算日の統一

連結財務諸表の目的は、企業集団を単一の報告企業として表示する財務諸表を作成することです。したがって、連結財務諸表の作成にあたり、まず連結財務諸表に組み込まれる親会社と子会社の財務諸表の決算日を、原則として同一の日にしなければなりません。親会社と子会社の決算日が異なる場合は、子会社は原則として、連結決算のために、親会社の決算日現在の追加的な財務諸表を作成する必要があります。

ただし、追加的な財務諸表の作成が実務上不可能な場合は、決算日の差異が3か月を超えない場合に限り、決算日が親会社と異なる子会社の直近の財務諸表を連結決算に利用することができます。その場合でも、親会社の決算日と子会社の決算日との間に生じた重要な取引や事象に関して、子会社の財務諸表を修正する必要があることに注意が必要です。

なお、いかなる場合でも決算日の差異が3か月を超える財務諸表を連結決算に利用することはできません。

●親会社と子会社の会計方針の統一

財務諸表の作成にあたっては、同一の事象について、複数の会計方針を選択適用できる場合がありますが、企業集団を単一の報告企業として表示する財務諸表を作成するという考え方に基づけば、類似の状況での同様の取引および事象について、在外子会社を含むすべてのグループ内企業の会計方針を統一する必要があります。なお、日本基準においては、在外子会社の財務諸表がＩＦＲＳ会計基準または米国会計基準に基づいて作成されている場合は、特定の項目を除き、修正することなく連結手続に利用することができますが、ＩＦＲＳ会計基準ではこのような例外規定はありません。

●連結決算手続

連結決算で必要な、投資と資本の相殺消去やグループ

親会社と子会社の決算日の統一

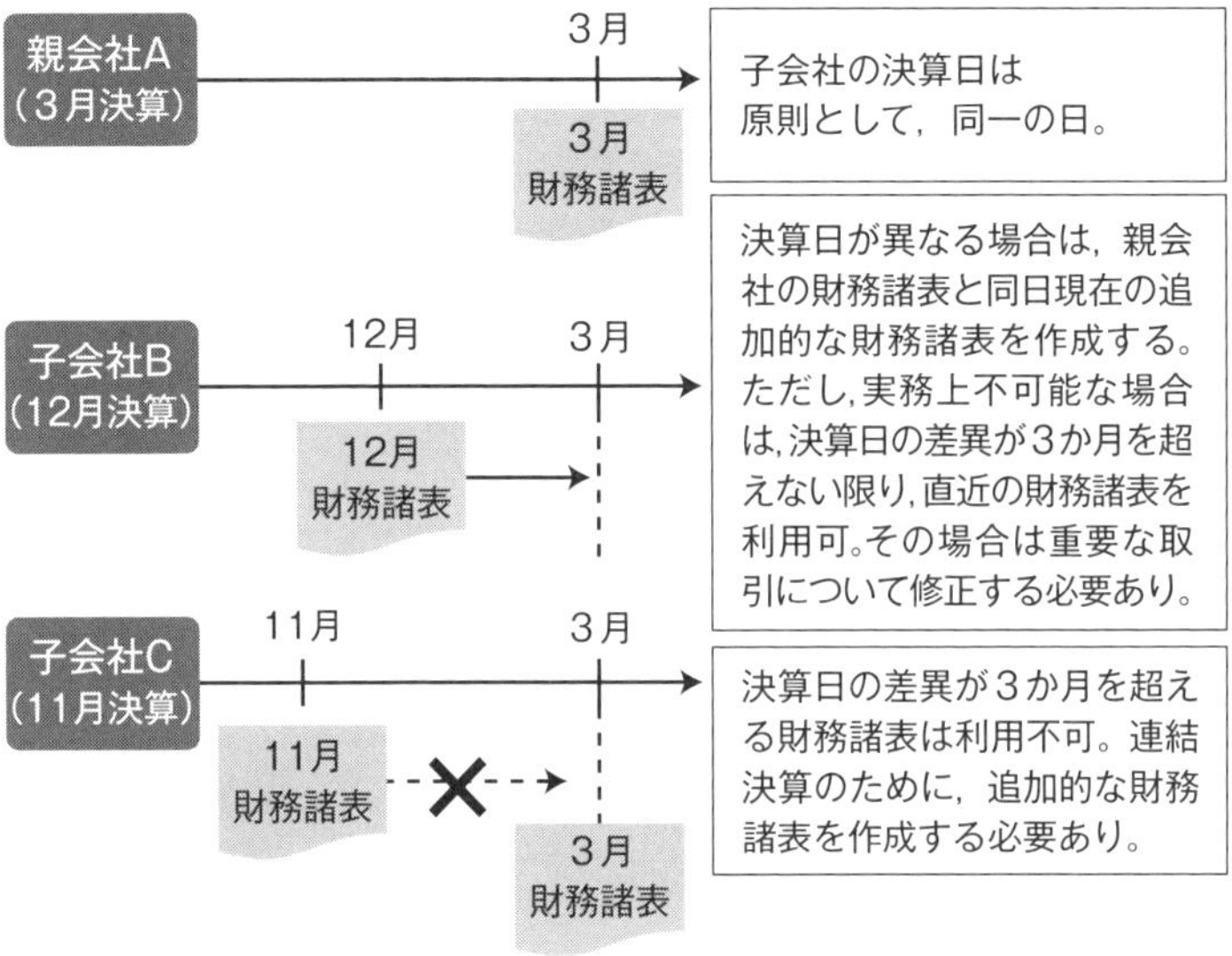

親会社と子会社の会計方針の統一

子会社のA社と，B社は，同種の資産を投資不動産として使用している（類似の状況での同様の取引に該当）

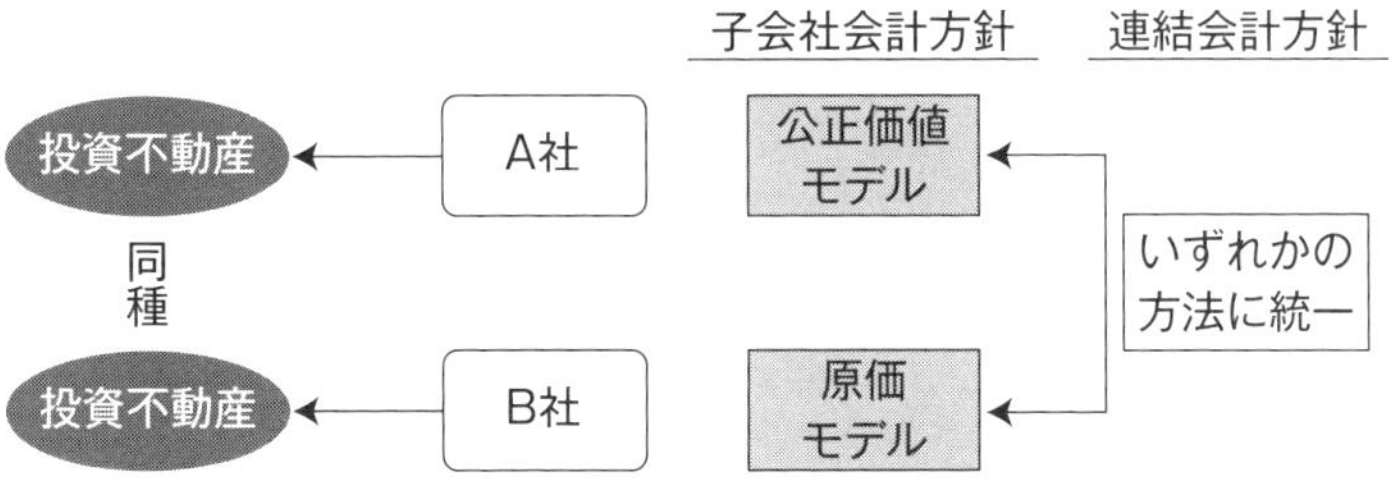

企業間の債権債務の相殺消去等に関しては、日本基準と大きな差異はありません。ただし、以下の点については日本基準と処理が異なるため、注意が必要です。

・非支配持分の企業結合時の測定方法（75項参照）

・支配の喪失を伴う持分の減少があった場合の残存持分の会計処理（74項参照）

・連結上消去された未実現利益に係る税効果に買手の税率を適用する点（80項参照）

74

子会社持分割合の増減

子会社である間は、持分割合の変動による損益は認識しない

●持分割合の変動―支配が継続している場合

子会社株式の追加取得や一部売却によって子会社に対する持分割合が増減したものの、支配が継続している場合は、資本取引として取り扱います。具体的には、増加または減少する子会社持分の額と対価の公正価値との差額は直接資本で認識します。追加ののれんや売却損益が認識されることはありません。

●持分割合の減少―支配を喪失した場合

子会社持分の全部または一部を処分し子会社に対する支配を喪失する場合は、減少する子会社持分の額と、対価および残余持分の公正価値の合計との差額を、純損益に認識します。

日本基準では、残余持分の評価について、公正価値ではなく、残余持分が関連会社となる場合は持分法による投資評価額、残余持分が子会社でも関連会社でもない場合は個別貸借対照表上の投資の帳簿価額で評価を行う点でＩＦＲＳ会計基準と異なります。

●持分割合の変動が複数の取引を通じて行われる場合

右記のように、子会社に対する持分割合の増減にかかる会計処理は、子会社に対する支配が継続しているか（資本取引）喪失したか（損益取引）により異なるため、意図した会計結果が得られるように取引構成を操作する余地が生じるおそれがあります。そのため、持分割合の変動が複数の取引を通じて行われる場合には、取引の実態を忠実に表現するため、それらを一体として扱うべきか判断することが必要となります。ＩＦＲＳ第10号には、左図のように、複数の取引を単一の取引とみなして会計処理すべきかを判断するためのガイダンスが盛り込まれています。

子会社に対する持分割合の変動の取扱い

支配継続中：資本取引
支配喪失時：損益取引

持分変動に関連する取引が複数の取引で構成される場合

複数取引を別個の取引として取り扱うか，単一取引として取り扱うかを判断する

※複数取引を単一の取引として扱うべき例示
- 同時に，または互いを考慮して行われた
- 全体的な商業的効果の達成を意図した単一の取引を構成している
- 1つの取決めの発生が，少なくとももう1つの別の取決めに左右される
- 1つの取決めが，それ単独では経済的に正当化されないが，他の契約と一緒に考慮した場合には経済的に正当化される

80％子会社の持分を51％までの29％分と40％までの11％分を２段階で譲渡し，支配を喪失する場合

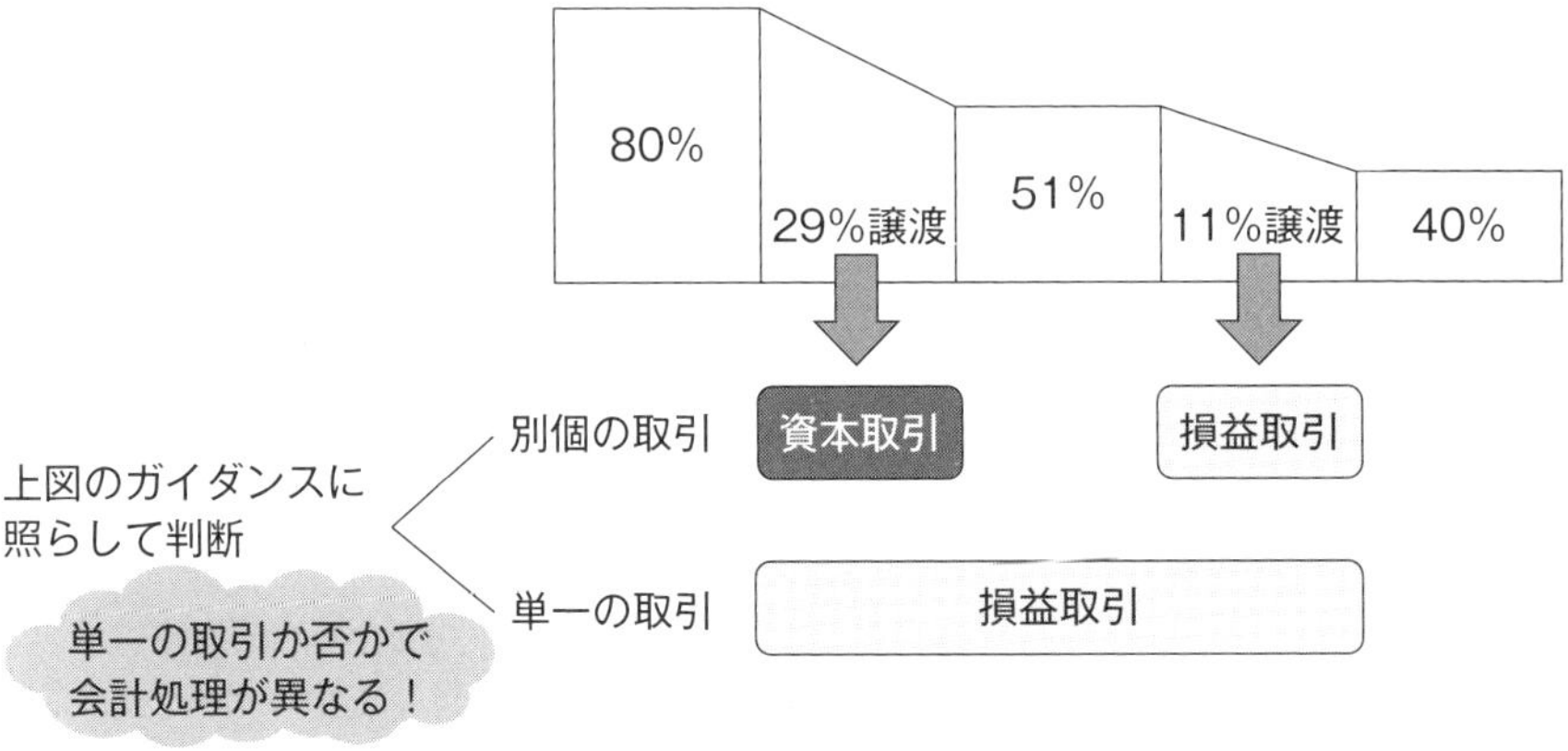

75 非支配持分

親会社株主以外の株主持分はどのように処理するか

●非支配持分

連結対象が100％子会社でない限り、親会社に帰属しない子会社に対する持分が存在します。そのため、連結財務諸表において、親会社持分に帰属する部分と帰属しない部分とを区別する必要があります。そこで、親会社に直接または間接に帰属しない部分を非支配持分として、次のように表示、測定します。

●財務諸表における表示方法

(1) 連結財政状態計算書上の表示

非支配持分は、連結財政状態計算書の資本に親会社の持分とは区別して表示します。

(2) 連結包括利益計算書上の表示

非支配持分に帰属すべき損益の金額は、純損益および包括利益の内訳として、親会社の株主に帰属すべき損益の金額とともに別途表示します。

●非支配持分の測定方法

当初支配獲得時において、非支配持分は、以下のいずれかの方法により測定されます。

① 取得日の非支配持分の公正価値（全部のれんアプローチ）

② 取得日の被取得企業の識別可能純資産に対する非支配持分割合相当額（購入のれんアプローチ）

上記の方法のうち、いずれを用いるかによってのれんの額は異なりますが、会計方針を定める必要はなく、企業結合ごとに決定することができます。①の方法による場合は、非支配持分に対するのれんも認識し、連結財務諸表に計上することとなりますが、②の方法による場合は、親会社持分に対するのれんのみを連結財務諸表に計上します。

また、取得日以後は、子会社の純資産の変動に伴い非支配持分の金額も変動します。

●非支配持分に対する子会社の損失の配分

子会社に欠損が発生した場合、非支配持分に配分すると非支配持分の残高がマイナスになる場合があります。IFRS会計基準では非支配持分の残高がマイナスになる場合でも、基本的には配分が行われます。日本基準では配分した際に非支配株主持分の残高がマイナスになる場合には、基本的には当該部分は親会社が負担することとされ、非支配株主には配分されません。

財務諸表における表示

連結財政状態計算書における表示（抜粋）

	X2年	X1年
親会社の所有者に帰属する持分		
株主資本	×××	×××
利益剰余金	×××	×××
その他の資本の内訳項目	×××	×××
	×××	×××
非支配持分	×××	×××
資本合計	×××	×××

区分表示

連結包括利益計算書における表示（抜粋）　1計算書方式

	X2年	X1年
(…略)		
当期純利益	×××	×××
その他の包括利益		
(…略)		
当期包括利益合計額	×××	×××
純利益の帰属：		
親会社の所有者	×××	×××
非支配持分	×××	×××
	×××	×××
包括利益合計の帰属：		
親会社の所有者	×××	×××
非支配持分	×××	×××
	×××	×××

区分表示

非支配持分の測定方法

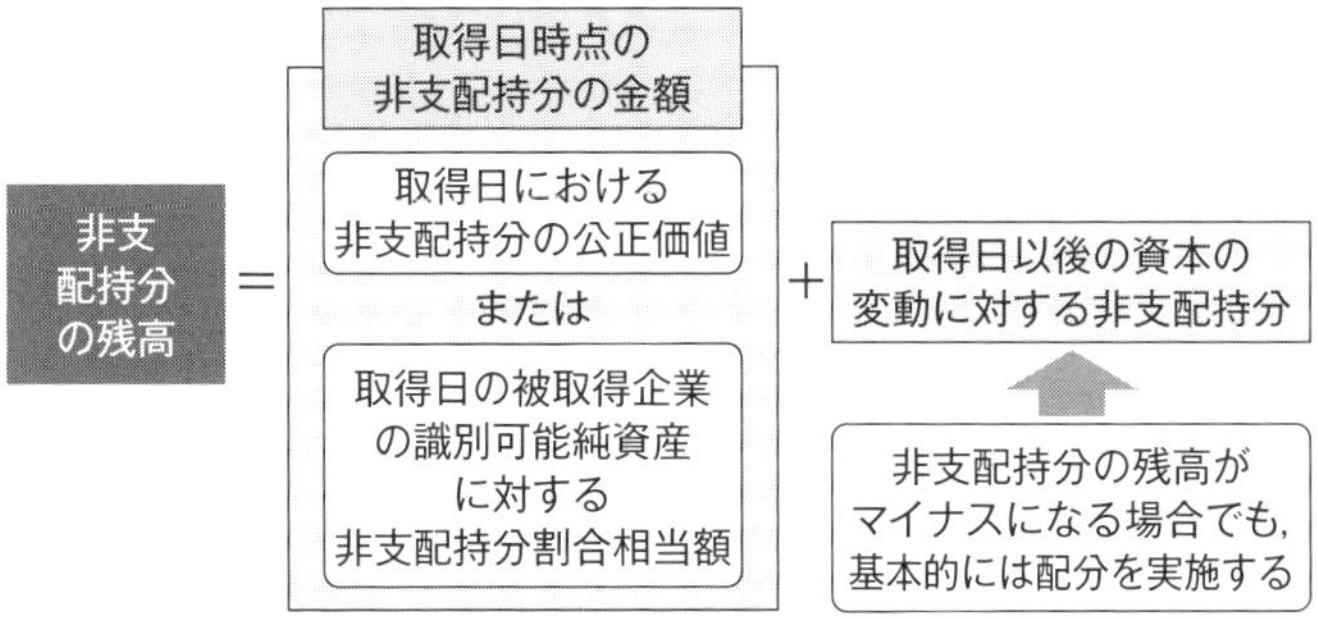

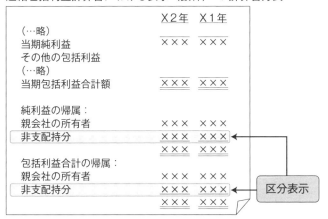

76

関連会社

子会社と同様に関連会社の業績も連結財務諸表に反映させる

●重要な影響力

企業が、投資先企業の財務および営業の方針に重要な影響力を有している場合には、通常の投資と性質が異なると考えられ、当該投資先企業を関連会社とし、持分法により投資の成果を反映します。

投資先企業に対する議決権割合が20%以上の場合は、重要な影響力を与えていない明らかな反証が認められない限り、重要な影響力を有していると推定されます。これに対して当該割合が20%未満の場合は、重要な影響力を与えている反証がない限り、重要な影響力を有していないと推定されます。

考慮すべき議決権割合には、投資企業が直接的に保有しているものに加え、間接的に保有しているもの（例：子会社を通じた保有）が含まれますが、投資企業の関連会社やジョイント・ベンチャーが保有する持分は含まれないと考えられます。また、重要な影響力の判定には、新株予約権等の潜在的議決権を考慮しますが、その場合、連結処理とは異なり（72項参照）、潜在的議決権が「実質的な権利であるかどうか」ではなく、「現時点で行使可能かどうか」を考慮する点に注意が必要です。

●会計処理方法（持分法）

投資時点では持分法適用会社株式を投資原価で評価します。投資後は、持分法適用会社の純資産の変動に対する、投資企業の持分比率相当額を投資額に加減算して評価します。持分法適用会社で損失が発生した場合、持分法評価額を減額します。ただし、原則として持分法評価額がゼロを下回ることはなく、ゼロまで減額された後は、投資企業に損失を補填する義務がある範囲または持分法適用会社に代わって支払う範囲でのみ、追加の損失を認識します。

なお、連結財務諸表を作成する場合と同様、親会社と関連会社の決算日の統一（73項参照）だけでなく、会計方針の統一（73項参照）も求められます。

持分法ではのれんは投資の帳簿価額に含まれ、別途表示されることはありません。そのため、減損についてものれんを含めた投資全体の帳簿価額について減損テストを行います。

重要な影響力を有しているかの判断

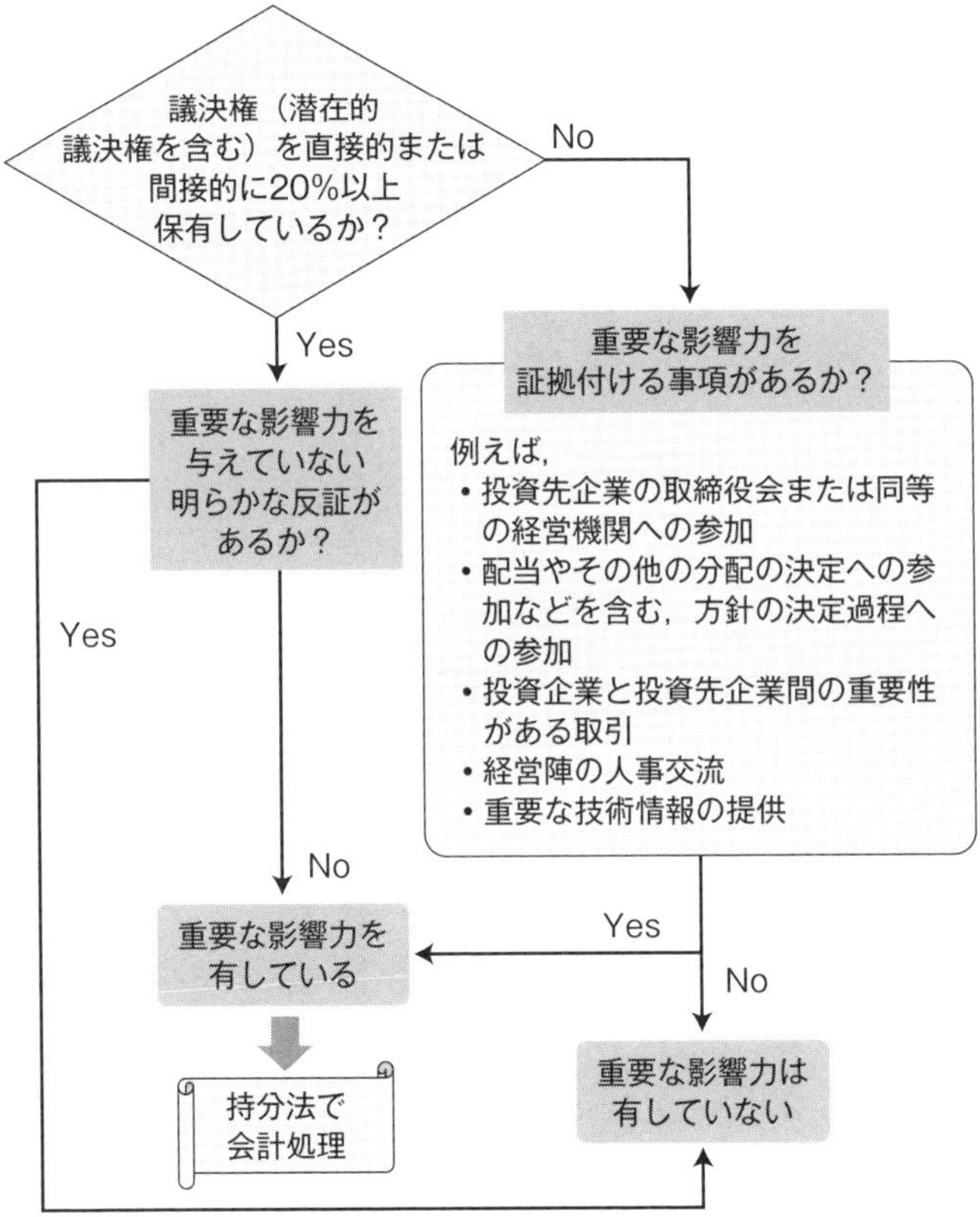

持分法による会計処理

持分法評価額 ＝ 投資原価 ＋ 持分法適用会社の純資産変動額 × 持分比率

※　決算日の統一，会計方針の統一が必要

77 共同支配の取決め

共同支配「事業」か共同支配「企業」かで会計処理が変わる

●共同支配

共同支配は、契約上合意された支配の共有で、関連する活動に関する意思決定を行う際に、支配を共有する参加者の全員一致の合意を必要とする場合にのみ存在します。そのため、支配の存在および存在する支配が契約上合意された支配の共同かを判断する必要があります。ただしこれは、必ずしも契約上明記されているわけではありません。

例えば、ある共同支配の取決めについて、議決権をA社50%、B社30%、C社20%で保有しており、契約書上、関連する活動に関する意思決定に議決権の75%以上の賛成が必要な場合は、必ずA社とB社の同意が必要なため、A社とB社の共同支配となります。しかし、B社とC社がそれぞれ25%の議決権比率の場合は、B社かC社のいずれかとA社が組めばいいので、それが取決め上明らかでない限りは、共同支配とはなりません。

●共同支配事業（ＪＯ）と共同支配企業（ＪＶ）の分類

複数の参加者が共同支配を有する取決めを「共同支配の取決め」といいます。共同支配の取決めは、契約内容や法的形式により、「共同支配事業」（ＪＯ）と「共同支配企業」（ＪＶ）に分類されます。

ＪＯは、当事者が、共同支配の取決めに関する資産・負債に対する権利および義務を有している場合です。例えば、複数の建設業者がある工事を受注、施工する目的で形成する事業体のような民法上の組合は、ＪＯの要件を満たす可能性があります。ＪＶは、当事者が、共同支配の取決めに関する純資産に対する権利を有している場合で、2つの企業が共同で出資により会社を設立する場合がその典型例です。

具体的な分類は投資企業とは別個のビークル（事業体）の設立の有無や、法的形式、その他の契約条件等を考慮して行われます。

●それぞれの会計処理

　ＪＯは共同支配を有する参加者が、それぞれ資産、負債に対する権利を有し、義務を負っているため、会計処理もそれぞれが有する権利、義務等に応じて、資産、負債、損益等を認識します。認識したそれぞれの資産等は関連するＩＦＲＳ会計基準に基づいて処理します。

　一方、ＪＶでは、共同支配を有する参加者の権利は純資産に対するものであることから、取決めの成果に対する持分を財務諸表に反映させるため、持分法により会計処理します。

共同支配事業と共同支配企業の分類

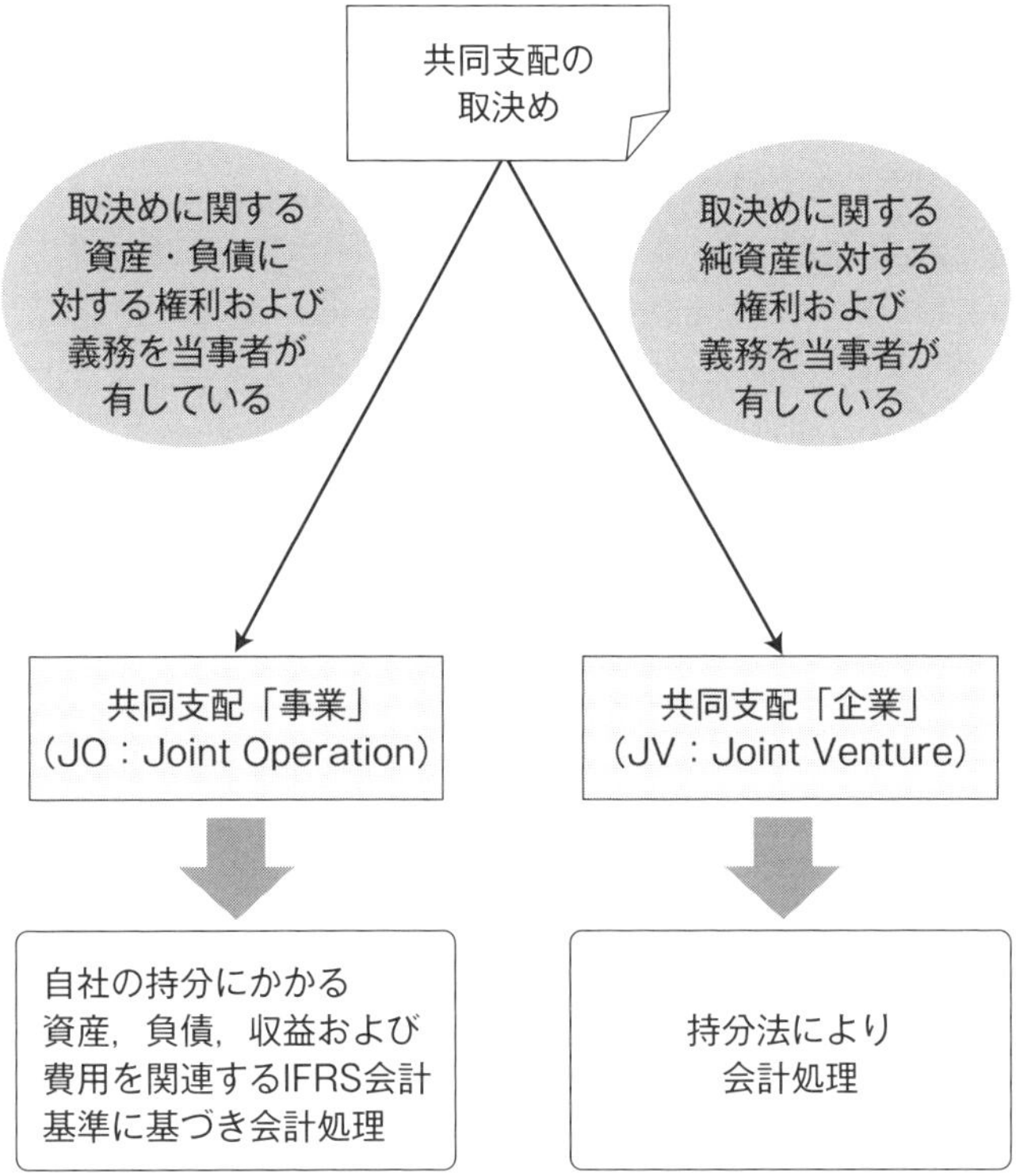

共同支配の取決め
取決めに関する資産・負債に対する権利および義務を当事者が有している
取決めに関する純資産に対する権利および義務を当事者が有している
共同支配「事業」（JO：Joint Operation）
共同支配「企業」（JV：Joint Venture）
自社の持分にかかる資産，負債，収益および費用を関連するIFRS会計基準に基づき会計処理
持分法により会計処理

コラム

のれんをめぐる動向

現行IFRS会計基準においては，のれんは償却せず，減損の兆候の有無にかかわらず毎期減損テストを行うこととされています。もともとは，IAS第22号「企業結合」により，のれんの規則的な償却が求められていましたが，2004年に公表されたIFRS第３号「企業結合」により，償却せず減損テストを行う現在の会計処理が求められるようになりました。ところがその後，のれんを規則的に償却すべきではないかという議論が，改めて活発に行われるようになりました。

具体的には，IASBは，2015年６月に公表した「IFRS第３号『企業結合』の適用後レビュー」において，現行の減損モデルが複雑で時間と費用を要し，重要な判断が伴うとの指摘があることに触れ，のれんと減損プロジェクトを立ち上げて審議を行いました。

日本の企業会計基準委員会（ASBJ）は，2014年７月に欧州財務報告諮問グループ（EFRAG）等と共同で公表したディスカッションペーパーにおいて，のれんを規則的に償却したうえで減損テストを行うことが適切であると結論付けています。また，2015年６月に公表された「修正国際基準（国際会計基準と企業会計基準委員会による修正会計基準によって構成される会計基準)」においては，のれんを減損せず，規則的に償却することとされています*。

IASBは，審議の結果，のれんを償却しないという現在の取扱いを維持することを決定し，その決定を反映した公開草案「企業結合―開示，のれん及び減損」を2024年３月に公表しています。

のれんを償却すべきであるという意見の主な理由は，のれんの実態が超過収益力であるならば，通常は継続的な事業活動によりその価値が減少するはずであるという点にあります。また，のれんの償却により財務体質の健全性が高まるという，実務的な観点からの根強い意見もあります。一方で，のれんを償却すべきでないという意見の主な理由は，のれんの耐用年数および費消パターンが一般的に予測不能であり，償却する場合には恣意的な見積りが伴うという点にあります。のれんの償却非償却について，皆さんはどのように考えますか？

＊修正国際基準は「日本が考えるあるべきIFRS会計基準」または「日本に適したIFRS会計基準」としての意味合いを持つとされています。

column

第9章 その他の重要な規定

78

棚卸資産

評価損失の戻入れは容認でなく強制される

●IFRS会計基準における原価計算に関する基準書

わが国では、原価計算については「原価計算基準」、棚卸資産の会計処理については「棚卸資産の評価に関する会計基準」が公表されています。これに対してIFRS会計基準では、棚卸資産の原価や原価算定方式、評価方法等はすべて、IAS第2号「棚卸資産」を参照して会計処理します。以下、日本基準とは異なる点、注意すべき点を中心に解説します。

●棚卸資産に含まれる原価

IFRS会計基準の棚卸資産の原価には、購入原価、加工費のほか、棚卸資産が現在の場所・状態に至るまでに発生したその他のすべてのコスト（異常な金額は除く）が含まれます。IFRS会計基準では、日本基準と異なり、棚卸資産の生産目的で有形固定資産を使用した結果発生する資産除去コストは、有形固定資産ではなく、IAS第2号に従って会計処理します。また、限定的なケースではあるものの、IAS第23号「借入コスト」の資産化要件を満たす借入コスト（38項参照）が棚卸資産の原価に含まれる可能性があります。

●棚卸資産の評価方法

IFRS会計基準では、他と代替性のない棚卸資産の原価や、特定のプロジェクトのために製造され、他と区別されている財・サービスの原価は、個別法により評価します。それ以外の場合は、先入先出法または加重平均法により評価します。日本基準で認められている売価還元法については、その結果が原価と近似する場合にのみ認められます。

●棚卸資産の評価減

棚卸資産は、原価と正味実現可能価額のうち、いずれか低いほうの金額で測定します。ここで、正味実現可能価額とは、通常の事業の過程における見積売価から、棚卸資産の完成に要する見積原価とその販売に要する見積コストとを控除した額をいいます。ＩＦＲＳ会計基準では評価減の原因となった状況が存在しなくなった場合や経済的状況の変化により正味実現可能価額の増加が明らかであるという証拠がある場合は、評価減の額を戻し入れる必要があります。これに対して日本基準では、洗替法と切放法のいずれかを棚卸資産の種類ごとに選択できます。

棚卸資産の原価

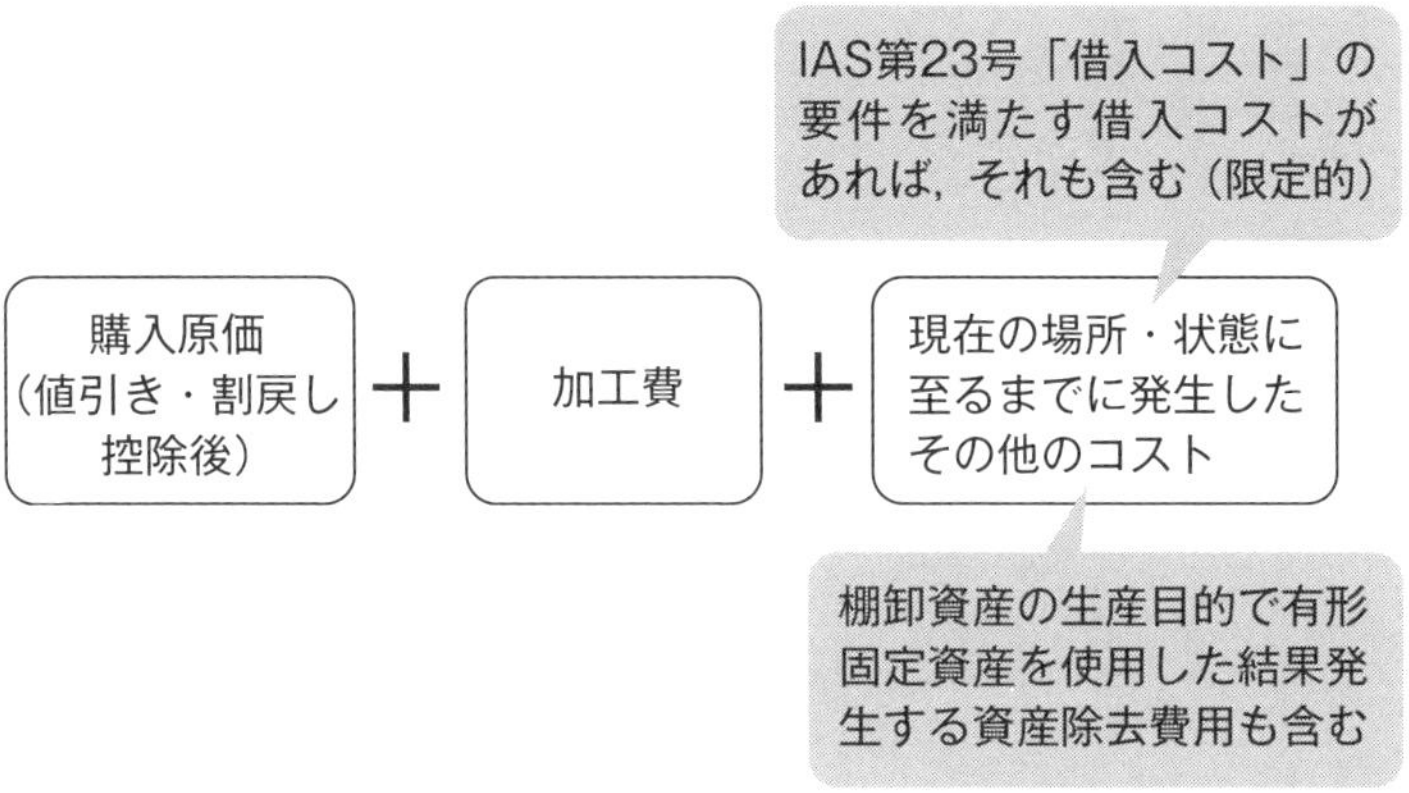

棚卸資産の評価減

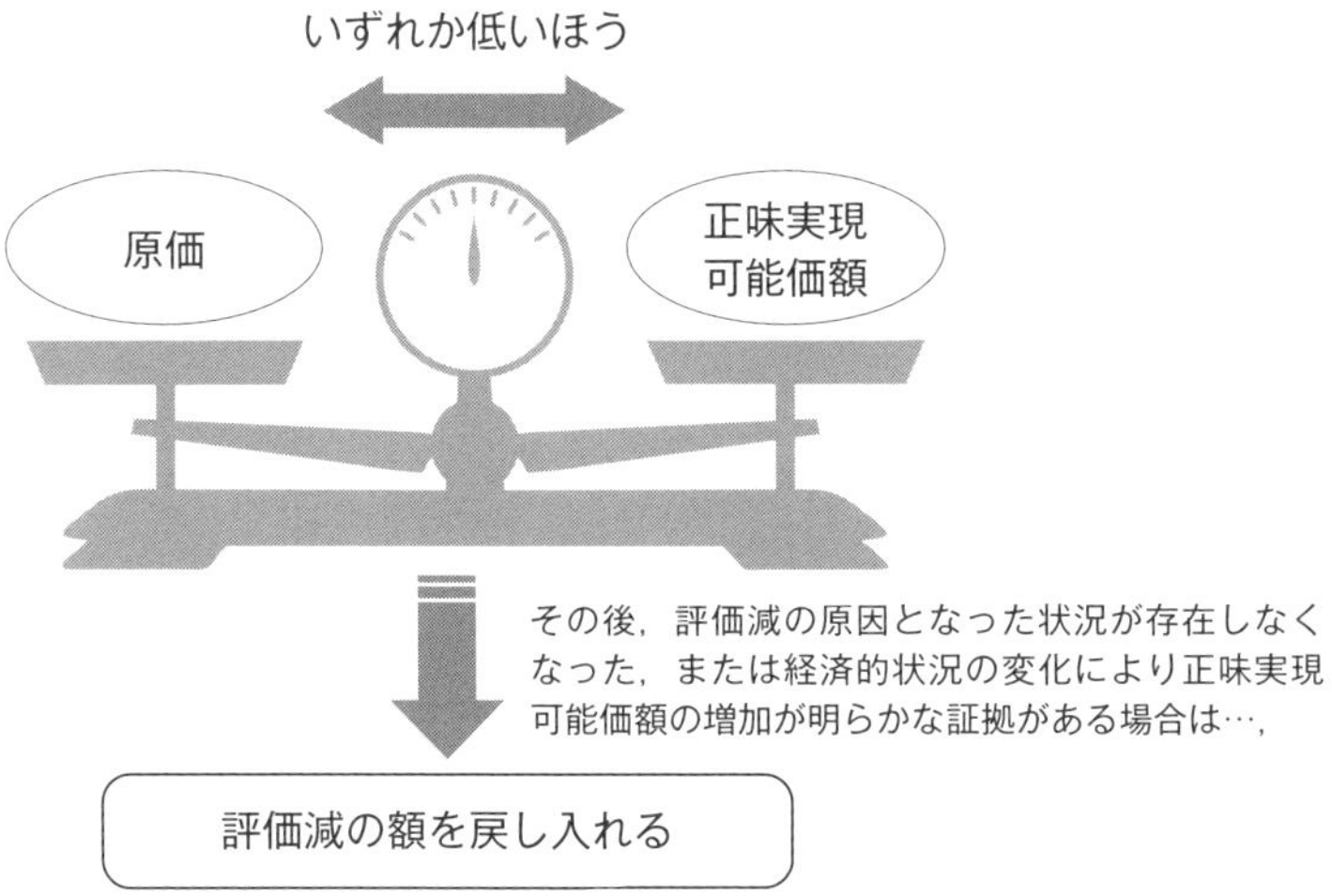

79

引当金

日本基準では引当計上できてもＩＦＲＳ会計基準ではできない可能性も

●引当金の認識

ＩＦＲＳ会計基準では、次の３つの要件を満たしたときに引当金を計上します。

① 過去の事象の結果として企業が「現在の義務」を有している

「義務」というと、一般には法令や契約による法的義務が考えられますが、ＩＦＲＳ会計基準ではこれに加えて、推定的義務、すなわち企業の過去の実務慣行や公表済みの方針などから、企業がある責務を負うという妥当な期待を企業外部の人々が持っているような場合の義務も含まれます。

② 義務の決済のために経済的便益を持つ資源が流出する可能性が高い

ここでいう「可能性が高い」とは、50%超（more-likely-than-not）の場合をいいます。

③ 金額を信頼性をもって見積ることができる

ＩＡＳ第37号「引当金、偶発負債及び偶発資産」は、通常、企業は引当金を計上するのに十分な信頼性をもって金額を見積ることができる、としています。

●引当金の測定

引当金は、「最善の見積り」、すなわち、期末日時点で企業が負っている義務を決済する、または第三者に移転するために企業が合理的に支払う金額で計上します。具体的には、測定対象の引当金が単一の項目である場合は最も起こりそうな金額で測定し、測定対象の引当金の母集団が大きい場合は期待値（発生確率に基づく加重平均値）で測定します。実際の支出までが長期のため、貨幣の時間価値が重要である場合には、現在価値に割り引く必要があります。

●日本基準との違いは？

認識要件の1つに「現在の義務」が含まれることから、修繕引当金などのように「現在の義務」でないものを負債（引当金）として計上することはできません。また、長期のものについては割引計算が必要な場合がある点にも注意が必要です。

（注：2025年2月現在、引当金に関して的を絞った基準改訂プロジェクトが進行中。この章のコラムも参照。）

引当金の認識要件（3つ）

現在の義務 ＋ （資源流出の）可能性が高い ＋ 信頼性のある見積り

現在の義務
- ✓ 法的義務
- ✓ 推定的義務

（例：土壌汚染が発生した場合，浄化活動を行う法的義務はないが，企業として浄化活動を行う方針を広く公表している場合，など）

可能性が高い
＝**50%超**

極めて稀な場合を除き，信頼性をもって見積ることができるとの前提

引当金を認識

引当金の測定＝最善の見積り

単一の義務（例：裁判の結果）

最も起こり得ると見積られる8億円で引当金を計上する

	発生確率	見積額
勝訴	15%	―
和解	65%	8億円
敗訴	20%	15億円

母集団の大きい義務（例：製品保証）

期待値である1,850千円
（＝1,000×93%×0＋
1,000×5%×5千円＋
1,000×2%×80千円）
で引当金を計上する

	発生確率 1,000個中	要修理額 ／個
欠陥なし	93%	―
軽微な欠陥	5%	5千円
重大な欠陥	2%	80千円

80 繰延税金

繰延税金資産の回収可能性はどのように考えればよいか

●税効果会計

税効果会計とは、企業会計上の資産・負債の額と課税所得計算上の資産・負債の額が相違する場合に、それらの相違にかかる法人税等の額を適切に期間配分することを目的とする会計上の手続のことをいいます。ＩＦＲＳ会計基準も日本基準も税効果会計を行うという点では同様です。しかし、両者の規定には、いくつかの差異が存在するため、わが国の企業がＩＦＲＳ会計基準に従って税効果会計を行う際には、注意が必要です。

●繰延税金資産の回収可能性の判断

日本基準では、企業会計基準適用指針第26号「繰延税金資産の回収可能性に関する適用指針」において、会社区分に応じた繰延税金資産の回収可能性についての取扱いが詳細に規定されています。例えば、会社区分によっては課税所得を見積る期間が制限されますし、スケジューリング不能な一時差異に関する繰延税金資産は、原則として特定の会社区分に該当する会社でないと計上することはできないとされています。

これに対して、ＩＦＲＳ会計基準にはこのような詳細な規定はなく、回収可能性が高い範囲内で繰延税金資産を認識します。具体的には、十分な将来加算一時差異があるか、十分な課税所得を獲得できるか、およびタックス・プランニングは実行可能か等を考慮して、総合的に判断することになります（左ページも参照）。

なお、ＩＦＲＳ会計基準では、将来の期に発生すると予想される将来減算一時差異から生じる課税所得は、回収可能性の評価に際して考慮しません。

●未実現損益の消去にかかる税効果

わが国では、未実現損益の消去にかかる税効果については、売手の支払税金を繰延処理しますが、ＩＦＲＳ会計基準では、買手の資産の一時差異として、買手における適用税率を用いて税効果を認識します。

関連基準▶IAS第12号

繰延税金に関して，その他留意すべき事項の例

- **当初認識の例外規定**
  IFRS会計基準では，特定の状況においては，繰延税金資産および繰延税金負債の当初認識を行わないこととされている。
- **評価性引当金**
  IFRS会計基準では繰延税金資産から評価性引当金を控除するという考え方をするのではなく，回収可能性がある範囲で繰延税金資産を認識する。
- **子会社，支店および関連会社に対する投資ならびに共同支配の取決めに対する持分にかかる繰延税金負債**
  親会社や投資者等が一時差異を解消する時期をコントロールでき，かつ予測可能な期間に一時差異が解消しない可能性が高い場合は，繰延税金負債を認識しない。
- **表示**
  繰延税金資産および負債は，すべて非流動に分類する。

繰延税金資産の回収可能性の判断

十分な将来加算一時差異はあるか

将来減算一時差異の解消が見込まれる期，または繰延税金資産により生じる税務上の欠損金の繰戻し・繰越しが可能な期に，十分な将来加算一時差異があるか

↓

十分な課税所得およびタックス・プランニングの実行可能性の検討

十分な将来加算一時差異がない場合，

- 将来減算一時差異の解消が見込まれる期，または繰延税金資産により生じる税務上の欠損金の繰戻し・繰越しが可能な期に，十分な課税所得を獲得できるか（将来の期に発生すると予想される将来減算一時差異より生じる課税所得は無視）
- 適切な期間に課税所得を発生させるタックス・プランニングの実行が可能か

81 退職後給付①

確定給付制度は積立状況を財政状態計算書に表示

●退職後給付制度の種類

退職後給付制度は、確定拠出制度と確定給付制度に大別されます。確定拠出制度においては、企業は一定の掛金を基金に支払うのみであり、将来、給付のための十分な資産がない場合であっても、それ以上の法的または推定的な拠出義務は負いません。他方、確定給付制度においては、将来、給付のための十分な資産がなかった場合には、企業は法的または推定的な義務を負います。

●確定拠出制度の会計処理

確定拠出制度の場合、企業の債務は企業が基金に拠出することを約束した金額に限定されているため、IFRS会計基準においても日本基準と同様、掛金拠出額を費用として計上します。

●確定給付制度の会計処理（財政状態計算書関連）

確定給付制度の場合、確定給付制度債務の現在価値と制度資産の公正価値とを比較し、前者が後者を上回っている場合（積立不足）は確定給付負債を、後者が前者を上回っている場合（積立超過）は確定給付資産を、財政状態計算書上で認識します。ただし、積立超過であったとしても、その超過部分が将来の返還などを通じ企業に帰属しない場合には、企業の資産ではないと考えられることから、IFRS会計基準では、確定給付資産として計上できるのは、将来の経済的便益を企業が利用可能である範囲までとされています（アセット・シーリング）。

●日本基準との主な違い（財政状態計算書関連）

IFRS会計基準ではアセット・シーリングの考えが明示されているため、積立超過の場合に日本基準と取扱いが異なる可能性があります。

また、わが国では、割引率は国債または優良社債の利回りを基礎としますが、IFRS会計基準では、原則として優良社債の利回りを用いることとされており、国債の利回りが使えるのは、厚みのある社債市場がない場合に限られます。

　さらに、わが国では退職給付見込額の算定方法として「期間定額基準」と「給付算定式基準」のいずれかを選択適用することが認められますが、ＩＦＲＳ会計基準では給付算定式に従う方法を用いる必要があります。後期の年度の勤務が初期の年度より著しく高い水準の給付を生じさせる部分については「定額法」で補正しますが、この場合であっても、わが国の「期間定額基準」とは異なる場合があるため、注意が必要です。

確定給付制度──積立状況を財政状態計算書に示す

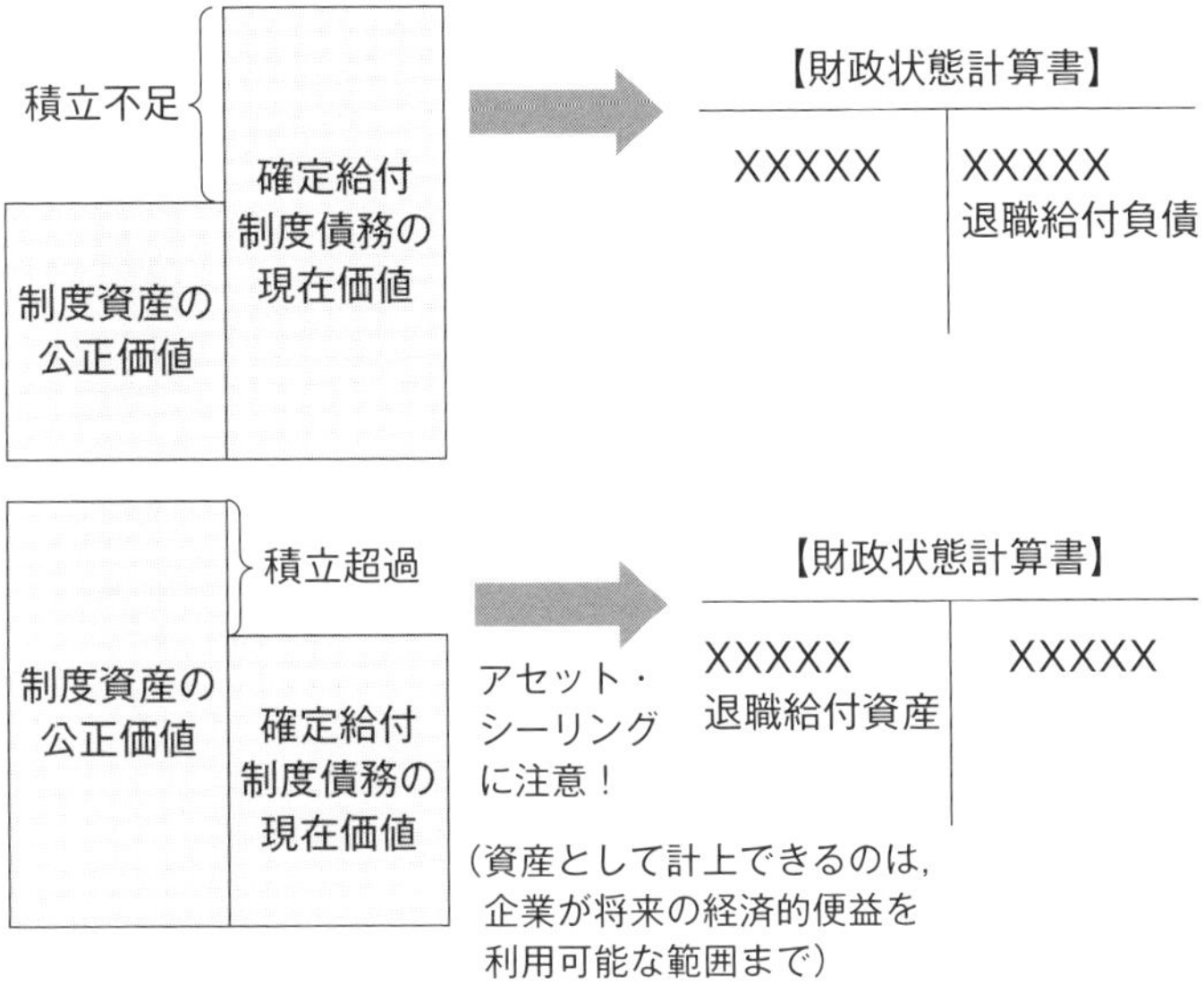

後期の年度の勤務が初期の年度より著しく高い水準の給付を生じさせる場合

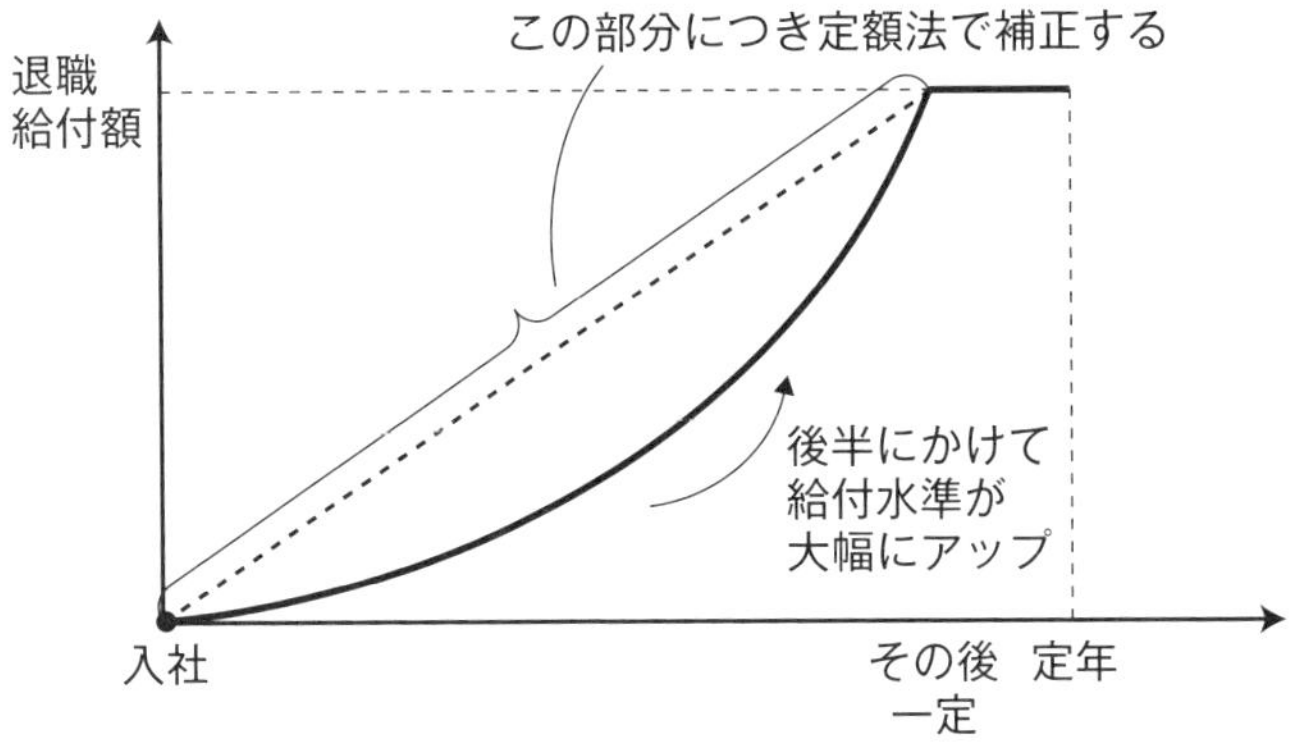

82 退職後給付②

数理計算上の差異は純損益に含めない

●確定給付制度の会計処理（包括利益関連）

確定給付制度に関連して発生する費用は、左ページのように整理されます。このうち、当期勤務費用、利息純額、過去勤務費用（あれば）および清算損益（あれば）は、純損益及びその他の包括利益計算書上、純損益に含まれます。他方、数理計算上の差異や制度資産の予測と実績の差額のように、確定給付負債または確定給付資産を再測定したことによる金額は、その他の包括利益に含まれ、その後は、資本の中での振替えは認められますが、リサイクリング（純損益への振替え）は認められません。

●日本基準との主な違い（包括利益関連）

日本基準では、確定給付制度債務の現在価値の期首残高に「割引率」を乗じたものが当期の利息費用であり、制度資産の期首残高に「長期期待運用収益率」を乗じたものが制度資産からの期待運用収益である、というように、負債側と資産側で乗じる率が異なっています。しかしＩＦＲＳ会計基準では、負債側と資産側の純額に「割引率」を乗じることにより、利息の純額を計算することとされている（すなわち、資産側にも負債側にも割引率を乗じる）ため、割引率と長期期待運用収益率が異なる場合には、計算結果が異なります。

過去勤務費用と数理計算上の差異について、日本基準では原則として、平均残存勤務期間以内の一定の年数で按分する方法により毎期費用処理し、当期発生額のうち費用処理されない部分（未認識部分）を、税効果調整のうえ、その他の包括利益で認識します。一方、ＩＦＲＳ会計基準では、過去勤務費用については一時に費用として認識します。また、数理計算上の差異については、上述のとおり全額をその他の包括利益で認識し、その後のリサイクリングは認められません。

関連基準▶IAS第19号

確定給付制度 ── 包括利益関連

【確定給付費用の内訳】

勤務費用	当期勤務費用	当期中の従業員の勤務から生じる確定給付制度債務の現在価値の増加
	過去勤務費用	制度の改訂または縮小から生じる，過去の期間の従業員の勤務にかかる確定給付制度債務の現在価値の変動
	清算損益	確定給付制度において支給する給付の一部またはすべてについて，すべての追加的な法的・推定的義務を解消する取引（清算）にかかる損益
利息純額		時の経過により生じる，当期中の確定給付負債（資産）の純額の変動。確定給付負債または確定給付資産の純額に割引率を乗じて計算する
再測定		確定給付制度債務の予測と実績の差異や数理計算上の仮定の変更の影響から生じる数理計算上の差異，および制度資産の予測と実績の差額など，確定給付負債（資産）の純額を再測定したことにより生じる金額

各費用は，純損益及びその他の包括利益計算書上，以下のように認識する。

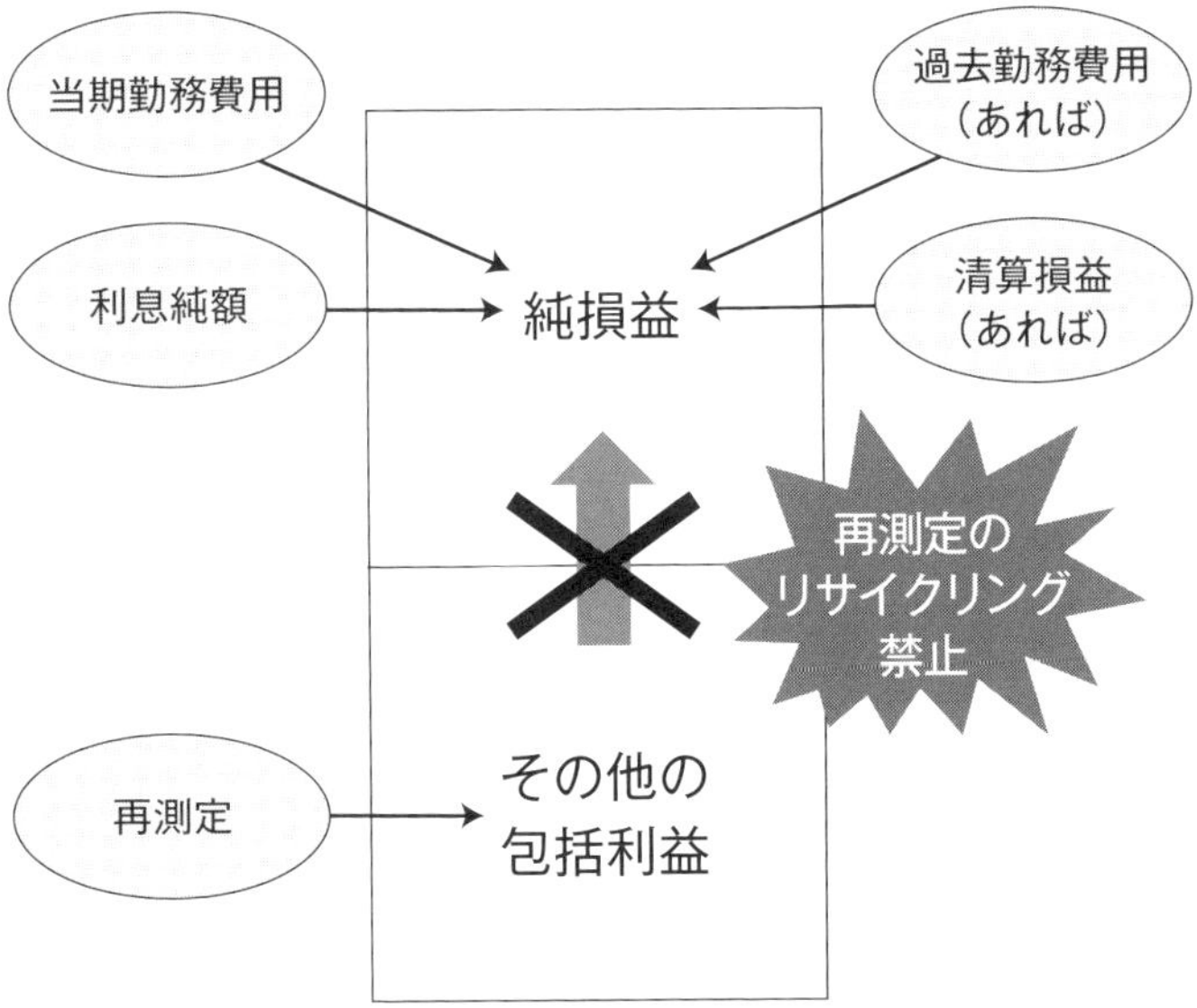

退職後給付以外の従業員給付

有給休暇を付与すると、負債計上が必要となる可能性あり

●短期従業員給付

短期従業員給付には、給与や賞与、年次有給休暇など、従業員が関連する勤務を提供した年次報告期間の末日後12か月以内にすべてが決済されると予想される従業員給付が含まれます。短期従業員給付は、費用として認識し、必要に応じて未払・前払費用を計上します。

年次有給休暇のうち、当期の権利をすべては使用しなかった場合に繰り越して将来の期間に使用することができるもの（累積型の有給休暇）については、期末日時点で未使用の部分について、企業が将来支払うと見込まれる追加金額を負債として計上する必要があります。

●解雇給付

解雇給付とは、従業員の雇用の終了と引き換えに支給される従業員給付をいいます。解雇給付は、企業に債務を生じさせる事象が従業員の勤務ではなく、雇用の終了であるため、IFRS会計基準上、他の従業員給付と区別されています。解雇給付は、給付の性質に従い、短期従業員給付、退職後給付またはその他の長期従業員給付のいずれかの規定を適用し、企業がそれを支払うことを撤回できなくなった時点と解雇給付を伴うリストラクチャリング費用を計上した時点のうち、いずれか早い時点で計上します。

●その他の長期従業員給付

その他の長期従業員給付とは、短期従業員給付、退職後給付、解雇給付以外の従業員給付をいいます。例えば、従業員が10年勤続した場合に付与される特別有給休暇や、長期障害給付などがこれに該当します。その他の長期従業員給付も、確定給付制度と同様に債務の現在価値と制度資産の公正価値を算定したうえで積立超過または積立不足を資産または負債として計上します。ただし、退職後給付に比べて不確実性は低いため、包括利益計算書関連項目については、再測定部分を含めた全額を純損益に

含めて計上します。

従業員給付の種類

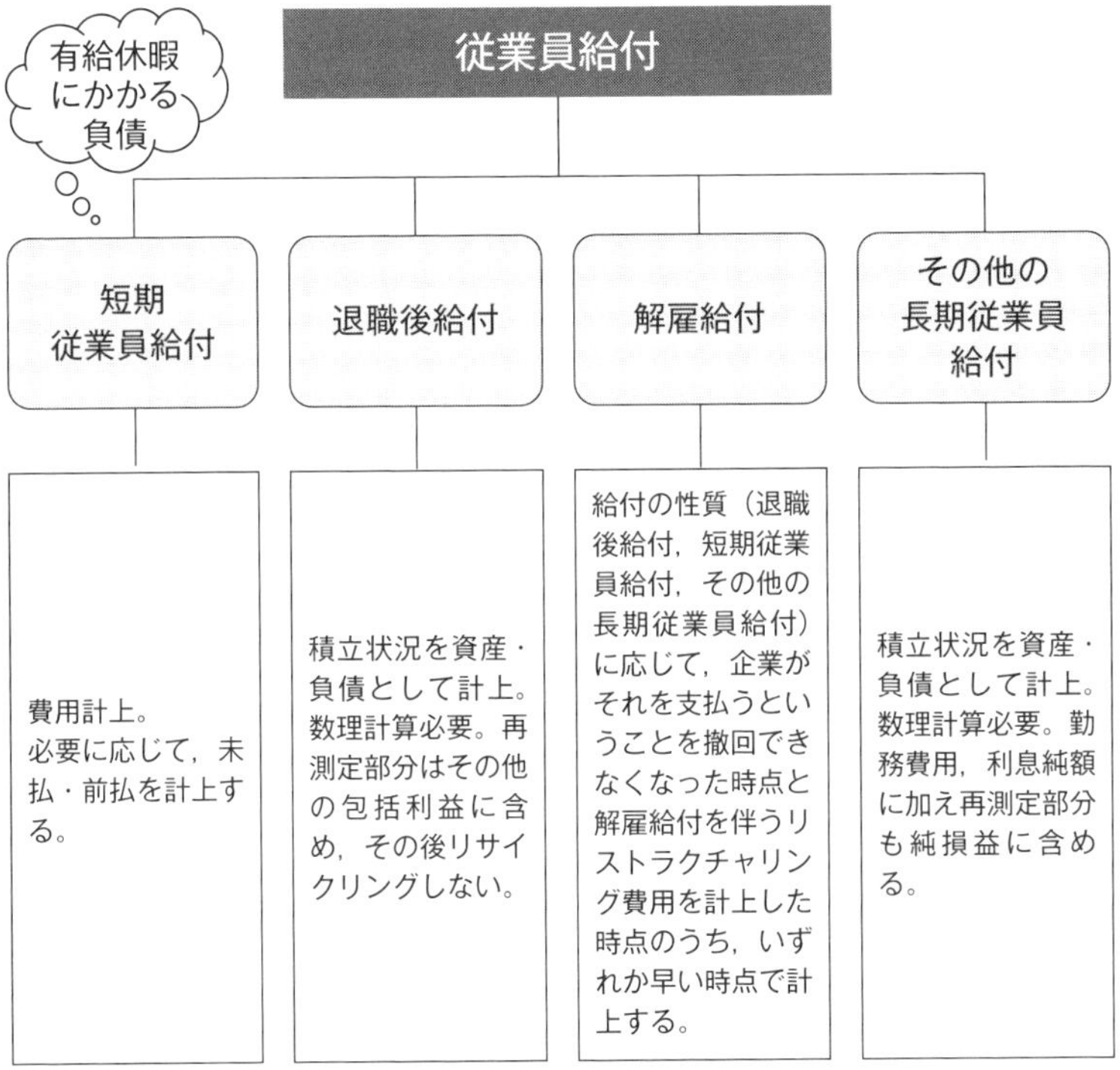

84

株式に基づく報酬①

株式に基づく報酬は大きく2種類に分けられる

●株式に基づく報酬取引とは

企業は、契約に基づき、財やサービスの受取りと交換に、株式やストック・オプション等の資本性金融商品を付与したり、それらの価格を基礎とする現金等を支払う義務を負ったりすることがあります。このような取引は、株式等の企業の資本性金融商品に基づいたものであることから「株式に基づく報酬取引」と呼ばれます。株式に基づく報酬の相手方として一般に想定されるのは、企業の従業員や役員等ですが、その他にも企業に財やサービスを提供する第三者に付与されることもあります。

●持分決済型と現金決済型

持分決済型の取引とは、企業が財またはサービスを受け取る対価として自らの資本性金融商品を付与する取引です。他方、現金決済型の取引とは、財またはサービスを受け取る対価として企業または他のグループ企業の資本性金融商品の価格を基礎とする現金または他の資産を移転する義務を負う取引です。

●株式に基づく報酬取引の会計処理

企業は、財またはサービスを受け取ったときに資産または費用を認識し、持分決済型であれば資本を、現金決済型であれば負債を、相手勘定として認識します。

サービスの対価は付与日に当初測定され、権利確定期間にわたって認識されます。持分決済型の株式に基づく報酬取引が従業員等の勤務に関する場合は、受け取った勤務サービスの対価を、権利の確定が見込まれる資本性金融商品の個数に、付与日の資本性金融商品の公正価値を乗じて当初測定します。それ以外の場合は原則として受け取った財またはサービスの公正価値で当初測定します。現金決済型の場合も、受け取ったサービスを、権利の確定が見込まれる個数に、発生した負債の公正価値を乗じて当初測定します。

権利の確定が見込まれる個数については、持分決済

関連基準▶IFRS第２号

型・現金決済型とも毎期見直します。他方、付与日の公正価値については、持分決済型の場合は原則として再測定は行いません。現金決済型の場合は各決算時、および当該株式に基づく報酬の決済時に公正価値の再測定を行います。

なお、IFRS第2号「株式に基づく報酬」には、現金等と資本性金融商品のいずれで決済するかを選択できるような場合の会計処理も別途規定されています。

株式に基づく報酬取引

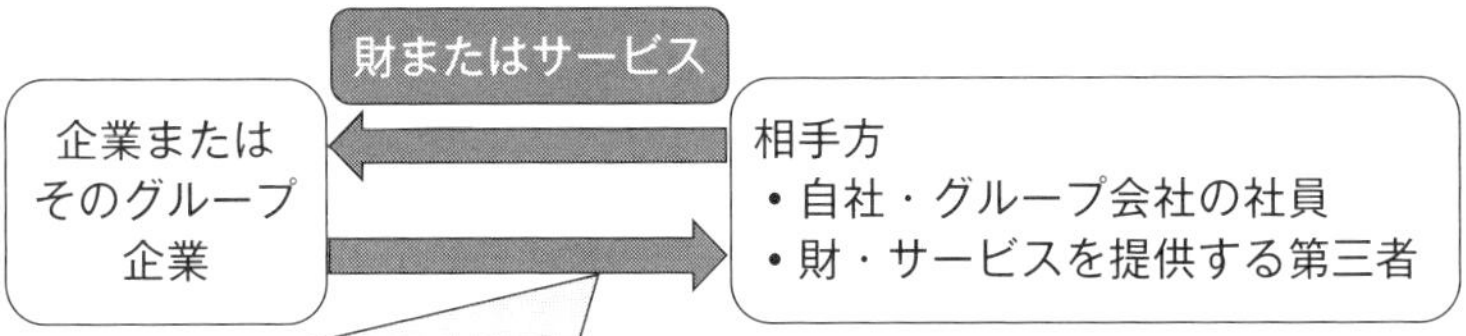

持分決済型の場合：自らの資本性金融商品を提供*
現金決済型の場合：企業または他のグループ企業の資本性金融商品の価格相当の現金または他の資産を提供

＊親会社が子会社の従業員に対し，親会社の資本性金融商品を直接提供するような場合を含む（子会社自体に決済義務がない場合）

株式に基づく報酬――当初測定（株式報酬費用の総額）

持分決済型	従業員等との取引	権利確定が見込まれる資本性金融商品の数	×	付与された資本性金融商品の付与日の公正価値
	それ以外の相手方との取引	原則，受け取った財またはサービスの公正価値		
現金決済型		権利確定が見込まれる個数	×	発生した負債の付与日の公正価値

持分決済型・現金決済型の会計処理の違い

持分決済型	・**資本**として認識される ・確定が見込まれる資本性金融商品の個数は毎期見直すが，公正価値の再測定は行わない
現金決済型	・**負債**として認識される ・確定が見込まれる個数は権利が確定するまで毎期見直し，公正価値は毎期および決済時に再測定を行う

85 株式に基づく報酬②

株式に基づく報酬の条件によって測定される金額が変わる

●株式報酬取引に付された条件

株式に基づく報酬取引では、権利確定条件やその他の契約条件が設けられることが一般に行われます。提供されるサービスの測定にあたっては、ＩＦＲＳ会計基準に従ってこれらの条件を公正価値や確定が見込まれる個数に加味する必要があります。

ここで、権利確定条件には、一定期間のサービス完了が要求されるもの（勤務条件）と、勤務条件に加えて特定の目標達成が要求されるもの（業績条件）とがあります。また、業績条件のうち、特に企業の資本性金融商品の価格に関連するものを株式市場条件といいます。

●契約条件―付与日の公正価値への影響

付与日の公正価値の算出にあたっては、「株式市場条件」と「権利確定条件以外の条件」を考慮します。「勤務条件」および「株式市場条件以外の業績条件」は考慮しません。

●契約条件―確定が見込まれる資本性金融商品の個数への影響

権利確定条件のうち、「勤務条件」および「株式市場条件以外の業績条件」については、確定が見込まれる個数の見積りにおいて考慮します。例えば、従業員の一部が条件達成前に退職する、または一定の利益目標を達成できない等の理由により権利が確定しないことが見込まれる等の場合には、その影響を加味して、確定が見込まれる個数を見積ります。この確定が見込まれる個数の見積りは、毎期見直します。「株式市場条件」および「権利確定条件以外の条件」については、公正価値の見積りに反映されているため、確定が見込まれる個数の見積りにおいては考慮しません。

契約条件――分類

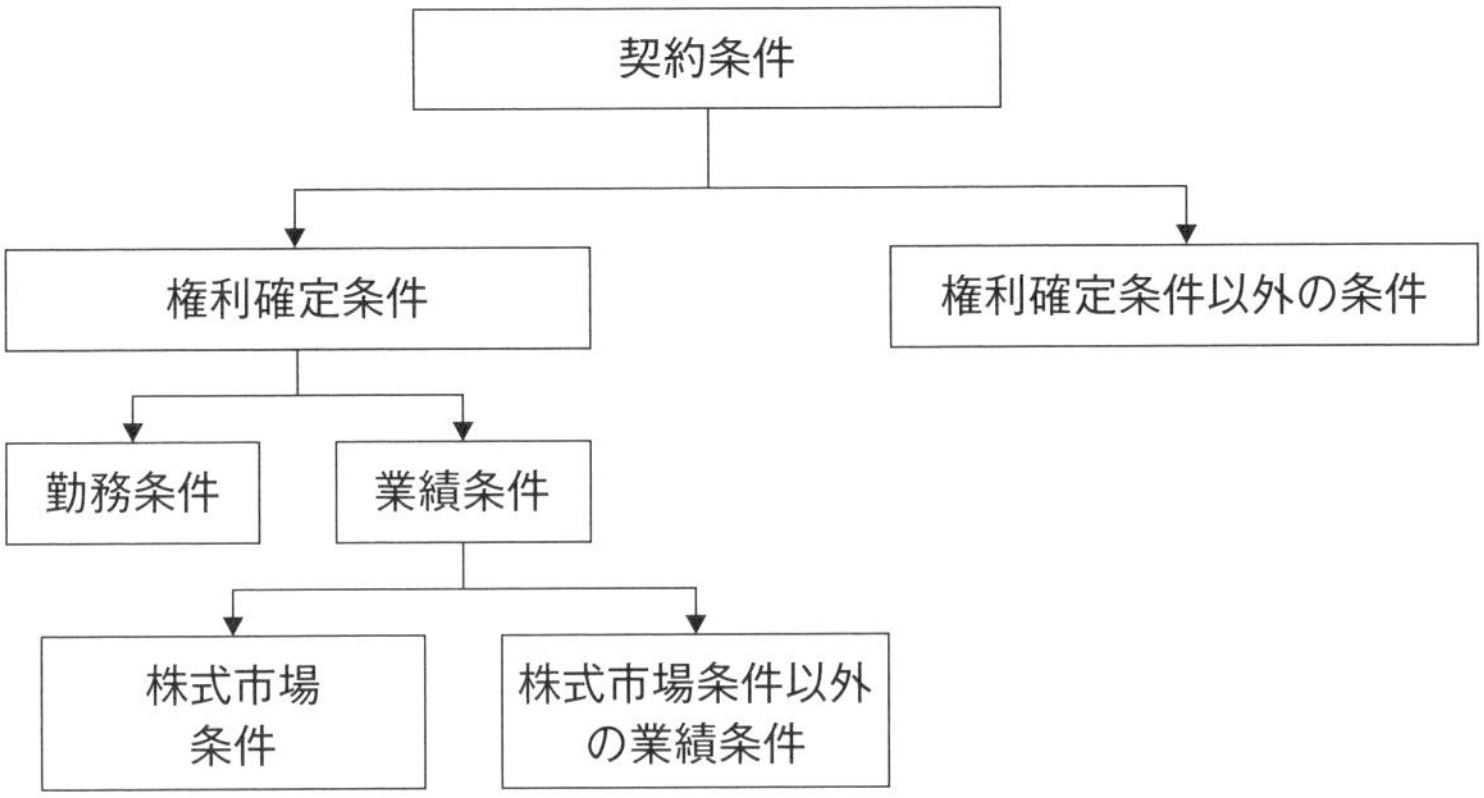

契約条件――測定時の考慮方法

	権利確定条件			権利確定条件以外の条件
	勤務条件	業績条件		
		株式市場条件	株式市場条件以外の業績条件	
付与時の資本性金融商品の公正価値測定において考慮するか	考慮しない	考慮する	考慮しない	考慮する
権利確定が見込まれる資本性金融商品の数に反映するか	反映する	反映しない	反映する	反映しない

86 株式に基づく報酬③

権利確定後に失効しても当期純利益に振り替えない

●財またはサービスにかかる期間配分

企業は、財またはサービスを受け取ったときに、株式に基づく報酬取引を認識します。権利の確定に条件がない場合は通常付与日に即時認識されます。他方、例えば付与日から3年間の勤務を条件とする場合は、3年間にわたって費用が認識されます。勤務条件が満たされる可能性が3年間の途中で変わった場合には、権利確定が見込まれる資本性金融商品の個数の見積りに反映され（85項参照）、その後の費用計上額にも影響します。なお、毎年一定数のストック・オプションが従業員等に付与されることが契約開始時点で決定されている場合は、各年度の付与を別のものと考え、付与日から権利確定時点までの期間で配分します。その結果、仮に各年度に付与される資本性金融商品の数が同じであったとしても、各期の費用計上額は同じにならず、付与直後のほうが多額の費用を計上することとなります。

●権利不確定、確定後の失効の扱い

(1) 持分決済型の場合

「勤務条件」および「株式市場条件以外の業績条件」を満たさなかった場合には、確定が見込まれる資本性金融商品の個数に反映され（85項参照）、最終的に条件を満たさなかった部分に関連する株式報酬費用は計上されず、過年度計上されたものも取り崩されます。他方、「株式市場条件」については、すでに権利が確定しない可能性が付与日の公正価値に織り込まれているため、当該条件が満たされなくても他の条件が満たされている限り費用は取り崩されず、各期の純損益および資本に含まれたままとなります。

権利が確定した後の行使可能期間内に従業員等が権利を行使せず当該報酬取引が失効した場合は、すでに計上されている費用および資本の増加は取り崩されず、各期の純損益および資本に含まれたままとなります。

設例：財またはサービスにかかる各期費用計上額

付与が見込まれる資本性金融商品の個数が権利確定期間中に変動

- ３年勤務後に一定の資本性金融商品付与が確定する（勤務条件あり）契約を従業員10名と締結。付与時点において，各人に付与される資本性金融商品の公正価値は１個当たり５，付与数は６個/人。
- ２年目の期末時点で，７名のみ勤務条件を満たすと見積りを変更した。３年後，結局８名が実際に勤務条件を満たした。

各期の費用計上額	計算過程
１年目の費用計上額100	5×60（10人×6個）×1/3年=100
２年目の費用計上額 40	5×42（7人×6個）×2/3年=140, 140−100=40
３年目の費用計上額100	5×48（8人×6個）×3/3年=240, 240−100−40=100

勤務条件のため，付与が見込まれる資本性金融商品の個数を毎期見直して計算する

(2) 現金決済型の場合

毎期および決済時に負債の公正価値が再測定されることから（84項参照）、権利不確定・確定後の失効影響は、再測定時に純損益に認識されます。

コラム

引当金の計上には，発想の転換が必要！

翌期以降に自社が保有する資産の修繕や大規模点検等が予定されているような場合，日本基準では，これらの将来の費用に関して引当金を認識することがあります。しかし，IFRS会計基準においては，通常，これらの引当金を認識することは認められません（41項，79項参照）。このような相違が生じるのは，引当金の認識要件の１つとして，日本基準では過去の事象に起因する企業の将来の費用または損失であることが求められるのに対し，IFRS会計基準では過去の事象の結果として企業が「現在の義務」を有していることが求められるためです。IFRS会計基準と日本基準はこの部分において大きく異なっており，日本企業がIFRS会計基準を適用する際には，発想を転換して，まずはこの「現在の義務を有しているか？」という点を意識して検討することが重要です。

では，企業はどのような場合にこの「現在の義務」を有しているのでしょうか？　この判断は，IAS第37号の規定とその適用ガイダンスに基づき行うこととなりますが，これについては，いくつかの問題が指摘されていました。例えば，IAS第37号の「負債」の定義は，以前の概念フレームワークに基づいたものとなっており，現行のフレームワーク（2018年版）における「負債」の定義とは異なっています。また，現行のIAS第37号の「現在の義務」に関する規定については，適用上困難な場合があることが指摘されています。IAS第37号の解釈指針であるIFRIC第21号「賦課金」に含まれている閾値を基準とする義務や２つ以上の行動を契機とする義務に関するガイダンスについても，負債が適切なタイミングで認識されないのではないかとの懸念が多くの利害関係者から寄せられていました。最近では，気候関連規制等，引当金を認識すべきか否かの検討が必要となる新しい法規制や決済方法等も出てきており，これらへの対応のためのガイダンスの必要性も指摘されていました。

上記のような事項に対応するため，2025年２月現在，IASBは，IAS第37号の的を絞った基準改訂プロジェクトにおいて，負債の定義と当該定義を適用する認識要件（現在の義務という要件）を2018年版の概念フレームワークと整合させることを検討事項の１つとしています。引当金の認識要件等については，本書の79項において解説していますが，今後の動向に留意が必要です。

【監修責任者】

辻野　幸子

【監修】（五十音順）

荒井　謙二

石黒　之彦

植木　　恵

三宮　朋広

高田　　朗

長谷川弘資

林　　祐樹

久松　洋介

【執筆】（五十音順）

江﨑　千香

鈴木　和仁

武川　俊之

増田　大輔

《編者紹介》

有限責任 あずさ監査法人

有限責任 あずさ監査法人は，全国主要都市に約7,000名の人員を擁し，監査証明業務をはじめ，財務会計アドバイザリー，内部統制アドバイザリー，ESGアドバイザリー，規制対応アドバイザリー，IT関連アドバイザリー，デジタル・データ関連アドバイザリー，スタートアップ関連アドバイザリーなどの非監査証明業務を提供しています。

金融，テレコム・メディア，テクノロジー，パブリック，消費財・小売，ライフサイエンス，自動車等，産業・業種（セクター）ごとに組織された監査事業部による業界特有のニーズに対応した専門性の高いサービスを提供する体制を有するとともに，KPMGインターナショナルのメンバーファームとして，142の国と地域に拡がるネットワークを通じ，グローバルな視点からクライアントを支援しています。

しくみ図解

IFRS会計基準のポイント

2025年４月10日　第１版第１刷発行

編　者　あずさ監査法人
発行者　山本　継
発行所　㈱中央経済社
発売元　㈱中央経済グループパブリッシング

〒101-0051　東京都千代田区神田神保町1－35
電話　03（3293）3371（編集代表）
03（3293）3381（営業代表）
https://www.chuokeizai.co.jp
印刷・製本／文唱堂印刷㈱

＊頁の「欠落」や「順序違い」などがありましたらお取り替えいたしますので発売元までご送付ください。（送料小社負担）

ISBN978-4-502-53131-6　C3034